TEXTBOOKS

TSUKAMU

労働経済学を つかむ

大森義明・永瀬伸子――著

有 斐 閣
YUHIKAKU

　働くことを考えることは，暮らし方を考えることです。「労働経済学」は，現在の暮らしや将来の生活を考えるうえで，さらに過去を振り返るに際しても，重要な理論的枠組みと分析のメソッドを提供します。本書では，以下のような順番で労働経済学の理論的枠組みとメソッドを学んでいきます。なお，各章はIntroduction と 2 つの unit で構成されていて，各 unit には要約と確認問題が付いているため，unit ごとに完結して学ぶことができます。

　第 1 章では，日本の労働市場の特徴を知るために，労働時間，賃金，労働力率などの尺度や，これらを調査する労働統計を取り上げます。皆さんは，日ごろ，ニュースや新聞から，働くことに関するさまざまな情報を受け取っているでしょう。働くことはまさに暮らしの基盤です。これについて，どんな情報があるのかを学びます。

　第 2 章は，人が働く理由，労働供給を扱います。「労働経済学」という名称から，収入を得る賃金労働だけがこのテキストのテーマだと思われるかもしれません。しかし，労働経済学が対象とするのは，賃金労働だけではありません。家事やケア労働（家庭内生産活動），それから楽しみを得る活動，ボランティア活動，睡眠などの活動時間の選択についても考える枠組みを提供します。

　ただし，個人が働こうと思えばすぐさまに雇ってもらえるわけではありません。人を雇う企業側の論理にも目を向ける必要があります。第 3 章は，企業の労働需要を扱います。続く第 4 章は，教育や訓練が，賃金や雇用にどのような影響を及ぼすのかを考えます。

　働くといっても，その働き方は 1 人 1 人でとても違います。どのように働いてきたのか，もし皆さんの周囲の大人に聞けば，それぞれ長い職業人生を語ってもらえることでしょう。同じ企業に勤務し続ける人もいれば，転職する人もいます。自分で事業を起こす人もいれば，子どもや家族の世話のために，あるいは再訓練を受けるために離職する人もいます。仕事探しはどのように行われるのか。どれくらいの賃金を期待できるのか。これらの点は，第 5 章の長期雇用の賃金決定メカニズム，第 6 章の転職・就職で扱います。

　誰がどれくらいの賃金を得ているのでしょうか。大卒の賃金は増えているのでしょうか。賃金格差は拡大しているのでしょうか。第 7 章は賃金格差を扱い

ます。

　どのような人が失業に陥るのか，どのくらい早く失業から抜け出せるのか，これも皆さんにとって高い関心事項でしょう。ところが，仕事の失いやすさも，仕事への就きやすさも，実は国によってかなり差があるのです。第8章は，この点を理論とデータを用いて考えます。また第8章は，正社員への需要と非正社員への需要がどう違うのかについても説明します。

　読者の中には一人暮らしをして大学に通っている学生も少なくないでしょうが，多くの人は家族と暮らしています。第9章は，世帯での働き方の選択について，そして女性労働について扱います。第10章は，高齢者雇用を扱います。女性，そして高齢者の力を活かす働き方の仕組みをどうつくり出せるのか。これは現代日本の最もホットなテーマの1つといってもよいでしょう。第11章は，労働者（労働組合）と企業の関係（労使関係）を扱います。最後の unit 23 ではこれからの労働の未来を展望します。

　本書の特徴は3つあります。まず，労働だけでなく，家庭内生産活動にも注目していることです。日本はとくに男女で働き方が大きく異なっています。男性は正社員として働く者が多いですが，女性は，正社員もいるが，非正社員として働く者も多く，また家事専業者もいます。そして，日本は他の先進国と比べても，家庭内分業の度合いが高いという実態がこれまでありました。そのため，統計で見ると，男性に対して女性の収入が大幅に低く，また女性は低い職位にしか就いておらず，その格差の度合いも世界の中で際立っています。女性が社会の中で指導的な地位にいないために，その意見が十分に社会に反映されていないことは，これまでにも社会の課題としてたびたび取り上げられてきました。また強い性別役割分業は，出産の先送りも引き起こしており，少子化はいまも進展しています。ただし若い世代では，企業の雇用慣行の変化とともに，夫婦の働き方にもようやく変化が起き，出産をはさんで共働きを続ける世帯が増えつつあります。しかし，他方で初職から脆弱な雇用にしか就けず，その結果，訓練機会を十分に得られない若者はいまも少数とはいえず，これも労働市場の問題として看過できないことです。

　2つ目の特徴は，数式をできるかぎり使わずに図表を用いて平易に解説していることです。しかし，上級のテキストで扱っている内容にもつなげられるよう，数式を用いて学びたい場合には，ウェブ上に数式を用いた解説（補論）を

掲載しています。

　3つ目の特徴は，理論と実際のデータとを行き来しつつ，また海外との比較を通じて日本の労働市場について考えていることです。働くことは，1人1人の暮らしそのものです。そして，それは，雇用慣行，労働市場，その労働市場における職の評価や教育の評価といった，労働市場全体の構造からも強い影響を受けます。また，労働時間や賃金をめぐる法制度，仕事探しのための仕組み，公的年金制度や育児休業制度，税制などさまざまな社会的な仕組みからも大きい影響を受けるのです。日本の労働市場は，海外と比べて，いろいろな面白い特徴があります。新卒一括採用，長期雇用，転職の少なさ，男女間の賃金格差，正社員と非正社員との大きい賃金格差などが特徴としてあげられるでしょう。

　しかし，このような日本的な雇用慣行は曲がり角を迎えています。グローバル化，コンピュータ技術の発達，少子高齢化などといった大きい変化のなかで，日本においては，仕事能力と家族とを支える新たな働き方のルールの整備，そして活発で生産的な労働市場の再構築が模索されています。

　著者の1人である永瀬は，日本の女性労働と家族のあり方がどう日本的雇用のあり方と関わっているのかを長く研究してきました。もう1人の著者である大森は，若い頃の10年をアメリカで過ごし，アメリカで研究活動をし教鞭をとってきました。本書をつくるにあたり，日本の状況とアメリカの状況について著者らはおおいに議論し，加筆・修正を何度も重ねました。そのため，本書は分担執筆ではなく，各章が2人による共著になっています。また本書執筆にあたっては，有斐閣の渡部一樹氏にひとかたならぬお世話になりました。

　本書を読むことが，労働や家族の未来，とくに賃金格差の大きい女性労働や非正規雇用のあり方について，包括的により良い働き方をつくり出せるよう，日本を客観視しつつ考えるための契機となることを願っています。

　　　2021年1月

大森　義明

永瀬　伸子

　＊確認問題の解答やウェブ上の補論は，以下のウェブページに掲載しています。
　　http://www.yuhikaku.co.jp/books/detail/9784641177307
　　補論の PDF ファイルを開く際にはパスワード「TSUKAMU」を入力してください。

大森 義明（おおもり・よしあき）

横浜国立大学大学院国際社会科学研究院教授，専攻は労働経済学。

上智大学経済学部卒業，1990 年，ニューヨーク州立大学ストーニーブルック校大学院経済学研究科博士課程修了，Ph.D.（経済学）取得。コネティカット大学ストース校経済学部助教授などを経て現職。

研究テーマ：家族の経済学，応用ミクロ計量経済学

主な著作：

『労働経済学』日本評論社，2008 年

"Determinants of Long-Term Unions: Who Survives the 'Seven Year Itch'?" (with Audrey Light), *Population Research and Policy Review*, 32 (6), 851–891, 2013

"Can Long-Term Cohabiting and Marital Unions be Incentivized?" (with Audrey Light), *Research in Labor Economics*, 36, 241–283, 2012

"Unemployment Insurance and Job Quits," (with Audrey Light), *Journal of Labor Economics*, 22 (1), 159–188, 2004

永瀬 伸子（ながせ・のぶこ）

お茶の水女子大学基幹研究院教授，専攻は労働経済学。

上智大学外国語学部および東京大学経済学部卒業，1995 年，東京大学大学院経済学研究科博士課程修了，博士（経済学）取得。東洋大学経済学部助教授などを経て現職。中央社会保険医療協議会公益委員，社会保障審議会年金数理部会委員，日本人口学会理事。日本学術会議会員，統計委員会委員，男女共同参画会議影響調査専門調査会委員，ハーバード大学およびコーネル大学客員研究員などを歴任。

研究テーマ：女性労働，ワークライフバランス，就業構造と賃金，社会的保護の在り方

主な著作：

"Has Abe's Womanomics Worked?" *Asian Economic Policy Review*, 13 (1), 68–101, 2018

"The Gender Division of Labor and the Second Birth" (with Mary C. Brinton), *Demographic Research*, 36, Article 11, 339–370, 2017

「育児短時間の義務化が第 1 子出産と就業継続，出産意欲に与える影響——法改正を自然実験とした実証分析」『人口学研究』第 37 巻第 1 号，29–53 頁，2014 年

「女子の就業選択——家庭内生産と労働供給」中馬宏之・駿河輝和編『雇用慣行の変化と女性労働』東京大学出版会，279–312 頁，1997 年

コラム一覧

第 **1** 章

日本の労働市場

　ダイキがニュースを聞いていると「就職氷河期世代の雇用状況がいま
も悪い」「人手不足で失業率が改善している」といったメッセージが耳
に入ってきた。人手不足である一方で雇用状況が悪いとはどういうこと
なのか。賃金が低いということなのか，それとも，仕事が安定していな
いということなのか，どういうことなのだろうと思った。

　モエは，お父さんの年収とお母さんの年収とがどのくらいなのか，実
は教えてもらっていないのだが，日本の，あるいは海外の，年齢別，性
別の年収がわかる統計があると聞いた。多くの人は働いて収入を得てい
るが，日本や海外のさまざまな世帯はどのような暮らしをしているのだ
ろう。旅行に出て，地域の生活ぶりの差を肌で感じることも面白いが，
そうした実態を数字でどうとらえるのだろうか。

　この章では，日本の労働市場をいくつかの重要な指標を見ながら，概
観していく。また，どのように賃金と雇用が決まるかを説明する労働市
場のモデルを紹介する。

労働市場の重要な指標

Keywords
労働力率，労働時間，賃金率，労働統計

🔲 労働の構造を示す統計指標

それぞれの国の働き方や，男女，年齢層，学歴別の状況について，労働力率，労働時間と賃金[1]などの統計指標は，実に多くの情報を提供する。労働力率だけではよくわからない。労働時間のみでも不十分である。賃金などの諸指標も含めて見ることで，その国の労働市場の状況についてさまざまなことがわかる。

⑴ 労 働 力 率

労働力率とは，15歳以上人口に占める労働力の割合である（OECD統計は15〜64歳人口をとることが多いが，日本では15歳以上人口に占める割合としてとらえていることが多い）。**労働力**とは，仕事をしている者，仕事に就いていないが仕事探しをしていてすぐ仕事に就ける者である。自営業や家族従業，アルバイトやパートといった働き方をしている場合も，フルタイムで雇用されている場合も，いずれも，労働力に含まれる。

年齢階級別に見た日本の労働力率の推移が図1-1である。

女性を見てみよう。日本では，女性は育児期に労働力率が落ち込み，育児期の後に再び上がる，アルファベットのMのような形が続いてきたが，2000年と比較すると15年間に大きくM字の底が上がり，M字型カーブがほとんどなくなりつつある。イギリス，アメリカなど多くの国々でもかつてはM字型であったが，今日，高原型に変わっている（図1-2）。こうしたなかで韓国では依然としてM字型が続いている。図1-2のとおり女性の労働力率はスウェーデンで最も高く，ドイツ，イギリスと続き，アメリカはいまや低い部類に入る

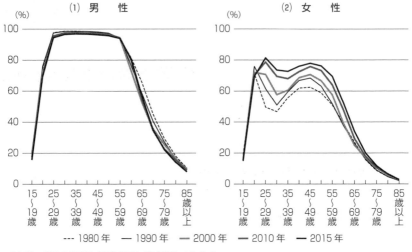

図1-1　日本の労働力率の推移

(1) 男　性　　　　　　　　　　(2) 女　性

--- 1980年　── 1990年　── 2000年　── 2010年　── 2015年

（出所）　総務省統計局「国勢調査」（各年版）より作成。

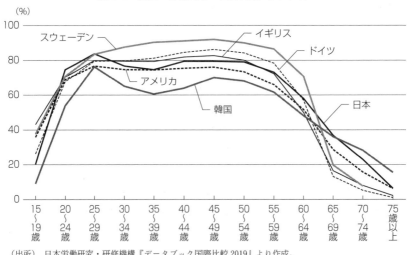

図1-2　女性の労働力率の国際比較（2018年）

（出所）　日本労働研究・研修機構『データブック国際比較 2019』より作成。

ようになった。これは育児休業制度や政府補助のある保育園の整備など女性の
就業を支援するような国の政策の有無による差ともいえる。アメリカには，公
的な有給の育児休業制度はなく，政府補助のある保育園もほとんどない。ただ

表1-1　就業女性の週労働時間の分布（30〜39歳）

（単位：%）

	ドイツ	フランス	カナダ	イタリア	オランダ	スウェーデン	イギリス	韓国	日本
29時間以下	36	19	18	32	52	10	36	12	30
30〜39時間	29	57	43	26	34	33	33	11	23
40時間以上	35	23	39	42	15	56	31	77	47

（注）　参考までにアメリカは U.S. Bureau of Labor Statistics, *Current Population Survey*, 2019 によれば，25〜54 歳層女性で 34 時間未満が 23%，35 時間以上が 77%。四捨五入の関係で，合計は 100 にならないものもある。

（出所）　OECD Statistics，ヨーロッパはスウェーデンを除き 2015 年，ほかは 2019 年。

し，こうした制度がないために，むしろ女性管理職比率が高いという研究結果がある[2]。

(2)　労 働 時 間

　労働力率ではなく，労働時間という目線から見るとまたずいぶんと異なる姿が見えるはずである。**労働時間**は，1週間の平均労働時間，1日の平均労働時間といった形で示されることが多い。どのくらいの時間，仕事に従事しているかを示す指標である。育児期に入るであろう 30 歳代の女性の労働時間の国際比較をしたものが表 1-1 である。

　一見高原型に見える欧米の労働力率も，労働時間という視点で見ると，育児期には男女差が拡大する。たとえば，働く 30 歳代の女性を見ると，オランダでは，週労働時間が 29 時間以下の女性が半数であるし，ドイツやイギリス，日本も女性の約 3 分の 1 は週労働時間が 29 時間以下である。つまり，労働力率が高原型になっている国を含めて，やはり育児期に女性の労働時間が減る傾向があるのはいまだ各国で共通である。しかし，その一方で，週 40 時間以上働く 30 歳代の女性が韓国では 8 割弱を占めており，日本でも 5 割弱を占めている。スウェーデンでも 5 割強は週 40 時間以上働いている。このように，どのような働き方が一般的であるのかは，国によって大きく異なる。また，2002年と 2015 年とを比べると，週 40 時間以上働く女性がドイツで 9% ポイント，フランスで 9% ポイント，スウェーデンで 6% ポイント増えているなど，働く時間の変化も顕著である。たとえば，ドイツでは，女性の労働市場への復帰を早めるような育児休業給付法制の改革もなされている。

　このように育児期の女性の労働時間は全般に減る傾向が国際的に共通に見ら

れる。しかし，男女夫婦の分業のあり方という点で興味深い差もある。日本では 2000〜05 年にかけて 30 歳代の非農林業就業者男性の 25% 近くが週 60 時間以上勤務していた。男性は育児期よりも，むしろ 40 歳代，50 歳代になった方が労働時間が短くなる傾向がある。つまり，幼い子どもがいるほど，労働時間がゼロの女性が増え，代わりに男性の労働時間は平均的に増えていった。

　もっとも近年，日本でも子どもを持ちつつ共働きを続ける世帯が増えている。実際に，2019 年には労働時間が週 60 時間以上の 30 歳代の男性は 13% にまで下がっている。しかし，そのような変化があるといっても依然として OECD の中では男性の労働時間は長い方に位置づけられる。また，結婚している男女の年収格差という点でも，日本は女性が得る賃金が男性よりはるかに低いという点で突出している。

　夫婦共働き世帯が多い国では，子どもが生まれた後には男女ともに労働時間を減らし，男女ともに育児時間を増やすという傾向も見られる。育児期に男女の労働時間がともに減り育児時間が増えるという夫婦の働き方の調整がある一方で，むしろ男女の役割分業が進み，女性が無職となり，その育児時間が増え，男性の労働時間が増える調整もある。国や時代によって特徴が異なるといえる。

(3) 賃 金 率

　賃金率は，単位時間当たりの給与（労働所得）であり，給与を労働時間で割ることで得られ，基本的には生産性を示す指標といってよい。だから，労働力率，労働時間に加えて，単位時間当たりの生産性を示す賃金率は，その国の労働市場の状況について貴重な情報を提供する。

　日本では正規労働者（正社員）[3] は月給で支払われることが多い。所定内給与は，基本給，職務手当，役職手当などからなるが，企業によっては精勤・皆勤手当，通勤手当，家族手当などの手当もあらかじめ労働契約などによって決められ支給されている。また労働時間数に応じて，超過労働給与として，時間外勤務手当，深夜勤務手当，休日出勤手当，宿日当手当，交代勤務手当などが支給される。そして，年 2 回程度賞与が出ることが多い。一方，パートやアルバイトは時給で支払われることが多い。日給制の場合もある。

　図 1–3 は，女性正社員 20〜24 歳の賃金率平均を 100 とした場合の，さまざまな働き方の賃金率を，男女別，年齢階級別に示したものである。この図はとても興味深い情報を示す。まず男性正社員の賃金率は年齢とともに大きい山型を描いて上昇する。そのピークは 243 であり，20〜24 歳正社員女性の賃金率

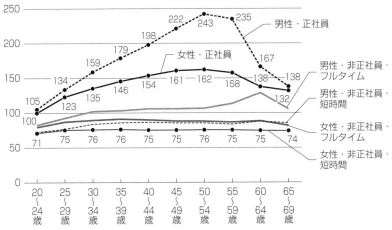

図1-3 日本の男女・正規非正規別賃金率（時間当たり賃金率，20〜24歳女性正社員＝100）

（注）「賃金率＝(所定内給与＋1カ月当たり特別賞与)/所定内労働時間」として計算。正社員・正職員以外を非正社員・フルタイムと表示。正社員・正職員以外の短時間労働者を非正社員・短時間と表示。「20〜24歳女性正社員＝100」とする指数として時間当たり賃金を計算。
（出所）厚生労働省「賃金構造基本統計調査」(2018年) より作成。

　の 2.5 倍近くに上がる。女性正社員についても，年齢とともに賃金率は上昇する。ピークは 162 と 1.6 倍程度になる。しかし，短時間働く非正社員の時間当たり賃金は，男性も女性も全般に低く，年齢による変化はほとんどない。フルタイムで働く非正社員についても，時間当たり賃金率は女性正社員 20〜24 歳を 100 とすると，女性が 90 程度，男性は（60〜64 歳を除いて）100 程度であり，やはり年齢による変化はほとんど見られない。

　賃金率がそれぞれの労働者の生産性を表すとすれば，この図は，生産性の大きい格差が男女の正社員の間で，また正社員と非正社員との間であることを示す。しかし，はたしてそれほどに生産性の大きい差があるのだろうか。もし生産性の差があるとすれば，それは人材育成の差なのだろうか。また，このように賃金差があるとしても，それは個人が望んで選んだ働き方といえるのだろうか。それとも，仕方なしに就いた働き方なのだろうか。さらに，非正社員という働き方をしている個人の能力を十分に活かせているのだろうか。こういった疑問は，労働経済学が答えるべき（だが唯一の解答は容易には見つからない）重要な論点である。本書では，この疑問を解きほぐすための労働需要側の行動や労

7

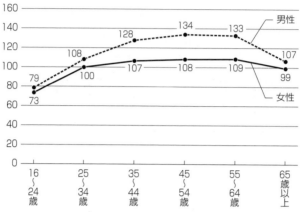

図1-4　アメリカの男女別賃金率（時間当たり賃金率，25～34歳女性＝100）

（注）　賃金，給与を支払われる労働者（自営業者を除く）の通常の時間当たりの賃金率。課税前の賃金。通常支払われる残業割増賃金，手数料，謝礼金を含む。「25～34歳女性＝100」とする指数として時間当たり賃金を計算。

（出所）　U. S. Bureau of Labor Statistics, *Current Population Survey*, 2017 より作成。

動供給側の行動について学んでいく。

　これから見ていく男女間賃金格差や，正社員と非正社員の賃金格差には，日本は国際的に見て大きいものがある。図1-4には，アメリカの男女の時間当たり賃金率を年齢別に示したものであるが，日本ほどには男女の差がついていないことがわかる。なおこのアメリカの図は，フルタイムやパート，あるいは常勤職員や有期雇用の職員等で分けて示したものではない点には注意が必要だが，いずれにせよ年齢による時間当たり賃金率の差は日本よりは小さい。こうした違いはどういう理由によるのだろうか。育児の男女間の分担のあり方や，さらには，正社員・非正社員という働き方のなかで形成されてきた雇用慣行にも原因があるのかもしれない（詳しくは第5章，第8章を参照）。本書では，働き方とともにケア労働についても扱っていく（詳しくは第2章，第9章を参照）。

🔲 日本の労働統計

(1)　日本の全般的な状況を表す労働統計

日本の労働の現状はどうなのか。それを知るためには，人々がどのように働

いているのか，企業がどのように人を雇用しているか，良質な統計調査によって実態を把握することが必要である。

　政府は，代表的な統計を使い日本の現状を白書で示している。厚生労働省『労働経済白書』は，賃金，労働時間，労働生産性，地域の雇用状況，人材マネジメントなどのテーマを扱う。女性の雇用状況については厚生労働省『働く女性の実情』がある。内閣府男女共同参画局『男女共同参画白書』は男女の労働参加や仕事と家庭の両立の状況だけでなく，政治参加などを含めた分析を毎年出している。ぜひ一度見ることをお勧めしたい。

　日本全体の状況を調べるには，調査に協力的な人だけでなく，調査にあまり協力的でない人をも含めて，偏りなく調査を行う必要がある。

　国民全員を調査すれば一番詳細がわかるのであるが，それには大変なコストがかかり時間もかかる。それが，5年に1度行われる国民全員に対する全数調査の「国勢調査」である。

　しかし，現在の状態を知るには，1年に1回，あるいは毎月といった頻度で頻繁な調査も必要である。そのためには，国民を代表するようにたとえば層化抽出をしたうえで調査対象を定め調査が行われる。調べたい集団全体（母集団）から調査を行う標本を抽出するのだが，その際に属性ごとに母集団をいくつかの層に分けたうえで，それぞれの層から適切な割合で標本を無作為に抽出するのは1つの方法である。

(2) 代表的な労働統計

　代表的な**労働統計**の1つは，毎月調査される総務省統計局「労働力調査」である。この調査は，国勢調査区の中から住戸を抽出して，その住戸に住んでいる住人の就業状態を調査する。月末1週間に仕事に就いておらず，仕事を探しており，仕事にすぐ就ける人が「失業者」と定義される。この調査によって毎月の失業率が発表されるが，結果は労働市場の需給状態を示す重要な指標として新聞やニュースに取り上げられる。

　「労働力調査」は毎月約4万の世帯に実施されている。大規模な調査に見えるが，県別に，また学歴層や年齢層などで仕事の状況や失業率を見たいとなれば，もう少し大きい調査をしないと標本誤差が大きくなる。

　そこで，5年ごとに「労働力調査」より大きい調査が行われている。代表的な調査が，総務省統計局「就業構造基本調査」である。2017年には，52万世帯の15歳以上108万人を対象に調査が行われた。

表 1-2 日本の労働統計

(1) 定期的に実施される調査の事例

調査名	頻度	調査の対象	対象者数	実施当局	特徴
国勢調査	5年に1度	世帯	全国民	総務省統計局	人口、労働状態、配偶関係、同居家族、住居内、同居人等
賃金構造基本統計調査	毎年	5人以上の常用雇用者のいる事業所	6万5000事業所	厚生労働省	月間給与、労働時間、残業、年齢階層、勤続年数階層、企業規模（10〜99人、100〜999人、1000人以上）や都道府県別の一般常用雇用者（正社員・正職員とそれ以外）や短時間雇用者の大規模な調査
毎月勤労統計調査	毎月	常時5〜29人、および30人以上を雇用する事業所	全国調査で約3万3000事業所	厚生労働省	事業所を対象に行われている。賃金支払総額、総実労働時間、雇用数等についての毎月の調査。全国調査と地方調査がある
就業構造基本調査	5年に1度	世帯	約52万世帯・108万人	総務省統計局	就業状態、労働時間、年収等に関する大規模な調査
労働力調査	毎月	世帯	約4万世帯・10万人	総務省統計局	就業状態。日本1週間の就業状態に関する毎月の調査。失業率の推計に使われる
国民生活基礎調査	毎年	世帯	3年に1度は大規模な世帯調査が行われる	厚生労働省	就業状態、年金加入状況、健康状態に関する調査。一部に対して要介護者の調査が行われる
全国消費実態調査	5年に1度	世帯	5万6400世帯（うち単身世帯・約4700世帯）	総務省統計局	世帯主の年齢階級や子ども数、年間収入階級別の消費行動に関する大規模な家計簿の調査
家計調査	毎月	世帯	約9000世帯	総務省統計局	毎月行われている消費額や内訳などに関する家計簿の調査
21世紀成年者縦断調査	毎年	2002年に20〜34歳、および2012年に20〜29歳		厚生労働省	2002年に20〜34歳および2012年に20〜29歳成年者男女の結婚・出産・就業等の実態および意識の経年変化。
21世紀出生児縦断調査	毎年	2001年および2010年に出生した子ども		厚生労働省	子どもの成長・発達の様子や、子育てに関する環境や意識・行動の変化
中高年者縦断調査	毎年	2005年に50〜59歳男女		厚生労働省	中高年者の就業・健康・意識等に関する調査
雇用均等基本調査	毎年	常用雇用者10人以上の民営企業5人以上の民営企業の事業所	約6000企業 約6000事業所	厚生労働省	雇用均等、ニーズ別人事、育児休業採用、母性保護利用、ハラスメント防止対策等に関する調査

(2) 不定期に実施される調査の事例

雇用の構造に関する総合調査 就業形態の多様化に関する総合実態調査、パートタイム労働者総合実態調査、若年者雇用実態調査、高齢者雇用実態調査、転職者実態調査、企業における採用管理等に関する実態調査、派遣労働実態調査など

　一方，企業側に対して年1回行われる代表的な給与の調査に，厚生労働省「賃金構造基本統計調査」がある。この調査は，主に10人以上の常用労働者を雇用する事業所（ただし企業規模5〜9人をも含む集計もなされる）の約170万人の給料やボーナスを調査するものである。企業が管理している給与額は細かい数字まで間違いなく記入されるだろう。その一方で，5人未満の小規模企業に勤務している者の給与の調査はされておらず，自営業等への調査もされていない。もちろん，失業者や無業者については調査されていない点で世帯に対する調査とは異なる。

　このほかに企業に対して毎月行われる主要な調査に，厚生労働省「毎月勤労統計調査」がある。これは常用労働者数5〜29人，あるいは30人以上の事業所に対して，毎月，男女別（あるいは内訳としての常用労働者およびパートタイム労働者別）に，総労働者数，合計延べの総労働時間数，合計延べの現金給与額の総額を調べる。景気動向の判断指標として多くの企業が使っている。

　企業への調査と世帯への調査との比較からわかるように，小規模事業所勤務者を含めて広く働く人をとらえることができるのは，世帯に対する調査である。しかし，世帯に対する調査において，世帯員それぞれの賃金について，「200万円から299万円」といった階級値ではなく，実際の金額を聞いている調査は残念ながら多くはない。厚生労働省「国民生活基礎調査」の3年に1度の大規模調査，総務省統計局「全国消費実態調査」（5年に1度）や厚生労働省「21世紀成年者縦断調査」（毎年だが特定世代に対する追跡調査）などは実際に収入金額そのものを聞いている。一方，「労働力調査」や「就業構造基本調査」では，年収の階級値しかわからない。

　このほかにテーマを決めた調査も行われている。たとえば，厚生労働省「雇用の構造に関する実態調査」は，パートタイム労働や若年者雇用，派遣労働者などについて，雇用情勢に応じて不定期に行われている調査である。

　若者の雇用の劣化が起きているといわれるが，実際に若者はどのような仕事に就きどのようなキャリアを形成しているのか，またできていないのか，どのような政策が有効なのか，そうでないのか，こうしたことも調査統計から見えてくるはずである。しかし，たとえば，若年者雇用に対する雇用政策がどの程度個人に届いているのか，そうした効果を測れる世帯に対する雇用政策の調査などは実際には政府統計としてはほとんどないなど，検討すべき点が多い。

(3) 労働統計の利用

　1990 年代前半までは，パソコンの処理能力は現在と比べてはるかに低いものであった。そのため，こうして集められた統計は，統計局等が集計した統計書を利用するのが一般的であった。しかし，パソコンの処理能力が向上し，インターネットが普及するにつれて，統計の利用方法が大きく変わってきている。

　多くの統計の結果概要は，インターネット上でいち早く見られるようになった。さらに，過去の国の統計も，総務省の政府統計の総合窓口（e-Stat）に載るようになった。パソコン上のインターネットブラウザで「e-Stat」と入力すれば簡単にそのページを見ることができる。このため，一般ユーザーが表計算ソフトのデータとして簡単に入手できるようになった。また，日本では必ずしも大きく進んでいるとはいえないが，インターネット上で，自分で集計項目を選んで自分が望むような集計表を作ることができる調査もある。たとえば，ブラウザで「OECD Statistics」と入力し，OECD のデータベースに入れば，集計項目を選んで作表することが可能である。ぜひ試してみることをお勧めする。前掲の表 1–1 はそのような方法で作成されている。

　しかし，調査の実際の集計結果や全体像は，やはり，まずは統計書を見た方がわかりやすい。ぜひ図書館を訪ねて統計書を見たうえで，e-Stat などのウェブサイトをうまく活用してほしい。

　さらには，パソコンと統計ソフトの発達によって，少しばかり統計ソフトの使い方に習熟すれば，個人別のデータ（個票）を比較的容易にクロス集計できるようになっている。このため，研究者，学生などが利用できるよう，調査データの個票を公表する国も多くなっている。なお，もちろんこれは調査対象者の匿名性を確保するよう，高所得者等について個人が特定されないような工夫をしたうえでのことであるが，労働の状況を知るデータ活用の拡大は歓迎されることである。

　　🔲 調査分析の方法：横断面分析，時系列分析，パネル（縦断）分析
　調査にはその調査の特徴により実態に迫れる視点が異なる。

　横断面分析とは，ある 1 時点について行われる調査である。ある 1 時点について，その調査をもとに，地域の差異，男女や年齢階級の差異などを分析する。**横断面調査**は多く見られる調査である。

　時系列分析は，集計されたデータから，分析している対象の特性が時間とと

もにどのように変化したかを分析する方法である。たとえば，同じ年齢層で見て，非正規雇用に就く若者が時代とともにどう変わったのかを見るのは時系列分析である。

パネル（縦断）分析は，調査対象を毎年調査するという独特の調査である。1時点で見れば横断面の様相を見ることができ，年齢階層や地域差を見ることができる。毎年調査されているので，調査を時系列で見れば，時間とともに，調査対象の行動がどう変化したかを見ることができる。また，同じ人の変化を見ることができるため，異なる個人との比較にはならない。この点で大変興味深いデータ分析を行うことができる。ただし，パネル（縦断）調査にも大きな欠点がある。それは調査回数が増えるごとに，一定の傾向を持つ人の脱落が増えてしまうこと，その結果として，時間が経つほどに母集団とかなりずれる対象者の調査となってしまう点である。一般には，より不安定で脆弱な層の回答の脱落が増えると考えられている。

🔲 統計における働き方の分類

(1) 自営業，雇用者という分類

働き方の分類として，「労働力調査」の分類を表1–3で整理した。かつては，自営業主，家族従業者，雇用者[4]という分類が重要であった。これは戦後直後は，農家や個人経営の商店など，世帯の半数が自営世帯であったからである。一方，雇用者とは雇われて賃金を得る働き方である。高度成長期から今日にかけて，自営業主は年々縮小する一方で，雇用者が急速に増加していった。今日では雇用者は就業者の約90％を占めている（2019年調査）。

(2) 呼称による雇用者の分類

続いて雇用者の中の分類を見てみよう。表1–3には入れていないが，1960年代，70年代は，雇用者の分類としては，常用雇用者，臨時雇用者，日雇い雇用者という分類が重要であった。「労働力調査」では，「常雇」「臨時雇」「日雇」として調査されてきた。

しかし，その後，「常雇」「臨時雇」「日雇」といった分類よりも，表1–3に示したとおり「正社員」「パート」「アルバイト」「労働者派遣事業者の派遣社員」「契約社員」「嘱託」といった「呼称」が，働き方の実情をとらえるものとして注目される分類となっていく。

こうした分類の変更を引き起こしたのは労働市場の変化である。1980年代

表 1-3　従業上の地位，雇用形態別就業者数と失業者数

(単位：万人)

	「労働力調査」(2019 年平均)		
	男女計	男性	女性
就業者			
自営業主	531	394	137
家族従業者	144	29	115
雇用者	6,004	3,284	2,720
役員		251	84
正規の職員・従業員		2,342	1,161
パート		123	924
アルバイト		232	240
派遣社員		56	85
契約社員		156	138
嘱託		81	44
その他雇用者		43	43
完全失業者	162	96	66

(注)　派遣社員は労働者派遣事業所の派遣社員を表す。

になると「パート」と呼称される働き方が主婦層に広まっていった。さらに，1990 年代から 2000 年代にかけて，未婚者層や高齢者層にも，また女性だけでなく男性にも「パート」「アルバイト」といった働き方が拡大した。さらに，1990 年代末から 2000 年代初頭の規制緩和のなかで「派遣労働者」や「契約労働者」といった働き方も増え，「正規の職員・従業員」と違う分類として注目されるようになった。これまでの分類だと，「パート」の少なからぬ割合は「労働力調査」の中で「常雇」の中に入っていたが，同じ「常雇」の正社員と比べて第 5 章に見るように大幅に賃金が低いことが知られている。このため「正社員」「パート」といった「雇用形態」が重要な分類項目となっていったのである。なお，1980 年代当時の「パート」はパートという名称にもかかわらず，半数以上が週 35 時間以上のフルタイム労働だったため，「疑似パート」(「パート」と呼ばれるが短時間ではない) などと表現する研究書もあった。

(3)　有期雇用，無期雇用による雇用者の分類

海外では，有期雇用か，無期雇用かが賃金を決める重要な変数であるとする研究が多い。無期雇用であれば雇用契約期間の終了がないが，有期雇用であれ

ば，雇用契約が終われば新しい仕事を探さないとならない。

一方，日本では，伝統的には「呼称」による賃金格差が大きいことが示されてきた。たとえば，呼称において「正社員」と「パート」とでは大きい賃金格差がある。しかし，「パート」と呼称される雇用者の中で無期雇用か有期雇用かの賃金格差はほとんどなかった。これは雇用契約がしっかり結ばれている大企業において有期雇用が多く，そうした契約締結が口頭だったりする中小企業で無期雇用が多かったためでもあるだろう。もっとも近年は，「短時間雇用者」の中に「パート」だけではなく，「短時間正社員」も増えている。「パート」と「短時間正社員」については明らかに賃金差がある。いずれにせよ，このような海外との比較を踏まえて，「労働力調査」の中では，2013年より，雇われている人の内訳として，1年を超える契約の中に「有期の契約（雇用期間が1年を超える者）」「無期の契約（雇用契約期間の定めがない者〔定年までの場合を含む〕）」という，「パート」等の従業上の地位だけでなくその雇用契約期間の分類が入るようになった。

これまで，男女の年齢階級別賃金率を，また労働力率や労働時間に関して，国際比較をしながら日本を見てきた。女性の労働参加が増えている点で各国の変化は共通であったが，就業者に占めるフルタイム労働者の分布などは各国間でかなりの差異があることを統計は示している。いったい，こうした国ごとの特徴の差は何から生じているのか。

本書では，個人の労働供給，企業の労働需要，仕事経験が賃金に与える影響，仕事探しの理論，失業の変動の要因など，労働経済学の理論を学ぶ。

働き方の差の裏側には，家事・育児や介護のされ方の差がある。日本は，世界経済フォーラムが毎年示すジェンダーギャップ指数で見ると，153カ国中121位（2019年）と著しく低い。その原因の1つは働き方の男女格差が，国際的に見て大変大きいからである。なぜそのように男女格差が大きいのか。経済理論を検討するとともに，正社員や非正社員をめぐる日本の法制度，雇用慣行の特徴や，職場規範についても考えていく。

今後，私たちは思いがけない需要の変動（たとえば，災害，コロナ禍）のリスクに直面するだろう。そのことで労働者が仕事を失ったり，事業主が倒産したりする。長期で見れば，少子高齢化の進展という人口構造の変化，そしてAI（人工知能），ICT（情報通信技術）革命という大きい技術面の革新が，働き方を

変えていくであろう。

　このような突然の，あるいは長期の変化は，労働市場にどう影響し，個人には何をもたらすのか。賃金水準や賃金分布は，個人のキャリア形成は，家族は，どのように変化していくのか。さらに，労働慣行，法制度や社会規範はどのように変化していくべきなのか。本書を通じて，皆さんはこれらの課題を考えるための労働経済学理論というメソッドを学ぶ。また，現実のデータは思いがけない驚きに満ちている。そのために統計の探し方も学ぶ。コラムでは今日的なトピックを取り上げる。労働市場で何が起きているのか，アンテナの立て方と，理論を学んでいこう。

● 注

1) 賃金（wage）は，本書では時間当たり賃金のことを指す。とくに時間当たり賃金であることを明確にするために，賃金率（wage rate）と表現することもある。なお，一般社会においては収入（income）のうち雇用収入（earnings）を，時給，月給等にかかわらず「賃金」と表現することもあるが，本書においては賃金率と賃金は同義である。

2) Blau, F. D. and L. M. Kahn (2013) "Female Labor Supply: Why is the United States Falling Behind?" *American Economic Review: Papers & Proceedings*, 103 (3), 251–256.

3) 正規労働者とは，労働契約に期間が定められておらず，使用者によって直接に雇用されている労働者を指す。就業規則に記される所定労働時間がフルタイムである労働者を指すことが多い。非正規労働者とは，正規以外の労働者である。社員とは，会社に勤める労働者を，また職員とは，会社以外の組織に勤める労働者を指す。したがって，正規労働者には正社員と正職員が存在するが，本書では，混乱が生じないかぎり，いずれも「正社員」と呼ぶことにする。

4) 本書では混乱が生じないかぎり，unit 2 以降では，「労働者」を「雇用者」の意味で用いる。雇用者は，雇用主に雇用される労働者を指す。しかし日常用語としての「雇用者」は，労働者を雇う企業など「雇用主」の意味で使われることもあり，混乱が生じやすいからである。

要　約 ────────────────────●─●○

　労働力率とは，15 歳以上人口に占める労働力（仕事をしている者，仕事に就いていないが仕事探しをしている者）の割合である。労働時間は，1 週間の平均労働時間，1 日の平均労働時間といった形で示されることが多い。賃金率は，単位時間

当たりの給与である。

労働力率，労働時間，賃金率の統計を見ると，労働市場の状況についてさまざまな事実がわかる。育児期に女性の労働時間が減る傾向は多くの国で見られる。ただし日本は，女性の労働力率のM字型カーブ，男性の労働力率の高い高原型という形で，家事育児時間を女性がより多く担い，男性が少ないなど男女間の就業状態の格差が大きい。また第7章で見るように，男女間賃金格差も他の国と比べて大きい。

労働の状況を知るには統計調査が重要である。5年に1回の「国勢調査」は全国民が対象である。このほかに5年に1回実施される総務省統計局「就業構造基本調査」がある。一方，毎月実施される総務省統計局「労働力調査」は失業状態の変化や労働時間，毎月の就業状態を知ることができる。また，とくに雇用者に限定した企業に対する賃金の調査としては厚生労働省「賃金構造基本統計調査」がある。

確 認 問 題

 Check 1 以下の9名の国民からなる架空の経済について，労働力率と各労働者の賃金率を求めなさい。

名　前	性　別	年　齢	職業	労働所得（円/週）	労働時間（時間/週）
ダイキ	男	21	大学生	0	0
アイ	女	19	大学生	0	0
アヤ	女	22	銀行員	100,000	50
ナオミ	女	32	求職中	0	0
トモコ	女	34	パート	20,000	20
タツヤ	男	33	会社員	80,000	40
ミホ	女	34	主婦	0	0
サクラ	女	1	子ども	0	0
ユウナ	女	1	子ども	0	0

 Check 2 次の文章の空欄に枠内から適切な用語を選んで入れなさい。

終戦直後の日本では（　①　）世帯が勤労者世帯を上回っていた。このため，自営業主や（　②　）という働き方も多かった。また，雇用の分類としては，当時は，常用雇用，臨時雇用，日雇雇用といった分け方がされていた。

その後，雇用就業が大幅に拡大し，自営業という働き方は大幅に縮小する。さらに，常用的に雇用されている中でも，非正社員が拡大する。非正社員の中には（　③　），（　④　），（　⑤　）などといった分類がある。

> 家族従業者，契約社員，自営，派遣社員，パート・アルバイト

unit 2

賃金と雇用量の決定

Keywords
労働市場，労働需要曲線，労働供給曲線，均衡賃金，均衡雇用量

労働市場とは何か？

　本書では「労働市場」という言葉がたびたび出てくる。そもそも「市場」とはなんだろうか。豊洲の魚市場には日々魚が取引される市場がある。価格は毎日変動する。ここには仲買人がいて売り手と買い手の間で競りが行われ，価格が決まり，魚が取引される。

　労働市場とは働き手が働きたいと思って仕事に応募（求職）し，企業が雇いたいと思って求人を出し，こうして労働力が取引される市場である。そんな市場は本当にあるのだろうか。実際のところ，人が競りにかけられるわけではないし，労働市場はどこに行けばあるかと聞いても誰もその場所は答えられない。就職情報の求人誌，インターネット上での企業の求人やこれに対する応募，公共の職業紹介所であるハローワーク，人づてでの求人の紹介とこれへの応募，これらが労働力が取引される市場である。そして，魚市場の競りのように明確に日々の時間当たり賃金が変動するわけではない。しかし，求職者数に対して求人が多ければやはりじりじりと時給は上がっていく。逆に仕事が少なければ時給は下がっていく。たとえば，アルバイトの時給は，景気が良くなり求人が増えれば上がっていく。

　新卒採用者の初任給も，景気が良ければじりじりと上がる。また，弁護士の労働市場，看護師の労働市場と，職によっても労働市場が分かれている。看護師が通常のサラリーマンの労働市場に応募することはできるとはいえ，病院が看護師資格がない者に看護師の仕事をしてもらうことは法律違反であり，これはできない。だから，看護師の賃金が大幅に上がっても看護師資格がない者は

看護師の労働市場で応募することはできない。資格をとってからのことになる。だから，潜在看護師（資格があっても看護師の仕事をしていない者）が多くないかぎり，供給量は急には増えない。

　求人が多いのにもかかわらず，応募が少ない場合にはどうなるのだろうか。どうしても求人を満たしたい企業はより高い賃金でオファーするだろう。もしそのように賃金条件を改善して求人を出さなければ，求人は満たされず，人手不足となる。

　新卒大学生の就職率は，多くの大学生には気になる数字であるだろう。求人が減れば，応募をしても採用を得られない大学生が増える。このとき，企業が賃金を下げて求人を増やすこともできるが，企業が求人の賃金を一定に保つとすると，求人は増えず，仕事を見つけられない，すなわち職探し中で失業中の者が増えるだろう。逆に求人が増えれば，採用を望んでも採用ができない企業が増える。この場合，新卒大学生の賃金は上昇する。企業が求人の賃金を一定条件に保つとすると，採用ができない企業が増加する。

賃金と雇用量の決定

　このように企業の求人の増加や減少，あるいは働きたい人の増加や減少で，賃金や雇用量がどのように決まるかを示すために労働市場のモデルがよく用いられる。労働市場のモデルでは，横軸に雇用量，縦軸に賃金をとる。**労働需要曲線**は右下がりの曲線として，また，**労働供給曲線**は右上がりの曲線として表される（図2-1）。

図2-1　需要と供給

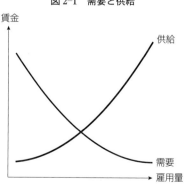

労働市場全体の労働需要曲線は，賃金が与えられたとき，各企業が利潤を最大化するために雇用したい労働量について，労働市場における企業全体の合計（これを市場の労働需要量と呼ぶ）を示している。賃金が上がるとそうした賃金で雇いたいと思う企業数が減るから労働需要量は減る。このため，労働需要曲線は右下がりとなる。市場全体の労働需要曲線のもととなる個別企業の労働需要については第3章で詳しく説明をする。

労働市場全体の労働供給曲線は，賃金が与えられたとき，その労働市場にいる労働者各人が働きたいと思う労働量を足し合わせたもの，すなわちその賃金に対して働きたい人々の量（これを労働供給量と呼ぶ）を示している。賃金が上がるとその賃金で働きたいと思う人が増えるため労働供給量は増えるであろう。したがって，一般には労働供給曲線は右上がりとなる。市場全体の労働供給曲線のもととなる個人の労働供給については第2章で詳しく説明する。

賃金と雇用量はこれらの2つの曲線の交点で決まる。それ以外の点では，労働供給が余る（つまり失業が生じる）か，労働需要が満たされない（つまり求人の方が多いために企業に欠員が生じる）。前者の場合には，賃金を下げる圧力が働き，後者の場合には，賃金を上げる圧力が働く。こうして，市場の賃金と雇用は，2つの曲線の交点へと近づいていく。交点を均衡点，そのときの賃金を**均衡賃金**，雇用量を**均衡雇用量**と呼ぶ。

🔲 労働需要・労働供給の変化

景気が良くなると，同じ賃金率で労働者を雇いたい企業は増える。つまり労働需要量が増える。この場合，労働需要曲線は図2-2のように右に**シフト**（移動）する。同じ W_1 の賃金のもとで，企業が雇いたい労働者は，当初は水平の破線と右上がりの太い線との交点 L_1 であるが，景気が良くなったために，同じ賃金のもとで，企業が雇いたい労働者は，水平の破線と右上がりの太い破線との交点 L_3 に増加する。ただし，W_1 のもとで働きたい労働者は，L_3 ほど多くはない。そこでじりじりと賃金が上がる。最終的には，労働需要と労働供給が均衡する賃金は労働需要の増加により W_2 に上がる。また，このときには賃金が上がるだけでなく，均衡雇用量も L_1 から L_2 に増える。

景気の拡大以外にも，たとえば公共工事の増加は同じように需要曲線の右シフトを通じて同じような変化を引き起こす。

また，なんらかの理由から，同じ賃金のもとでも働きたいと思う人が増え労

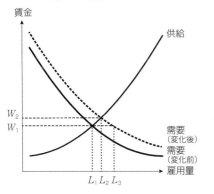

図2-2　需要増加の影響

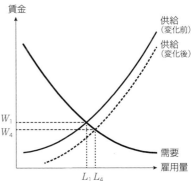

図2-3　供給増加の影響

働供給量が増えると，図2-3のとおり労働供給曲線が右にシフトする。すると，これまで賃金は W_1 であったが，労働需要と労働供給が均衡する賃金は W_4 に下がり，労働需要と労働供給が均衡する雇用量は L_1 から L_4 に増える。

　たとえば，自国民と同じ労働の質を持つような移民労働者の流入は，このような変化を引き起こす。また家電製品の発達などにより，家事負担が減り，同じ賃金でも家庭の外で働きたいと望む個人が増えれば，このような労働供給の増加が引き起こされる。

　パート労働者の労働供給曲線は右上がりだが，正社員に比べて緩やかな右上がりといわれている。これは，賃金が上昇すると，これまで働いていなかった層が働きに出ていくため，労働供給が大きく増えていくと考えられるからである。他方，たとえば医者の労働供給曲線はかなり鋭い右上がりではないかと考えられている。これは医者の資格を得るには6年間の教育と国家試験の合格が必要であり，医者の資格を持っている者で働ける者はすでにその多くが働いていると考えられるからである。労働供給曲線の傾きが緩やかなのか，垂直なのか，これによって，同じ労働需要の上昇でも，結果としての均衡賃金の上昇は大きく異なる。

　失業は，労働需要が大きく減少しても，賃金がこれに伴い下がらないようなケースで起きる。詳しくは第8章で学ぶ。それでは，各個人がどのようにして働くか，また何時間働くことにするのか，次章では労働供給を見ていく。

要　約 ————————————————————————●●━━●

　　労働市場のモデルは，景気変動，人口構造の変動などが賃金や雇用量に及ぼす影響を解釈するのに役立つ。右下がりの市場全体の労働需要曲線は，賃金が上がると労働需要量が減ることを，また，右上がりの市場全体の労働供給曲線は，賃金が上がると労働供給量が増えることを示している。

　　労働市場のモデルでは，需要量と供給量が一致するように賃金が調整されると考える。景気の改善や公共事業の増加は，労働需要曲線を右にシフトさせ，賃金上昇と雇用の増大を招く。移民労働の流入や家電製品の発達による家事負担の減少は，労働供給曲線を右にシフトさせ，賃金下落と雇用量の増大を招く。

━━●●━━━━━━━━━━━━━━━━━━━━━━━━━━━━━━━━━━

確認問題 ————————————————————————●●━━●

　　□　*Check 1*　労働市場のモデルを用い，少子高齢化が将来の賃金と雇用量に及ぼす影響を予測したい。次の図①〜④のどの分析が正しいか。ただし，労働市場への参入年齢，引退年齢の分布は，大きく変化しないと仮定しなさい。

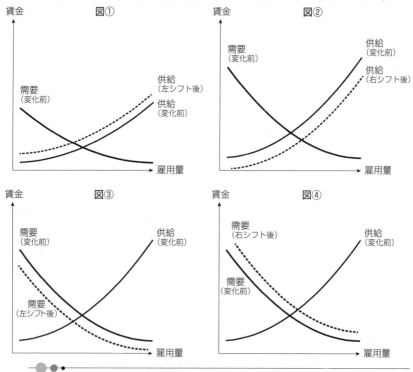

第 2 章

労 働 供 給

　周囲を見回してみよう。あなたの周囲は労働経済学の研究対象の宝庫である。親戚のマサルおじさんとイサムおじさんを比べると，マサルおじさんは，定年後，新しい職に就いた。イサムおじさんは引退している。こうした退職行動の差はなぜ生じるのか。

　ナオミおばさんとトモコおばさんを比べると，ナオミおばさんもトモコおばさんも，結婚前は仕事をしていた。その後，ナオミおばさんは，現在は収入を伴う仕事をしていないが，トモコおばさんは，2年ほど前から，仕事をするようになった。そうした労働供給行動の差はどのような事情としてモデル化できるのか。

　友人のタクミは大学に行きながらもアルバイトに精を出している。一方，ミライは部活動と勉強に時間を費やしておりアルバイトはしていないという。そうした労働供給行動の差はどのような事情としてモデル化できるのか。働くことのモデルを考える。

労 働 供 給

> Keywords
> 労働供給，トレードオフ，予算制約線，機会費用，限界費用，無差別曲線，
> 限界効用，限界代替率，限界原理，代替効果，所得効果

🔲 労働供給モデル

　マクロ経済学的に見る**労働供給**は，人数という面で見れば，仕事をしている人数および仕事をしたいと思って仕事探しをしている人数であり，またそれらの人々が供給している労働時間の総計である。その総計が一国の労働供給となる。一方，ミクロ経済学，すなわち個人レベルで考えると，個人は仕事を探して働くか，働かないか，また何時間働くかといった選択に直面している。働く，働かない，何時間働くかを決めるのは何か，その要因を個人の側から探るのがこの章のテーマである。この章で展開する労働供給モデルは，仕事をするかしないか（就職，離職，再就職，引退など）を説明する基本モデルである。

(1) 労働と余暇のトレードオフ

　人が働く理由は，仕事のやりがい，職場の仲間とのつながりなど，いろいろある。しかし，そもそもは，労働力を提供することで，初めて食べていくことができるからである。経済学では，満足度を**効用**と呼び，効用を増すものを**財・サービス**と呼ぶ。したがって，「食べていく」ことは「財・サービスを購入・消費する」ことと表現できる。以下では，財・サービスが具体的に何を指すかは重要でない。人が消費するさまざまな財・サービスを含むバスケットを指すと考えるとわかりやすいかもしれない。

　スペースを節約するため，今後は「財・サービス」を「財」と表現する。財は，触れるもの，サービスは触れないものという違いはあるが，多くの場合，その違いは重要でない。違いが重要である場合には，「サービス」を用いる。

たとえば、「労働サービス」といった具合である。

　より長い時間を働けば、より多くの所得を得ることができ、より多くの財を消費できるが、より多くの余暇の時間（働かない時間）が犠牲になる。人はこの**トレードオフ**（一方を増やすには他方を減らす必要がある）を考え、自分が希望する労働時間数（労働供給と呼ぶ）を決める。このようにして労働供給が決まるという考え方を**労働供給モデル**と呼ぶ。

　以下では、単純化のために、財と余暇は、いずれも人の効用を高めると仮定する。余暇が財同様に人の効用を高めるという仮定は、より長い労働時間そのものは人の効用を低めると仮定することをも意味する。財と余暇のいずれもが効用を高めるからこそ、両者の間のトレードオフが問題になる。

　ここでは、最も身近な例として大学生のアルバイトを考えてみよう。私大に通うアイは親から毎週2万円（毎月8万円）の仕送りをしてもらっているが、お金が足りないので時給1000円のアルバイトをすることを考えている。何時間のアルバイトをするのがよいのかと考え始めたアイは2つの制約に気づく。

　まず、自由に使うことのできる時間は限られている。1週間の総時間数は168時間（24時間×7日間）であるが、健康を維持するには睡眠、食事、その他の時間が必要であるし、講義に出席する時間も欠かせない。健康維持に週70時間（1日当たり睡眠6時間、食事2時間、その他2時間、計10時間×7日間）、講義出席に週20時間（平日1日当たり4時間×5日間）の合計週90時間が少なくとも必要であるとアイは考えている。この90時間は働いていない時間であるから余暇の時間であり、余暇の下限値であると考えることができる。したがって、アイが自由に使うことのできる時間は、週168時間の総時間数から週90時間の余暇時間数の下限値を差し引いた週78時間に限られている。アイは、この限られた週78時間を（週90時間を超える）追加的な余暇（自主的な勉強、クラブ活動、趣味の時間など、アルバイト以外の時間）とアルバイトとに割り振ることになる。なお、大学生にとって自主的な勉強は本業であろうが、ここではアルバイト以外の時間を余暇と便宜的に呼ぶことにする。

(2) 予算制約線

　次に、総収入と余暇の時間の間にはトレードオフがある。表3-1は、アイの週当たりのアルバイト時間数、余暇時間数、アルバイト収入、親からの仕送り収入、総収入を示したものである。余暇時間数は週90時間の最少限必要な余暇時間数を超える追加的な余暇時間数を表している。アルバイト収入を計算す

表 3-1　アイの余暇，アルバイト，収入（時給 1000 円，仕送り 2 万円の場合）

余暇時間数	0	10	20	30	40	50	60	70	78
アルバイト時間数	78	68	58	48	38	28	18	8	0
アルバイト収入（千円）	78	68	58	48	38	28	18	8	0
親からの仕送り収入（千円）	20	20	20	20	20	20	20	20	20
総収入（千円）	98	88	78	68	58	48	38	28	20

図 3-1　アイの余暇，アルバイト，収入（時給 1000 円，仕送り 2 万円の場合）

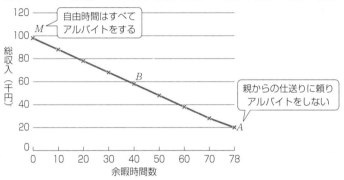

るにあたり，アイがアルバイト時間数を変えても時給は 1000 円で変わらないと仮定している。経済学では，この仮定を「アイは**価格受容者である**」とか「アイは**完全競争者である**」と表現する（つまり完全競争とは，自分では価格に影響を与えられないということを意味する）。アイが自由に使うことのできる時間は週 78 時間に限られているので，この表からわかるように，総収入を増やすには（アルバイトの時間を増やし）余暇の時間を減らす必要がある。逆に，余暇の時間を増やすには（アルバイトの時間を減らし）総収入を減らす必要がある。

　図 3-1 では，表 3-1 のデータに基づき，横軸に余暇時間数，縦軸に総収入をとり，アイが選びうる余暇時間数と総収入のすべての選択肢を右下がりの直線で示している。たとえば，右下の点 A はアルバイトをせずに親からの仕送りに頼る選択肢に相当する。これは極端な選択肢であり，ほかにも選択肢はたくさんある。たとえば，点 B は週 38 時間のアルバイトをし，5 万 8000 円の総収入（3 万 8000 円のアルバイト収入と親からの仕送り 2 万円の合計額）で暮らす選択肢に相当する。経済学では，すべての選択肢を示すこの右下がりの直線を**予算制約線**，あるいは**予算線**と呼ぶ。これはこの予算制約線の上側は，予算を超えて

おり，消費が可能ではないからこのように呼ばれる。また，点 A の状態にある人を**非労働力**（働く意志がないという意味である），点 B のような状態にある人を**労働力**（働く意志があるという意味である）と呼ぶ。

　予算制約線が右下がりであるということは，余暇時間数を増やせば，総収入が減るというトレードオフがあることを示している。また，予算制約線の傾きの絶対値は 1000 円/時間であるが，これは余暇を 1 時間増やす際にどれだけ総所得が減るかを示している。経済学では，この額を余暇の**機会費用**，あるいは余暇の**限界費用**と呼ぶ。すでに気づいた読者もいるかもしれないが，余暇を 1 時間増やせばアルバイトの時間が 1 時間減るので，総所得がアルバイトの時給分だけ減る。つまり，余暇の機会費用（限界費用）は時給である。余暇の時間を増やせばアルバイトの時間が減り，総収入が減るというトレードオフがある。トレードオフがあるからこそ，アイは何時間のアルバイトをすべきかを考えなければならないのである。

(3)　無差別曲線

　アイが希望するアルバイトの時間数はアイにしかわからない。予算制約線は，アイの選択肢を示しているが，アイの好みについてはいっさいわからない。たとえば，アイの好みが余暇に大きく偏っていれば，アルバイトなしの点 A を選ぶであろう。アイの好みが収入に大きく偏っていれば，点 M を選ぶかもしれない。このように，経済学は，アイがどの選択肢を選ぶかは教えてくれない。

　しかし，経済学は，アイの好みをアイから教わり，それを表現することができる。図3–2 は，アイにとって同等に好ましい（したがって，効用が等しい）余暇の時間数と総収入の組み合わせを曲線で結んで示している。このように，効用が等しい財・サービスの組み合わせからなる曲線を**無差別曲線**と呼ぶ。ここでは，余暇の時間数と総収入の組み合わせを財・サービスの組み合わせと考えている[1]。たとえば，最も下方に位置する無差別曲線 U_1 上の点は，アイにとって同じくらいの効用を提供する。アイに聞いたところ，10 時間の余暇を楽しみ 8 万 8000 円を得ることと，20 時間の余暇を楽しみ 4 万 4000 円の収入を得ることは同じくらい望ましいということである。アイにとっては，これらの組み合わせだけでなく，この無差別曲線 U_1 上の点で表される余暇と総収入のすべての組み合わせは，同等に好ましいということである。

　経済学が用いる無差別曲線には，いくつかの重要な性質がある。第 1 に，無差別曲線は右下がりである。余暇の時間数が多くなると効用が上がる。無差別

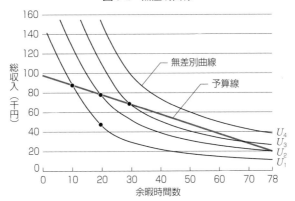

図 3-2　無差別曲線

曲線上で効用を一定に保つには総収入が減る必要があるからである。

　無差別曲線上のある点の傾きは，アイがもう１時間の余暇を楽しむために，減っても構わないとアイが考える総収入の変化（減少）分に相当する。つまり，無差別曲線の傾きは，アイにとってのもう１時間の余暇のもたらす効用の変化（増加分，これを**限界効用**と呼ぶ）を総収入の単位（千円）で測ったものであるということができる。経済学では，この無差別曲線の傾き（の絶対値）を**限界代替率**と呼ぶ。

　第２に，余暇の限界効用（単位は千円）は，１つの無差別曲線上で余暇の時間数が増えるに従い，減る傾向がある。余暇時間がすでに多いのならば，さらにもう１時間余暇が増えることがもたらす効用はだんだん減っていくだろう。このとき，無差別曲線の傾き（の絶対値）は，余暇の時間数が増えるに従い，小さくなるから，無差別曲線は原点０に向かって凸型（突き出ている形）となる。

　第３に，ある無差別曲線の右上に位置する無差別曲線は，より高い効用の水準を表す[2]。無差別曲線 U_1 の右上に位置する無差別曲線 U_2 は，U_1 の効用よりも高い。同じ余暇時間数で，たとえば，20 時間という同じ余暇時間を消費でき，かつ U_2 上の総収入 78（千円）は U_1 上の総収入 44（千円）よりも多いから，無差別曲線 U_1 の右上にある U_2 の方が効用水準が高い。

　第４に，どの２つの無差別曲線も交差することはない。なぜならば，交差するとしたら，交差点を境に一方が他方の右上に位置する（効用がより高い）と同時に左下に位置する（効用がより低い）ことになり，効用が一定であるという無差別曲線の定義に矛盾してしまうからである。

　経済学は，アイの選択肢を表す予算線とアイの好みを表す無差別曲線を統合することによって，アイがどの選択肢を選ぶかを予想するというモデルを考える。アイが選べるのは，予算線上の余暇時間数と総収入の組み合わせである。いま，10時間の余暇（68時間の労働）から徐々に余暇を増やしていく思考実験を試みよう。余暇が10時間のとき，予算制約線上の10時間の余暇と8万8000円の総収入の組み合わせでは，余暇の限界効用（1単位だけ〔本書では余暇を1時間だけ〕増やしたときに得られる効用）は，余暇の機会費用（限界費用：余暇を1時間減らして賃金を得ることによって得られる時間当たりの収入）を上回っている。このことは，この組み合わせを通る無差別曲線の傾きが（この組み合わせを通る）予算線の傾きよりも（絶対値で）大きいことからわかる。したがって，アイは余暇を増やし，総収入を減らすべきである。

　そこで，アイは，予算線の制約に従いつつ，さらに余暇を10時間増やし，20時間の余暇と7万8000円の総収入の組み合わせを検討する。ここでも，余暇の限界効用は，余暇の機会費用（限界費用）を上回っているから，アイは，予算線の制約に従いつつ，さらに余暇を10時間増やし，30時間の余暇と6万8000円の総収入の組み合わせを検討するが，余暇の限界効用が余暇の機会費用（限界費用）を上回っているので，さらに余暇を増やし，総収入を減らすべきである。最終的に，アイの最適な選択は，余暇の限界効用（無差別曲線の傾き）と余暇の機会費用（余暇の限界費用，予算線の傾き）が一致する予算線上の点で達成される。図3-3からは読み取ることができないが，アイの好みが図の無差別曲線図で正確に表されるとすると，49時間の余暇と4万9000円の総収入の組み合わせがアイの効用が最も高くなる最適の選択ということになる。

　もちろん，これはアイの自由時間と収入の好みであって，もっと収入が多い方がよい人もいれば逆の人もいる。つまり，予算線の傾き（余暇の機会費用である時給）が同じである人々の間でも人によって無差別曲線の傾き（余暇の限界効用）は異なるだろう。

(4) 限界原理

　アイが最適な選択をするとき，アイにとっての余暇の限界効用と機会費用（限界費用）が一致する予算線上の組み合わせが選ばれるという事実は，経済学においては**限界原理**として知られる。一般に，消費量をもう1単位増やすときに追加的に得られる便益と，そのために追加的に発生する費用とが等しくなる消費量が最適選択である。ここでは，アイが消費する余暇時間数をもう1単位

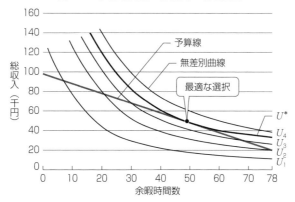

図 3-3　余暇時間数と総収入の最適決定

（ここでは 1 時間）増やすときに追加的に得られる余暇の限界効用と追加的に発生する余暇の機会費用（限界費用，賃金）が等しくなる。

　限界原理は，この後も頻繁に登場するのでよく理解しておこう。教科書の後半に登場する多くの理論は，上のように 2 次元の図では表現できなくなる。そのときに，限界原理に基づいて考える習慣を持っておくことは威力を発揮するであろう。

　予算線と無差別曲線を統合すると，図が煩雑になるので，今後は予算線のみを示すこととする。予算線しか描かれていなくとも，読者は見えない無差別曲線を頭の中で重ね合わせ，最適な選択肢では無差別曲線の 1 本が予算線と接している様子を想像してほしい。

⊞ 所得・賃金の変化と労働供給

(1)　非労働所得が増えるケース

　経済学は，アイを取り巻く環境が変化する際，アイがどのように選択を変える傾向があるかを教えてくれる。第 1 に，親からの仕送りが増えるケースを考えてみよう。表 3-2 は，親からの仕送りが週 3 万円に増えたときのデータを示している。この表を見るとわかるように，表 3-1 との違いは親からの仕送りと総収入に関する行のみである。

　図 3-4 は，表 3-2 のデータに基づき，予算制約線を示したものである。仕送りが増える前の予算制約線も示している。図 3-1 と比べ，予算制約線は上方に平行移動している。上方に移動するのは，親からの仕送りが 3 万円に増額する

表3-2 アイの余暇，アルバイト，収入（時給1000円，仕送り3万円の場合）

余暇時間数	0	10	20	30	40	50	60	70	78
アルバイト時間数	78	68	58	48	38	28	18	8	0
アルバイト収入（千円）	78	68	58	48	38	28	18	8	0
親からの仕送り収入（千円）	30	30	30	30	30	30	30	30	30
総収入（千円）	108	98	88	78	68	58	48	38	30

図3-4 アイの余暇，アルバイト，収入（時給1000
円，仕送り3万円の場合）

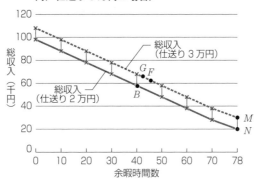

と，一定の余暇時間数（すなわち，一定のアルバイト時間数）のもとでアイが得る
総収入が1万円だけ増額するからである。平行に移動するのは，余暇の機会費
用であるアルバイトの時給は1000円のままであり，予算制約線の傾きは変化
しないからである。

　親からの仕送りが増えると，アイはより多い余暇時間数（したがって，より少
ないアルバイト時間数）を希望するようになる。親からの仕送りが増える前，ア
イは図3-4の点Bを選んでいたとしよう。親からの仕送りが増えた後に，ア
イは，たとえば，点Fや点Gのような選択肢を選ぶであろう。経済学では，
親からの仕送りのような，労働することなしに得られる所得を**非労働所得**と呼
ぶ。一般に，非労働所得が増えるとき，人がより多くの量を買おうとする財も
あれば，より少ない量を買おうとする財もある。経済学では前者を**正常財**，後
者を**劣等財**と呼ぶ。多くの経済学者たちの研究から余暇は正常財であることが
わかっている。つまり，豊かになるとより多くの余暇時間を消費したいという
気持ちが高まる。非労働所得である親からの仕送りが増えると，アイも余暇を
増やそうとする。経済学では，これを**所得効果**と呼ぶ。

表 3-3　アイの余暇，アルバイト，収入（時給 1500 円，仕送り 2 万円の場合）

余暇時間数	0	10	20	30	40	50	60	70	78
アルバイト時間数	78	68	58	48	38	28	18	8	0
アルバイト収入（千円）	117	102	87	72	57	42	27	12	0
親からの仕送り収入（千円）	20	20	20	20	20	20	20	20	20
総収入（千円）	137	122	107	92	77	62	47	32	20

図 3-5　アイの余暇，アルバイト，収入（時給 1500 円，仕送り 2 万円の場合）

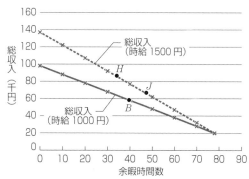

(2)　賃金が上がるケース

　第 2 に，アルバイトの時給が上がるケースを考えてみよう。表 3-3 は，時給が 1000 円から 1500 円に上がったときのデータを示している。この表を見るとわかるように，表 3-1 との違いは，アルバイト収入と総収入の行に生じている。図 3-5 は，表 3-3 のデータに基づく予算制約線を示したものである。時給が変化する前の予算制約線も描かれている。時給が上がるとき，予算制約線は右下の点を中心に時計回りに回転する。予算制約線の傾きが急になるのは，時給が 1000 円から 1500 円に上がると，余暇の機会費用も 1000 円から 1500 円に増すからである。時給が上がる前の予算制約線，時給が上がった後の予算制約線のいずれもが右下の点を通る（すなわち，予算制約線が右下の点を中心に回転する）のは，アルバイトをしないときの総収入は親からの仕送りのみであり，それはアルバイトの時給が上がっても変わらないからである。

　アルバイトの時給が上がると，アイは，より少ない余暇時間数（したがって，より多いアルバイト時間数）を希望するようになることもあれば，逆に，より多い余暇時間数（したがって，より少ないアルバイト時間数）を希望するようになる

こともある。時給が上がる前，アイは図3-5の点Bを選んでいたとしよう。時給が上がった後，アイは，たとえば，点Hのような選択肢を選ぶこともあれば，点Jのような選択肢を選ぶこともある。点Hは，点Bよりも左側にあるので，余暇の時間数が減り，アルバイト時間数が増えている。一方，点Jは，点Bよりも右側にあるので，余暇の時間数が増え，アルバイト時間数が減っている。

時給が上がれば，アイはより多いアルバイト時間数を選ぶはずだと考える読者も多いだろう。確かに，時給が上がれば余暇を消費することの機会費用が増すので，余暇を減らすようアイは動機づけられる。経済学では，これを**代替効果**と呼ぶ。

しかし，時給が上がるとき，短い時間でより多くの収入を得られるようになるから，アイはより豊かになる。アイの豊かさが増したことは，一定の余暇時間数（したがって，一定のアルバイト時間数）のもとで得ることのできる総所得が増えることからわかる。図3-5では，一定の余暇時間数（したがって，一定のアルバイト時間数）における予算制約線の横軸からの高さ（総収入）が高くなっていることに対応する。一定の余暇時間数において総収入が上昇したという点は，図3-4のように非労働所得が増えた場合と似ている（ただし，総収入の増え方が余暇時間数〔アルバイト時間数〕に依存する点は異なる）。時給が上がると，このような意味での豊かさが増し，豊かさはアイに余暇を増やす（したがって，アルバイトを減らす）よう動機づける。経済学では，これを所得効果と呼ぶことは上で学んだとおりである。

時給が上がると，アイは代替効果を通じ余暇を減らし（したがって，アルバイトを増やし），所得効果を通じ余暇を増やす（したがって，アルバイトを減らす）。この両方向への力が働くので，アイが余暇（したがって，アルバイト）を増やすか減らすかは定かではない。代替効果が所得効果を上回る規模であれば，アイは余暇を減らし（したがって，アルバイトを増やし），所得効果が代替効果を上回る規模であれば，アイは余暇を増やす（したがって，アルバイトを減らす）ことになる。代替効果と所得効果を合わせた両者合計の効果を**総合効果**と呼ぶ。

(3) **賃金と労働時間の関係**

このように，一般に，時給が上がってもアイがアルバイト時間数を増やすとは限らない。しかし，アイがアルバイトをしていない場合には，時給が（十分に）上がればアイがアルバイト時間数を増やすと断言できる。総時間数（78時

間）のすべてを余暇に費やし，アルバイトをしていないときには，時給が上がっても総所得は増えないので，所得効果がなく，代替効果のみがあるからである。時給が1000円のときにアルバイトをしていなかったアイが，時給が1500円になったときに，アルバイトを始める保証はないが，時給が十分に上がれば，代替効果も十分に大きくなり，アルバイトをしていなかったアイもアルバイトをするようになる。経済学では，ある人を働く気にさせる最低の賃金をその人の**留保賃金**と呼ぶ。

　留保賃金は，その人にとって，働いていないときの最初の1時間を自分で使うことの価値ともいえる。同じ人でも，たとえば，体調が悪ければ，自分のために休みをとることの時間の価値は上がるから留保賃金は上がる。夜中には家で眠りたい人にとって，夜中の留保賃金は上がる。

　一般に，所得効果の規模はアルバイト時間数とともに大きくなる。時給が1000円から1500円に上がるとき，一定の余暇時間数（したがって，一定のアルバイト時間数）のもとで総収入がどれだけ増えるかを見てみよう。一定の余暇時間数（したがって，一定のアルバイト時間数）のもとで，表3-1と表3-3の総収入の額を比べると，総収入の増額は余暇時間数の少ないとき（したがって，アルバイト時間数の多いとき）ほど大きくなることがわかる。

　所得効果の規模がアルバイト時間数とともに大きくなるという事実は，時給とアルバイト時間数との間の関係が一定ではないことを示している。低い時給が十分に上がれば，これまでアルバイトを希望していなかったアイをアルバイト希望に変える。アルバイト時間数が少ない間は，時給がさらに上がれば，所得効果を上回る規模の代替効果により，アルバイト希望時間数をさらに増やすであろう。しかし，アルバイト時間数が長いときに，時給がさらに上がれば，代替効果を上回る所得効果により，アルバイト希望時間数を減らすであろう。図3-6は，親からの仕送りを一定として，このような時給とアルバイト希望時間数の間の関係を描いたものである。経済学では，この曲線を個人の**労働供給曲線**と呼ぶ。この労働供給曲線は途中から後屈しているので，**後屈労働供給曲線**とも呼ばれる。

🔲 労働供給モデルの応用：有配偶女性の就業選択

　労働供給モデルは，学生アルバイトだけでなく，高齢者，女性など，就業と非就業との選択を行う労働者の選択に応用できる。また，非労働所得の変化，

図3-6　個人の労働供給曲線（後屈労働供給曲線）

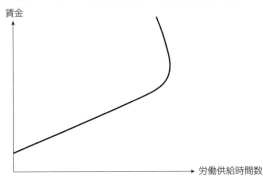

賃金の変化が労働供給に及ぼす影響だけでなく，政府の政策や企業の施策が労働供給に及ぼす影響を理解したり，労働供給の時系列的（「過去から現在まで」のように時間を追った）変化，労働供給の男女間，年齢間，学歴間，産業間，職業間，地域間などの格差を理解するのにも役立つ。ここでは，有配偶の女性（結婚している女性，既婚女性）の就業選択を例として，労働供給モデルを用い現実を理解する方法について説明する。

　女性が長期的な自身のキャリア構築を考えつつ賃金収入を求めて働くのか，それとも，家庭内で家事・育児・介護など賃金労働でない形で働くのか，家事・育児・介護など以外の時間に家計補助的に働くのかは，きわめて興味深い課題である。女性の人生の選択肢という視点からも大きい意味を持つ。

　多くの先進国では，賃金収入を求めて働く女性が大幅に増えている。20歳代から50歳代にかけて女性が仕事を持つのが当然となっていることは，海外で見られる高原型の労働力率プロファイルから見ても明らかである。

　しかし，unit 1で見たように，日本では，女性の年齢階級別労働力率は，近年，急速に変化しつつあるとはいえ，長い間，M字型を保ってきた。つまり育児期の労働力率は低いものであった。結婚しない，あるいは結婚年齢が高い女性が増え，若年期の女性の労働力率は上がっている。しかし，そうした無配偶女性についても，30歳代から50歳代にかけて，年齢が上昇するとともに労働力率が下がることは2005年ごろまでは男性と比べて目立つものであった。これも，もう1つの特徴であった。ただし，近年は無配偶女性の労働力率は高原型に変わってきた。

　有配偶女性の就業選択は，働かないでも生計維持に使える収入がどの程度で

あるか（夫の収入に対する裁量権など），また働いた場合に得られる手取りの賃金水準や，賃金以外のやりがいといった便益がどのくらいであるか，さらに仕事以外の活動（家事・育児・介護）から得られる便益がどのくらいであるのか，また保育園や放課後の子どもの遊び場の整備状況やその利用価格，育児休業制度の内容などの影響を受けていると考えられる。さらに，社会保障や税制のあり方からも手取り賃金額に影響を与えることを通じて大きい影響を受ける。日本において年収103万円の壁，130万円の壁[3] について議論されることがある。これは，年収103万円未満であれば，基礎控除48万円，給与所得控除55万円を引くと課税収入がゼロとなるから税金がかからないことを指す。これ以上となると，これを超えた金額に所得税等がかかる。またサラリーマンの配偶者の場合，収入が130万円未満であれば，被扶養配偶者として社会保険料が免除されたうえで，老後の基礎年金の給付権を得られることや，医療も受けられることを指す。もちろん，社会的な規範や，教育された価値規範も大きく影響しているであろう。規範とは，社会の特定の集団が内面化しており自ら順守することを望むような暗黙のルールであり，人々の好みに影響を与える。次のunitではさらに「家庭内生産」もモデルに組み込み，労働供給を考える。

● 注

1) 厳密には，総収入は財ではない。しかし，財の価格が一定であるとき（たとえば，財が消費財であり，消費財の価格である消費者物価を1という値に標準化するとき）には，総収入は財の量に比例するので総収入を財のように扱っても構わない。ただし，財の価格の変化の影響を見たり，unit 4 と unit 17 で財が直接に家庭内で生産される状況を考える場合には，再び財として扱うことにする。

2) 無差別曲線は，第3の軸，すなわち「効用」を平面上に表す工夫としてとらえるとわかりやすい。平面上の地図に山の高さを表すのに等高線を使うが，無差別曲線は山の高さと異なり，高さという尺度はないものの，右上にいくほど，効用が上がる等高線のようなイメージとしてとらえるとわかりやすい。

3) このほかに，106万円の壁，150万円の壁なども取り上げられる（コラム「社会保険料という固定費用」77頁参照）。前者は週20時間以上の短時間労働者の被用者年金加入が義務づけられる年収（企業規模により実施年が異なる），後者は配偶者特別控除の段階的消失が始まる年収である。税金や社会保険料は支え合いとして支払うべきものであるが，現状ではパートの時給が低いこともあり年収を一定以内にしようとする就業調整行動が見られる。

要　約 ─────────────────────────────●─●　●

　労働者は，働くことにより，財を購入・消費するための所得を得ることができる一方で，余暇を犠牲にする。労働者は，このトレードオフを考慮し，自分が最も幸せになれる余暇時間数と労働時間数を決める。非労働所得が増えれば，労働力率は下がり，労働供給時間は減る。賃金が上がれば，労働力率は上がる。しかし，賃金が上がれば労働供給時間が増えるとは限らない。方向が相反する代替効果と所得効果のためである。

●─●─● ────────────────────────────────

確認問題 ─────────────────────────────●─●　●

□　*Check 1*　次の文章の空欄に枠内から適切な用語を選んで入れなさい。ただし，同じ用語を複数回用いてもかまわない。また，すべての用語を使用するとは限らない。

　　図3-5において賃金が1000円から1500円と上昇するとき，アイは労働供給時間を（　①　）とは限らない。賃金は余暇の（　②　）であるから，その上昇は，余暇を労働に代替するインセンティブ（動機）をアイに与え，労働供給時間を（　③　）代替効果がある。一方で，賃金の上昇は，アイの資産である総時間の価値を（　④　）ことによって，アイを裕福に感じさせ，より多くの余暇を楽しむインセンティブをアイに与え，労働供給時間を（　⑤　）所得効果がある。これら2つの効果が相反する方向に働くため，総合効果の方向はわからない。

　　　　　　　増やす，減らす，高める，低める，機会費用

□　*Check 2*　労働供給モデルを用い，夫の失業が非労働力状態にある有配偶女性の就業に与える効果を分析してみよう。ただし，夫の失業は，有配偶女性が働かなくとも生計維持に使える収入を減らすとする。次の文章の空欄に適切な用語を入れなさい。

　　非労働力状態にある有配偶女性は，図3-4の点（　①　）のような点を選んでいると考えることができる。夫の失業は，妻の（　②　）を減らし，予算制約線を（　③　）に平行移動させるので，妻は点（　④　）のような点を選ぶ（すなわち，労働力化する）ようになる。ただし，妻の非労働所得があまり減らなければ，予算制約線が（　③　）に平行移動したとしても，点（　⑤　）を選ぶ（非労働力状態にあり続ける）であろう。

□　*Check 3*　20歳を過ぎると公的年金（国民年金）保険料として月額1万6540円（2020年）が賦課されるようになる。このことが図3-1の予算制約線をどの方向にシフトさせるかを図示しなさい。

●─●─● ────────────────────────────────

労働と家庭内生産

> Keywords
> 市場労働，家庭内生産活動，家庭内生産モデル，限界生産量，限界購入量

🔲 家庭内生産モデル

前 unit では，労働市場参加と不参加の選択，および労働供給時間の選択に視点を当てた。仕事をしていない時間は，余暇時間とみなした。しかし，女性の半数近くが出産を境にいったん無職となったり，あるいは育児休業をとったりする。この時間はすべて余暇活動に費やしているのではなく，家事・育児といった生産活動も行っていると考えられる。余暇活動は，消費活動であるが，家事・育児は生産活動である。家政婦が仕事としてこれを担えば，賃金労働となるものだからである。そこで，この unit では，賃金を伴う活動は，**市場労働**と呼び，賃金を伴わない家庭内の労働は，**家庭内生産活動**と呼ぶことにする。そして財は市場で購入することも，家庭内生産で作りだすこともできるものとする。この unit では，人が，市場労働時間，家庭内生産活動時間，余暇時間をどう選択するか，また現代においてなぜより多くの女性が市場労働をするようになっているかを考えよう。

⑴ 単身者の家庭内生産と市場財の購入

賃金を伴う労働，賃金を伴わない労働（家庭内のケア活動）の時間配分の選択を人はどのように決めているのだろうか。それは1日，1週間，1年単位で見て，何時間働き，何時間家事・育児をするかといった時間配分の選択としてとらえられる。

また大きく見れば，一生のうち，どの時期にどのくらいの時間を仕事にあて，どの時期にどのくらいの時間を家事やケア活動にあてるかという，一生で見た時間配分の選択でもある。人が財と余暇から効用を得るというモデルを考えよ

う。これは unit 3 で考えたものである。復習になるが，より多くの財，より多くの余暇の方が効用は高くなる。しかし，unit 3 とは異なり，ここでは，財は家庭内で生産することもできるし，市場から購入することもできると考えよう。こうしたモデルは，**家庭内生産モデル**と呼ばれる。例をあげよう。野菜は裏庭で栽培することもできるし，スーパーで購入することもできる。衣服は自分で縫い上げることもできるし，ショップで購入することもできる。子育ては自分ですることもできるし，人を雇うこともできる。料理も自分で作ることもできれば，既製品や半製品を購入したうえで多少の時間を使って料理することも，さらには自宅で料理人を雇うこともできる。市場労働から購入する財と家庭内生産活動で作る財は質の差があるかもしれない。しかし，ここでは単純化のために同質の衣食住を含む複合的な「財」を家庭内生産するか，市場から購入するかという判断について考えてみよう。

まず，単身者の家庭内生産を考えよう。アヤカは卒業を控えた大学生である。彼女は，家庭内での生産活動に時間を使うことで財を生産できるし，あるいは仕事に出てその収入で財を購入することもできる。

部屋の片づけ，食事の用意など，初めの数時間は1時間当たりの生産性は高いだろう。しかし，家庭内生産に時間をかければかけるほどやがて生産性は落ちてくる。たとえば，居心地の良い家庭のために家庭内生産をするとして，最初の週当たり10時間の効果は実に大きいだろうが，20時間かけたから2倍居心地が良くなるというわけではないだろう。むしろ家庭内生産時間に費やすよりは，外に働きに出てそのお金で市場から財を購入した方が――自分の賃金に対して，たとえば食材や衣服の価格がどの程度高いか低いかにもよるが――より高い生活水準が可能であるかもしれない。以下ではこうした選択を見ていく。

表4-1は，アヤカが費やす週当たりの家庭内生産時間数と家庭内生産量の関係を示している。この例では，家庭内生産時間数 H から生産できる量 Q が，$Q=15\sqrt{H}$ という関数に従っている。週当たり168時間（＝24時間×7日）のうち，生存に必要な時間を68時間と見積もると，家庭内生産に費やすことのできる時間は最大で100時間である。家庭内生産にまったく時間を費やさなければ，生産量は0であるが，10時間，20時間，30時間と費やすに従い，生産量は47単位，67単位，82単位と増えていく。

この表の最後の行は，時間数を10時間増やすごとにどれだけ生産量が増えるかを示している。これを家庭内限界生産量と呼ぶことにしよう。図4-1は，

表 4-1　家庭内生産時間数と家庭内生産量

家庭内生産時間数	0	10	20	30	40	50	60	70	80	90	100
家庭内生産量	0	47	67	82	95	106	116	125	134	142	150
家庭内限界生産量	—	47	20	15	13	11	10	9	9	8	8

（注）　生産量については，小数点以下四捨五入。

図 4-1　家庭内生産時間数と生産量

図 4-2　家庭内生産時間数と家庭内限界生産量

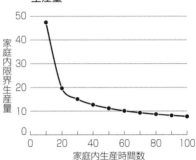

家庭内生産時間数が増えるとともに，家庭内生産量は増えることを示す。しかし，その追加する時間当たりの生産量（**限界生産量**）は，費やす時間とともに減っていく様子を図 4-2 は示している。

　次に，時間当たり一定の賃金で働ける市場労働の機会があるとしよう。表 4-2 は，時給が 1500 円であるときの市場労働時間数と労働所得の関係を表している。労働市場で働くときの時給が 1500 円であるとすると，労働所得は 1500 円×労働時間数となる。

　この表には，市場財の価格が 1000 円であるときに購入可能な市場財の量も示されている。したがって，賃金を伴う労働からの所得を市場財の価格 1000 円で割ったものが購入可能な市場財の量となる。最後の行は，労働時間数を 10 時間増やすごとにどれだけ市場財の購入量が増えるかを示している。これを（市場）労働の（市場財）**限界購入量**と呼ぶことにしよう。労働の限界購入量は 15 で一定である。図 4-3 と図 4-4 は，表 4-2 の市場財の購入量と労働の限界購入量が市場労働時間数とともにどのように変化するかを図示したものである。市場労働時間数が増えるとともに，市場財の購入量は一定の割合で増える様子が見てとれる。

表 4-2　市場労働時間数と市場財の購入量

市場労働時間数	0	10	20	30	40	50	60	70	80	90	100
労働所得（千円）	0	15	30	45	60	75	90	105	120	135	150
市場財の購入量	0	15	30	45	60	75	90	105	120	135	150
市場労働の限界購入量	—	15	15	15	15	15	15	15	15	15	15

図 4-3　市場労働時間数と市場財の購入量　　図 4-4　市場労働時間数と市場労働の限
　　　　（価格 1000 円）　　　　　　　　　　　　　　界購入量

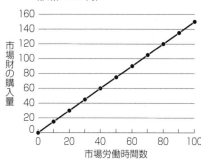

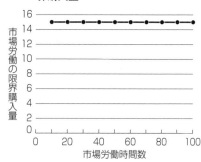

(2) 最適な家庭内生産時間数と市場労働時間数

　アヤカはどのような行動をとるだろうか。unit 3 ではアイの市場労働時間が選択可能な時間だった。家庭内生産を考えるこのモデルでは，まずは，家庭内生産に時間を費やすのが効率的かもしれない。それは図 4-2 のとおり時間当たりの生産性が初めの数時間は家庭内生産活動の方が市場労働よりも高い可能性があるからである。しかし，そのような場合でも家庭内生産時間数が増えていくと，やがて家庭内生産の生産性よりも市場労働の生産性が高くなる。そこで，アヤカは家庭内生産である量の財を作り，それ以降は市場労働を行ってそのお金で市場からある量の財を購入するだろう。

　表 4-1 と表 4-2 から，最適な家庭内生産時間数と市場労働時間数を求めることができる。持ち時間 100 時間のうち，この図から最初の 30 時間は家庭内生産に費やすべきとわかる。なぜなら，家庭内限界生産量が市場労働の限界購入量を上回るからである。具体的には，最初の 10 時間を家庭内生産に費やせば家庭内生産量は 47 増えるが，同じ 10 時間を労働に費やせば 15 単位の市場財しか購入できない。次の 10 時間を家庭内生産に費やせば家庭内生産量は 20 増えるが，同じ 10 時間を労働に費やせば 15 単位しか市場財を購入できない。次の 10 時間は家庭内生産，市場労働のいずれに費やしても，家庭内生産量，市

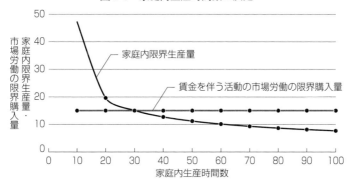

図 4-5　家庭内生産時間数の決定

場財購入量がともに 15 増えるので，どちらに費やしても構わない。ここでは，家庭内生産に費やすとしよう。しかし，次の 10 時間は明らかに市場労働に費やした方がよい。なぜなら，市場労働に費やせば購入量が 15 増えるが，家庭内生産に費やせば生産量が 13 しか増えないからである。

　図 4-5 は，同じことを図で示している。この図は，横軸に家庭内生産時間数をとり，図 4-2 の家庭内限界生産量と図 4-4 の賃金を伴う市場労働の限界購入量を統合している。賃金を伴う市場労働の限界購入量は，家庭内生産時間の機会費用（限界費用）であると解釈できる。なぜならば，家庭内生産に費やす 1 時間を代わりに賃金を伴う市場労働に費やすときに購入できる財の量を示しているからである。

　アヤカにとって最適な家庭内生産時間数は，限界原理に従い，家庭内限界生産量と機会費用（限界費用）が等しい時間数となる。機会費用は 15 で一定であるから，家庭内限界生産量が 15 まで下がる 30 時間の家庭内生産が最適となる。

　重要なのは，アヤカにとって最適な家庭内生産時間数が，家庭内生産時間と家庭内生産量の間の技術的関係（図 4-2, あるいはその背後にある図 4-1）と賃金にのみ依存し，アヤカの財と余暇に関する好み（無差別曲線）には依存しない点である。これは，これまでの議論で無差別曲線が登場していないことからも明らかである。

　アヤカは余暇も消費する。どのくらいまで市場労働時間を費やすのが最適かは，上で見た，家庭内生産時間とのバランスだけでなく，余暇とのバランスにもよる。表 4-3 は，家庭内生産時間数と市場労働時間数の組み合わせで生産，購入できる財の総量を表している。ただし，すでに最適な家庭内生産時間数は

表 4-3　家庭内生産量＋市場財購入量

		家庭内生産時間数										
		0	10	20	30	40	50	60	70	80	90	100
市場労働時間数	0	0	47	67	82	95	106	116	125	134	142	150
	10	15	62	82	97	110	121	131	140	149	157	
	20	30	77	97	112	125	136	146	155	164		
	30	45	92	112	127	140	151	161	170			
	40	60	107	127	142	155	166	176				
	50	75	122	142	157	170	181					
	60	90	137	157	172	185						
	70	105	152	172	187							
	80	120	167	187								
	90	135	182									
	100	150										

表 4-4　余暇時間数

		家庭内生産時間数										
		0	10	20	30	40	50	60	70	80	90	100
市場労働時間数	0	100	90	80	70	60	50	40	30	20	10	0
	10	90	80	70	60	50	40	30	20	10	0	
	20	80	70	60	50	40	30	20	10	0		
	30	70	60	50	40	30	20	10	0			
	40	60	50	40	30	20	10	0				
	50	50	40	30	20	10	0					
	60	40	30	20	10	0						
	70	30	20	10	0							
	80	20	10	0								
	90	10	0									
	100	0										

30 時間であることがわかっているので，この表で注目すべきは家庭内生産時間数が 30 時間の列のみである[1]。この表は，30 時間の家庭内生産時間数を費やす場合，市場労働時間数を 0 時間，10 時間，20 時間と費やすに従い，財の総量が 82, 97, 112 と増えることを示している。

　自由に消費できる余暇時間は，家庭内生産時間と市場労働時間の和を，持ち

時間 100 時間から差し引くことによって与えられる。表4-4は，家庭内生産時間数と市場労働時間数の組み合わせで決まる余暇時間数を示している。ただし，すでに最適な家庭内生産時間数は 30 時間であることがわかっているので，この表でも注目すべきは家庭内生産時間数が 30 時間の列のみである。

　表は，家庭内生産時間数を 30 時間とするとき，市場労働時間を 0 時間，10時間，20 時間と増やすに従い，余暇時間が 70, 60, 50 と減ることを示している。

　表4-3と表4-4を比べると，家庭内生産時間を 30 時間とするとき，市場労働時間を 0 時間，10 時間，20 時間と増やすに従い，家庭内生産量と市場財購入量の総量が 82, 97, 112 と増える一方で，余暇時間が 70, 60, 50 と減る。家庭内生産時間数は 30 時間で一定であり，家庭内生産量は 82 であるから，家庭内生産量と市場財購入量の和は，購入量が増えることによってのみ増える。購入量が増えるのは，市場労働時間数が増えることによってである。時給が1500 円で一定であり，財の価格が 1000 円で一定であるので，財の購入量は，市場労働が 1 時間増えるごとに 1.5 単位ずつ増える。

　一方，余暇時間は，市場労働が 1 時間増えるごとに 1 時間ずつ減る。したがって，余暇時間が 1 時間ずつ増えるごとに財の生産量と購入量の和は 1.5 単位ずつ減るというトレードオフ関係があり，余暇時間の機会費用（限界費用）が財 1.5 単位であることがわかる。たとえば，余暇時間が 0 時間のときは財の生産量と購入量の和は 187 単位であるが，余暇時間が 10 時間に増えると財の生産量と購入量の和は 1.5 単位/時間×10 時間＝15 単位だけ減り，172 単位となる。このトレードオフ関係は，アヤカの持つ総時間（100 時間）から最適な家庭内生産時間数（30 時間）を差し引いた残りの時間（70 時間）が限られているという事実から生じる。

　図4-6は，横軸に余暇時間数，縦軸に財の家庭内生産量と購入量の和をとり，このトレードオフ関係を示したものである。これは，unit 3 の労働供給モデルの予算線に相当する。ただし，予算線とは異なり，余暇時間数の最大値（70 時間）が総時間数（100 時間）から最適な家庭内生産時間数（30 時間）を引いた残りになっている。また，そのときの財の量は，働かずに得られる所得によってではなく，最適な家庭内生産時間数によって生産される財の量（82 単位）になっている。もちろん，働かずに得られる所得があれば，それによって購入できる財の量も加わることになる。

　最適な余暇時間数（したがって，市場労働時間数）と財の家庭内生産量と購入

図4-6　財の家庭内生産量＋購入量と余暇時間

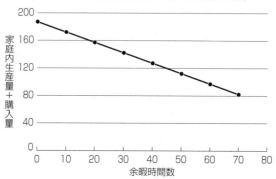

図4-7　余暇時間数と財の生産量・購入量の和の決定

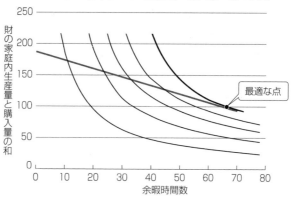

量の和（すなわち，財の消費量）は，こうしたトレードオフの中からアヤカが望ましいと考えるものに決まる。それには，アヤカの好みを示す無差別曲線が必要である。図4-7は，無差別曲線を図4-6に重ねたものである。アヤカは，限界原理に従い，余暇時間の限界効用が余暇時間の機会費用（限界費用）に等しくなる余暇時間数を選ぶはずである。余暇時間の限界効用は，無差別曲線の傾きの絶対値で表され，余暇時間の限界費用は，トレードオフを示す直線の傾きの絶対値で表されるから，両者が等しい余暇時間数（図では約66.6時間）が選ばれることになる。

　unit 3の労働供給モデルとの比較は，家庭内生産モデルを理解するのに役立つ。unit 3の労働供給モデルでは，個人は，余暇と労働所得（消費する財の量）の最適な（効用を最大化する）組み合わせを選ぶ。家庭内生産モデルでも個人は，

余暇と消費する財の量の最適な組み合わせを選んでいる。労働供給モデルと異なるのは，その最適な財の量の入手が，市場労働だけでなく，家庭内生産によっても可能である点である。そして，最適な（一定の）量の財を効率的に（最少の総労働時間数で）入手するためには，家庭内限界生産量と市場労働の限界購入量が等しくなるよう，家庭内生産時間数と市場労働時間数を決めればよいということである。

🔲 家庭内生産モデルの応用

⑴ 女性の就業選択

　家庭内生産モデルは，とくに女性の就業選択を理解するのに役立つであろう。有配偶女性の就業選択を考えるには，働いた場合に得られる賃金水準は時給と考えればよい。働かなくても生計維持に使える収入（夫の収入に対する裁量権）は unit 3 の親からの仕送りと置き換えればよい。子どものケアをする保育園の利用は家庭内生産を代替する財の市場からの購入と考えればよい。衣服や塾への支払いも財の市場からの購入と考えればよい。

　このモデルは，賃金上昇の影響，家庭内生産機会の上昇や下落，勤務時間帯や勤務場所の制約の影響を考える際に理解しやすいモデルである。

　市場賃金が高くなった場合に，人はどのような行動変化を起こすとこのモデルは予想するだろうか。財の家庭内生産と財の市場からの購入に関わる限界原理から，市場賃金が高まれば家庭内生産時間はより短くなる。一方，市場賃金が低くなった場合には，より長い時間，家庭内生産を行うことが予想される。なお，市場賃金が上昇した場合に，家庭内生産時間が減ることは明らかだが，市場労働時間が以前より増えるか減るかは，余暇時間の選択にもよるので，両方の可能性がありうる。時間当たり賃金が上がり，より豊かになったことで余暇時間への需要が高まる可能性もあるからである。これは unit 3 ですでに学んだように，市場賃金の上昇による所得効果が大きいのか，代替効果が大きいのかによる。

　家庭内生産技術の変化についても考えることができる。冷蔵庫，洗濯機，電子レンジなどの家電製品や，自動で温かい湯をためる風呂の普及は，時間当たりの家庭内生産性を大きく向上させた。毎日買い物に行かなくとも新鮮な食材を自宅に常備できるようになったし，ボタン1つで洗濯ができるようになった。電子レンジは簡単に温かい料理を作れる。これらの技術によって，家庭内生産

負担は大きく減少した。また，こうした家電製品や耐久消費財や中間調理食材を購入するために，家庭内生産時間は減り市場労働時間が増える傾向が最近になって見られる。

(2) テレワーク，ワーク・ライフ・バランス

出社時刻や退社時刻の影響も考えることができる。たとえば，出社時刻が朝の9時，退社時刻が午後5時である企業で働くということは，朝の9時から夕方の5時までは会社にいなければならず，その間，家庭内生産はできないことを意味する。1日24時間を1時間ごとに分割し，その各1時間を市場労働時間，家庭内生産労働時間，余暇時間に効率的に配分する家庭内生産モデルを考えてみよう。出社時刻の制約がなければ，サラリーマンのタクヤは，朝の9時から10時までの1時間のうち，30分は子どもを幼稚園に送り届けるのに使い，残り30分を市場労働に使いたい。しかし，9時に出社しなければならないので，タクヤにとって効率的な時間の使い方が阻害されることになる。同様に，退社時刻，休憩時間，勤務場所の制約なども個人の時間の効率的な使い方を阻害する要因になるのである。家庭での勤務を認めるテレワークは，このような問題を解決する策となりうる。

家庭内生産モデルは，ワーク・ライフ・バランスについても示唆を与えてくれる。ワーク・ライフ・バランスが「市場労動だけでなく，家庭内生産をも行う」ことを必ずしも意味しないことを教えてくれる。家庭内生産モデルは，unit 3 の労働供給モデルを包含するモデルともいえる。家庭内生産の生産性が低く，市場賃金が高く，市場財の価格が低いと，最初の1時間の家庭内生産の限界生産量が限界費用より低くなり，家庭内生産をまったくしない状況が最適となる可能性もある。このとき，家庭は，あたかも unit 3 の労働供給モデルの労働者のように，市場労動から得られた所得を用い，市場から購入する財のみを消費することになる。

このような選択は，日本では普及していないが，家政婦やベビーシッターの巨大な市場が存在し，その賃金や紹介料金が低く，これらのサービスが利用しやすい社会において賃金の高い高学歴の家庭では見ることができる。こうした市場の整備は，もし保育・介護・家事などの仕事を，働き手にとっても賃金報酬が受けられ，働く者の権利が守られる安定的な賃金労働の場として整備できるのであれば，家族の選択肢を拡大することを通じて家族が達成できる効用を高めるだろう。また，多様な家政婦やベビーシッターのサービスと多様な家庭

のニーズとのマッチングを AI（人工知能）によって効率化するサービスも登場し始めている。

　一方で，親が自身で子をケアするということに正の効用を持つ親も少なくない。そのため，育児によっても失職せず，また無給にならないよう育児期の働き方のルールを定める国も増えている。

(3)　職場風土の改革と男性の育児休業の利用

　規範とは，社会の特定の集団が内面化しており自ら順守することを望むような暗黙のルールであり，人々の好みに影響するということを unit 3 の最後に書いた。1 つの例として 1992 年に法制化され，95 年からは育児休業給付も出るようになった育児休業だが，当初は利用しないまま離職する女性が多かったことがあげられる。もともと育児休業法が法制化された理由に少子化への懸念があった。育児休業をとって仕事を継続できるようになれば，出産の機会費用が下がり，子どもを持ちやすくなると考えられたのである。しかし，制度ができても第 1 子出産者に占める育児休業利用者の割合は，2000 年代前半までは 15% 程度（社会保障・人口問題研究所「出生動向基本調査」）と低水準が続いた。これは，子育ては母親がするものという社会規範を多くの夫婦が内面化していたこと，同時に企業においても子どもをケアする正社員に対して支援的でないような職場規範があったことで，出産後の仕事の継続が好まれなかったということがあるだろう。しかし，やがて社会規範・職場規範は変わっていく。労働人口の減少が予見されるなかで，優秀な女性の出産後の仕事の継続を企業が望むようにもなっていったからであろう。その結果，女性の育児休業の利用は 2010 年以降，大卒女性を中心に着実に増えている。

　一方で，男性の育児休業については，政府が目標値を持っているとはいえ，まだきわめて低い。発達心理学においては，男性が 0 歳の時期から育児に関わることが良好な父子関係に有効であるという研究成果がある。また，夫婦共働きの世帯においては，父親が育児に関われないと第 2 子が持たれにくいという研究も複数出ている。男性も育児休業をとるのが当たり前となるような職場規範が醸成されることが望まれる。そのためには，育児休業時の仕事配分から仕事の評価までを含め，働き方を見直すことが必要となるだろう。

● 注

1) これ（44頁）以降は，効用を最大化する財の総消費量が（30時間の家庭内生産から作ることのできる）82単位以上となる（したがって，市場労働時間が0以上となる）と暗黙裡に仮定している。ウェブ補論ではより一般的なケースを扱う。

要　約

労働者は，労働市場で働いて得る所得を用いて市場から財を購入することができる。また，家庭で自らの時間を費やすことによって，似通った財を生産することもできる。どれだけの時間を労働市場での労働に配分し，どれだけの時間を家庭内生産労働に配分するか，効率的に決めたい。

そのためには，市場労働の限界購入量と家庭内限界生産量が等しくなるように決めるとよい。

確認問題

☐　*Check 1*　電子レンジなどの家電製品によって，家庭内生産関数がどのように変化したと考えられるか。次の図から選びなさい。

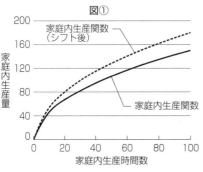

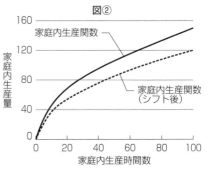

☐　*Check 2*　勤務時間帯を労働者が選べるフレックスタイム制，家庭など会社以外での勤務を認めるテレワーク，郊外の住宅街など企業から離れた場所に設けられたサテライト・オフィスの設置など，多くの企業が働き方を柔軟にする取り組みを始めている。家庭内生産モデルを用い，企業のこのような取り組みの動機を説明しなさい。

補論：標準的な労働供給モデルの数学的表現

□ 予算制約

　この補論は，労働供給モデルとしてやや上級の教科書に書かれているモデルを知りたい人向けの解説である。読みたい人が読むだけでかまわない。

　簡単な数式を用いると，労働供給モデルを簡潔に表すことができる。まず，余暇時間に下限値がない場合を考える。労働者は，余暇時間と労働時間を総時間から工面しなければならない。すなわち，労働者の時間制約は，

$$\text{労働時間} + \text{余暇時間} = \text{総時間} \tag{1}$$

である。労働者の労働時間数を L，余暇時間数を ℓ，総時間数を T とすると，

$$L + \ell = T \tag{2}$$

が成り立たねばならない。

　労働者は，時給 w 円で L 時間働き，$wL = w(T-\ell)$ 円の労働所得を稼ぐ。（働かずに得る）非労働所得 I 円と合わせると，労働者の総所得は $w(T-\ell) + I$ 円となる。労働者は，この総所得の範囲内で財を購入し，消費できる。財の価格を P 円，財の購入量を C 単位とすると，予算制約は，

$$\text{財への支出} \leq \text{労働所得} + \text{非労働所得} \tag{3}$$

すなわち，

$$PC \leq w(T-\ell) + I \tag{4}$$

となる。この式を整理すると，

$$w\ell + PC \leq wT + I \tag{5}$$

すなわち，以下のように表せる。

$$\text{余暇への支出} + \text{財への支出} \leq \text{総時間の市場価値} + \text{非労働所得} \tag{6}$$

　予算制約（6）式は，労働者の予算制約の本質を理解するのに役立つ。労働者は，ℓ 時間の余暇に対する「支出」$w\ell$ 円と C 単位の財に対する支出 PC 円の和を資産である総時間数 T の市場価値 wT 円と非労働所得 I 円の総額の範囲内に収めねばならない。この式からも明らかなように，1時間の余暇の価格は，もう1時間を（労働ではなく）自由に費やすことにより犠牲になる賃金 w 円である。

　予算制約線の傾き（の絶対値）は w/P であり，**相対価格**と呼ばれ，余暇の限界費用

（あきらめねばならない財の量で測ったもの）と考えることができる。予算制約線の傾きは、余暇を1時間増やすときに予算を一定に保つのに必要な財の量の変化である。w円は、財の量を一定として、余暇を1時間増やすときの費用の増加を表し、**余暇の限界費用**と呼ばれる。同様に、P円は、余暇時間数を一定として、財の量を1単位増やすときの費用の増加を表し、**財の限界費用**と呼ばれる（逆に、余暇時間数を一定として、財の量を1単位減らせば、費用はP円減少する）。したがって、余暇を1時間追加するとき、同時に財の量をw/P単位減らさなければ、支出を予算内に収めることができない。つまり、予算制約線は右下がりの直線であり、その傾き（の絶対値）はw/Pであり、余暇の限界費用と考えることができる。経済学では、予算制約線の傾き（の絶対値）w/Pを**余暇の機会費用**（または〔余暇と財の間の〕**相対価格**）と呼ぶ。

効用最大化

　図1は、トレードオフに直面する労働者の効用最大化問題を図示している。労働者は、時間制約（2）式と予算制約（5）式を満たす余暇時間数と財の量のすべての組み合わせの中から最も効用の高い組み合わせを選ぶ。

　予算制約を等号で満たす余暇時間数と財の量のすべての組み合わせを予算制約線と呼ぶ。図の右下がりの直線がこれに当たる。労働者は、この予算制約線上の余暇時間数と財の量の組み合わせの中から、最も効用の高い組み合わせを選ぶ。

　効用は余暇時間数と財の量の組み合わせに依存する。経済学では、この関係を**効用関数**で表す。

$$u = f(\ell, C) \tag{7}$$

　ここで、uは効用水準、fは効用関数である。財の量が一定のとき、余暇時間数が増えると効用が高まる。また、余暇時間数が一定のとき、財の量が増えると効用が高まる。このとき、「効用関数は余暇時間数と財の量の増加関数である」という。

　図1には一定の効用水準を示す曲線のいくつかも描かれている。これらの曲線は、効用関数の等高線であり、経済学では、**無差別曲線**と呼ばれている。効用は余暇時間数、財の量とともに高まるので、左下に位置する無差別曲線と比べ右上に位置する無差別曲線の方が効用水準は高い。

　無差別曲線の傾き（の絶対値）は、MU_ℓ/MU_Cと表すことができ、余暇の**限界代替率**と呼ばれ、余暇の限界効用（を財の量で測ったもの）と考えることができる。ここで、MU_ℓは、財の量を一定として、余暇を1時間増やしたときの効用の増加を表し、（余暇の）**限界効用**と呼ぶ。同様に、MU_Cは、余暇時間数を一定として、財の量を1単位増やしたときの効用の増加を表し、（財の）**限界効用**と呼ぶ（逆に、余暇時間数を一定として、財の量を1単位減らしたときには、効用はMU_C減少する）。したがって、余暇を1時間追加するとき、同時に財の量をMU_ℓ/MU_C単位減らせば、効用を一定に保つ

図1　労働供給モデル（1）

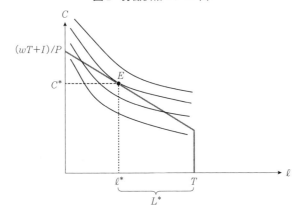

ことができる。つまり，無差別曲線は右下がりであり，その傾き（の絶対値）は，MU_ℓ/MU_C であり，余暇の限界効用（を財の量で測ったもの）を表している。経済学では，無差別曲線の傾き（の絶対値）を（**余暇と財の間の）限界代替率**と呼ぶ。限界代替率は余暇の時間数と財の量に依存する。

　通常，無差別曲線は原点に向かって凸型であると考えられている。これは，同一無差別曲線上にある左上の点や右下の点のような余暇時間数と財のバランスの悪い組み合わせよりも，点 E のような組み合わせの方が効用は高い（高い無差別曲線上にある）ことを意味する。同じことであるが，同一無差別曲線上を左上から右下へと移動するとき（余暇時間数を増やし，財の量を減らすとき），無差別曲線の傾きが（絶対値で）小さくなることを意味する。経済学では，これを**限界代替率逓減**と呼ぶ。余暇時間が増えるときに余暇時間の限界効用が下がり，財の量が減るときに財の限界効用が上がる（財の量が増えるときに財の限界効用が下がる）傾向が十分に強ければ限界代替率が逓減することが知られている。

　図には，最適な点の例として点 E が描かれている。点 E と比べ予算制約線上の他の点は，点 E を通る無差別曲線よりも下にあるので効用が低い。このとき，労働者にとって最適な余暇時間数と財の量は，それぞれ点 E の ℓ 座標と C 座標で与えられ，最適な労働時間数 L^* は総時間数 T から余暇時間数 ℓ^* を差し引いた時間数として与えられる。

　最適点 E は2つの重要な特性を持つ。第1に，最適点を通る無差別曲線と予算制約線は接するので，両者の傾きが等しくなる。つまり，最適点では限界代替率（余暇の限界効用）が相対価格（余暇の限界費用）に等しくなる。これを**限界原理**と呼ぶ。

$$\frac{MU_\ell}{MU_c}(\ell^*, C^*) = \frac{w}{P} \tag{8}$$

ここで $MU_\ell/MU_C(\ell, C)$ は，限界代替率が余暇の時間数と財の量により変化すること

を表している。また，(ℓ^*, C^*) は最適な余暇時間数と財の量の組み合わせを示している。

第2に，最適点では予算が使い尽くされる。つまり，最適点では予算制約式が等号で満たされる。

$$w\ell^* + PC^* \leq wT + I \qquad (9)$$

🔲 所得効果・代替効果

限界原理と予算制約式は，労働者が予算制約の変化があったときに，どのように最適な余暇時間数と財の量を調整するかを教えてくれる。まず，非労働所得 I が上がるケースを考えてみよう。上がる前の非労働所得の値を I_1，そのときの最適な余暇時間数と財の量を (ℓ_1^*, C_1^*) とすると，

$$\frac{MU_\ell}{MU_c}(\ell_1^*, C_1^*) = \frac{w}{P} \qquad (10)$$

$$w\ell_1^* + PC_1^* \leq wT + I_1 \qquad (11)$$

の2式が成り立たねばならない。

いま，非労働所得が I_2 に上がったにもかかわらず，労働者が当初の余暇時間数と財の量 (ℓ_1^*, C_1^*) を仮に選び続けるとすると，限界原理を示す（10）式には変わりがないものの，予算制約式は，

$$w\ell_1^* + PC_1^* < wT + I_2 \qquad (12)$$

となり，予算が余ってしまう。余った予算で余暇と財を増やせば効用を高めることができるので，余暇時間数と財の量を増やせばよい。このように，予算制約式のバランスが崩れることにより生じる変化へのインセンティブを**所得効果**と呼ぶ。

次に，賃金 w が上がるケースを考えてみよう。上がる前の賃金の値を w_1，そのときの最適な余暇時間数と財の量を (ℓ_1^*, C_1^*) とすると，

$$\frac{MU_\ell}{MU_c}(\ell_1^*, C_1^*) = \frac{w_1}{P} \qquad (13)$$

$$w_1\ell_1^* + PC_1^* = w_1 T + I \qquad (14)$$

の2式が成り立たねばならない。

いま，賃金が w_2 に上がったにもかかわらず，労働者が当初の余暇時間数と財の量 (ℓ_1^*, C_1^*) を仮に選び続けるとすると，限界原理を示す（13）式は，

$$\frac{MU_\ell}{MU_c}(\ell_1^*, C_1^*) < \frac{w_2}{P} \qquad (15)$$

となり，余暇の限界効用が余暇の限界費用を下回ってしまう。限界原理を回復するには，（限界代替率逓減のもとでは）余暇時間数を減らし財の量を増やせばよい。このように，

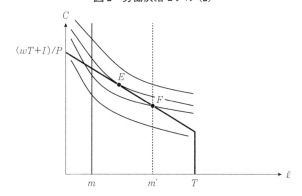

図 2　労働供給モデル (2)

限界原理のバランスが崩れることにより生じる変化へのインセンティブを，**代替効果**と呼ぶ。

また，予算制約式は，

$$w_2\ell_1^* + PC_1^* < w_2 T + I \tag{16}$$

となり，予算が余ってしまう。余った予算で余暇と財を増やせば効用を高めることができるので，所得効果により余暇時間数と財の量は増える。

賃金が上がるときの**総合効果**は代替効果と所得効果を合わせたものである。賃金が上がると，余暇は代替効果により減り，所得効果により増えるので，総合効果はわからない。財は，代替効果と所得効果の双方により増えるので，総合効果でも増える。

最後に，余暇時間数に下限値 m がある場合の効用最大化問題を検討しておこう。(2) 式，(4) 式に加え，次式が制約条件に加わる。

$$\ell \geq m \tag{17}$$

図 2 は，余暇時間数に下限値があるときの効用最大化問題を図示している。下限値が m である場合と下限値が m' である場合の 2 つを図示している。

まず，下限値が m である場合には（下限値がないときの最適点である）点 E が最適点である。点 E の余暇時間数は下限値 m を上回り，下限値は実質的な制約となっていないからである。次に，下限値が m' である場合には点 F が最適点である。点 E の余暇時間数は下限値 m' を下回ることに注意してほしい。この場合には下限値を満たす最少の余暇時間数が最適となる。（点 F の右に位置する）予算制約線上の他の点と比べ点 F の効用が高いことは，点 F を通る無差別曲線が（点 F の右に位置する）予算制約線上の他の点よりも上にあることからわかる。

第 **3** 章

労働需要

　カイトの父はサラリーマンである。子どものころから自分が寝る時間にならないと帰ってこない。カイトは飲食店でアルバイトを始めたのだが，アルバイトであれば，好きな時間に働ける。休みも簡単にとれる。しかし，カイトの父はあまり休みもとらない。

　タツヤは飲食店のアルバイトから正社員になった。タツヤが就職活動をしたころは，不景気で，思いつく会社に応募をしたがなかなか内定をとれなかった。しかし，アルバイトの仕事の募集はたくさんあった。数年後，同じ大学の同級生に聞くと，景気が良く，自分のころよりも内定をとりやすいようだ。就職機会の潤沢さは変動している。

　ナナミは神奈川県に出てきて働き出した。地方に育ったのだが，神奈川県の会社はアパート補助が出るうえに，地元よりも賃金が高いので，神奈川県に出てきて就職することにしたのである。地元では保育士の仕事があまりなかったが，東京都や神奈川県では募集がいくらもあった。保育士は子どもの数の多い都会の方が求められているのだなと思った。

　このように仕事の募集の多寡は，地域によってかなり差がある。また，景気が良ければ増えるが景気が悪ければ少なくなる。さらに，正社員，アルバイトなどでも採用のされやすさに差がある。これは採用側の行動が異なるからだ。この章では，採用側である企業の行動を見ていく。

労働者数と労働時間の決定

Keywords
労働需要，準固定費用，可変費用，限界生産物の逓減，限界収入，限界費用

⌸ 労働需要とは

マクロ的に見る**労働需要**は，人数という面で見れば，企業が仕事をさせている人数，および追加的に雇いたいと考えている人数の総計である。また，人々を雇用している，あるいは雇用したいと求人を出している労働時間の総計である。その総計が一国の労働需要となる。一方，ミクロ的に見ると，すなわち個々の企業レベルで考えると，個々の企業は，何人の労働者をどういった雇用形態で雇うか，あるいは雇わないか，また労働者1人当たり何時間仕事をさせるかといった選択に直面している。労働者を雇う，雇わない，何時間働かせるかを決めるのは何か，その要因を，個々の企業の側から探るのがこの章のテーマである。この章で展開する労働需要モデルは，雇用（採用，解雇など）を説明する基本モデルである。

⌸ 長時間労働

日本人は長時間労働をしているといわれる。日本人は働き過ぎで，海外に失業を輸出しているという批判を浴びたのは，1980年代のことである。そうしたなかで1988年に労働基準法が改正された。これ以前は，労働基準法で1週間48時間労働が原則として定められていた。改正後，1997年までの長い移行を設けつつ，1週間40時間労働が原則となった。この間，OECDに提供されている国の統計から見ると，日本人の平均の年間労働時間は下がり，1980年には2121時間，90年には2031時間，95年に1884時間，2000年に1821時間，05年に1775時間，10年に1733時間，15年に1719時間，17年の1710時間と

図5-1　長時間労働者の割合（2018年）

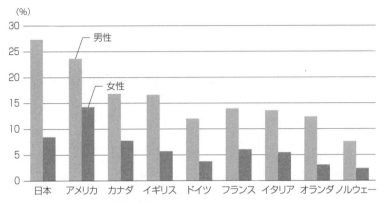

（注）　週49時間以上の労働者の割合。
（出所）　労働政策研究・研修機構『データブック国際労働比較2019』。

大いに短くなった。

　しかし，働く時間の平均値が下がった一番の原因は，働く人口に占めるパート労働者比率の増加である。

　それどころか，総務省統計局「労働力調査」によれば，働き盛りの男性については，長時間労働者がむしろ増えたことが示されている。1994年から2004年にかけて，30歳代から40歳代の男性の週60時間以上労働者の割合は，5％ポイント以上高まり，5人に1人から4人に1人となった。これは，長引く不況によって正社員数が減少したために，正社員1人当たりの仕事が増えたためだといわれている。なお，2009年以降こうした週60時間以上の労働者の割合はゆるやかに減少している。

　長時間労働は，家庭生活に大きい影響を及ぼす。男性の長時間労働は，父親が，子どもと共感し，子どもの成長を見守る機会を逸することをもたらしたり，家庭での居場所を小さくしたり，あるいは母親のみが子育てに奮闘しなければならなかったりすることになる。

　さらに，国際的に見ると，日本ほど男性が長時間労働を当たり前のように受け入れている国は少ないことがわかる（図5-1）。

　なお，企業側に対する調査からは，実際に給料が支払われている企業側の賃金台帳に基づく労働時間がわかる。このなかでフルタイムの労働者（一般労働者）の所定内労働時間数と超過実労働時間数の合計を見ると，1981年から90

年まで月間 195 時間程度であったが，91 年から法改正を反映し下落，98 年には月間 179 時間となった。その後，景気動向とともに変動しつつも，総月間労働時間はほぼ横ばいである（厚生労働省「賃金構造基本統計調査」，企業規模 10 人以上）。

また，その後の通称「働き方改革法」による変化については，76 頁および第 5 章 unit 10 のコラム「働き方改革」（127 頁）を参照してほしい。

🔲 準固定費用モデル

(1) 準固定費用とは

日本の労働者は，長時間労働と引き換えに何を得ているのだろうか。また，なぜ長時間労働になりがちなのか，経済モデルで考えてみよう。

その 1 つのメカニズムとして考えられるのが，**準固定費用**である。準固定費用とは，企業が労働者を 1 人雇うのにかかる費用，具体的には，採用にかかる費用や，訓練にかかる費用，雇用保険，労災保険などの法定の社会保険や，福利厚生などの費用である。雇った労働者を将来，解雇するために要する交渉や訴訟の費用も準固定費用であると考えることができる。同様に，解雇に要する費用を軽減するために，企業は労働者に対し早期退職勧告を行うことがあるが，そのために要する交渉費用や退職金の積み増しも準固定費用である。

企業が生産に用いる労働サービスを増やす方法には，既存の労働者の 1 人当たり労働時間数を増やす方法と新規の労働者を採用する方法の 2 つがあるが，2 つの方法は企業にとって異なる費用を発生させる。企業が既存の労働者の労働時間数を増やすには，増やす時間数に応じて賃金を追加的に負担すればよい。しかし，企業が労働者数を増やすには，労働者単位で発生する準固定費用を負担しなければならない。

この unit では，企業がどのように労働者数と労働者 1 人当たり労働時間数を決めるかを考える。その際，労働者単位で発生する労働の準固定費用に焦点を当てる。もし人を雇うのに，採用に大きい費用をかけたり，採用後の訓練に大きい費用をかけたり，あるいは社会保険など，時間当たりにではなく，1 人を雇うことそのものに大きい準固定費用がかかるとすれば，その準固定費用が高ければ高いほど，最適な労働者数は少なく，また，最適な労働時間は長くなることになる。それをモデルで示せば次のようである。

- 企業は，労働者を雇い，一定時間数を働かせることによって，財・サービ

スを生産する。企業は，生産した財・サービスを販売し，収入を得る。

- 労働者を雇う企業は，2種類の費用を支払うことになる。1つ目は，労働者1人当たりで発生する訓練費用，福利厚生，社会保険料の企業負担分などの準固定費用であり，2つ目は労働時間1時間当たりで発生する賃金等の**可変費用**である。企業は，総収入と総費用の差である利潤が最大になるように労働者数と1人当たり労働時間数を決めるであろう。

以下では，企業がどのように労働者の人数と労働時間数を決定するかを見ていく。また，準固定費用と賃金が労働者の人数と労働時間数に与える影響を見ていく。単純化のため，生産に要する労働以外の要素を捨象している。

(2) 労働者数・1人当たり労働時間数と生産量

アサミは，ベンチャー企業を立ち上げる準備をしている。都会の運動不足の小学生たちに放課後や休日に運動を教える小さな教室である。アサミが出産前に働いていたフィットネスクラブ運営会社の担当部署の業務と似ているので，だいたいのことはわかっているつもりである。当面は学生アルバイトで賄いたい。まず，何人のアルバイトを雇い，1人当たり週何時間ずつ働かせるかを考えなければならない。その際，注意しなければならない法則があることをアサミは知っている。

それは，達成される仕事（生産される財，サービス）の量は，労働者の数と1人当たりの労働時間数で決まるという事実である。経済学では，次のような**生産関数**を用いて表現する。

$$Q=f(N, H)$$

ここで，Qは1週間で達成される仕事（生産される財，サービス）の**量**，fは生産関数，Nは労働者数，Hは労働者1人当たりの週間労働時間数を示す。単純化のため，生産は1種類の同質の労働のみを用いると仮定する。ビジネスの世界では，「従業員」「勤務時間」という用語を用いるが，労働経済学の世界では，「労働者」「労働時間」という用語を用いるのが一般的である。この例では，同義語として扱う。

生産関数は，企業が一定の労働者数N人を雇い，1人当たり週H時間の労働をさせると，週Q単位の財，サービスが生産されるという技術的関係を表している。

表5-1は，アサミの直面する生産関数を具体的に示したものである。これは，

表 5-1　生産量（達成される仕事の量）

労働者数	1人当たり労働時間数													
	1	2	3	4	5	6	7	8	9	10	11	12	21	22
1	5.0	6.6	7.8	8.7	9.5	10.2	10.9	11.5	12.0	12.6	13.0	13.5	16.9	17.2
2	7.6	10.0	11.8	13.2	14.4	15.5	16.5	17.4	18.3	19.0	19.8	20.5	25.6	26.1
3	9.7	12.8	15.0	16.8	18.4	19.8	21.1	22.2	23.3	24.3	25.2	26.1	32.7	33.3
4	11.5	15.2	17.8	20.0	21.9	23.5	25.0	26.4	27.7	28.9	30.0	31.0	38.8	39.6
5	13.1	17.3	20.4	22.9	25.0	26.9	28.6	30.2	31.6	33.0	34.3	35.5	44.4	45.2
6	14.7	19.3	22.7	25.5	27.9	30.0	31.9	33.7	35.3	36.8	38.2	39.6	49.5	50.4
7	16.1	21.2	24.9	28.0	30.6	32.9	35.0	36.9	38.7	40.4	41.9	43.4	54.3	55.3
8	17.4	23.0	27.0	30.3	33.1	35.7	37.9	40.0	41.9	43.7	45.4	47.0	58.8	60.0
9	18.7	24.7	29.0	32.5	35.6	38.3	40.7	42.9	45.0	46.9	48.8	50.5	63.2	64.3
10	19.9	26.3	30.9	34.7	37.9	40.8	43.4	45.7	47.9	50.0	51.9	53.8	67.3	68.5

アサミが以前，勤めていた会社の担当部署の業務からアサミが経験的に知っているものである。この例では，労働者数と1人当たり労働時間の組み合わせから達成できる仕事の量が，$Q=5N^{0.6}H^{0.4}$ という関数に従っている。たとえば，6行目，10列目のセルは，労働者6人を雇い，1人当たり週10時間の労働をさせると，週36.8単位の仕事を達成できることを示している。実際に達成される仕事の量は実数であるが，表では，限られたスペースのため，小数点第2位以下を四捨五入している。

　この生産関数には，アサミが注意を払うべき2つの重要な特徴がある。第1に，表5-1で労働者の数が一定であるとき，各労働者の労働時間数を増やすに従って，達成できる仕事（生産物）の量は増えるが，1時間の労働を追加することによって達成される仕事（労働時間数の限界生産物）の量は減っていく。たとえば，労働者数が6人で一定であるとき，労働時間数を9→10→11と増やしていくと，達成できる仕事は35.3→36.8→38.2と増えるが，1時間の労働を追加することによって達成される仕事の量は，1.5（＝36.8−35.3）→1.4（＝38.2−36.8）と減っていく。経済学では，これを**労働時間数の限界生産物が逓減する**と表現する。

　表5-2は，労働時間数の限界生産物（1人当たり労働時間数を1時間増やすことによって達成される仕事の量）が逓減する様子を示している。この表の労働者数 N，労働時間数 H のセル（N行目，H列目のセル）には，労働者数が N で一定であるときに，各労働者の労働時間数を $H-1$ から H へ増やす際の労働時間数の限界生産物が記されている。たとえば，6行目，10列目のセルには，労働

表5-2　労働時間数の限界生産物（1人当たり労働時間数を1時間増やすことによって達成される仕事の量）

		1人当たり労働時間数												
		1	2	3	4	5	6	7	8	9	10	11	12	21	22
労働者数	1	5.0	1.6	1.2	0.9	0.8	0.7	0.7	0.6	0.6	0.5	0.5	0.5	0.3	0.3
	2	7.6	2.4	1.8	1.4	1.2	1.1	1.0	0.9	0.8	0.8	0.7	0.7	0.5	0.5
	3	9.7	3.1	2.2	1.8	1.6	1.4	1.3	1.2	1.1	1.0	0.9	0.9	0.6	0.6
	4	11.5	3.7	2.7	2.2	1.9	1.7	1.5	1.4	1.3	1.2	1.1	1.1	0.8	0.7
	5	13.1	4.2	3.1	2.5	2.1	1.9	1.7	1.6	1.5	1.4	1.3	1.2	0.9	0.8
	6	14.7	4.7	3.4	2.8	2.4	2.1	1.9	1.8	1.6	1.5	1.4	1.4	1.0	0.9
	7	16.1	5.1	3.7	3.0	2.6	2.3	2.1	1.9	1.8	1.7	1.6	1.5	1.0	1.0
	8	17.4	5.6	4.0	3.3	2.8	2.5	2.3	2.1	1.9	1.8	1.7	1.6	1.1	1.1
	9	18.7	6.0	4.3	3.5	3.0	2.7	2.4	2.2	2.1	1.9	1.8	1.7	1.2	1.2
	10	19.9	6.4	4.6	3.8	3.2	2.9	2.6	2.4	2.2	2.1	1.9	1.8	1.3	1.3

者数が6人で一定であるとき，労働時間数を9時間から10時間へ増やす際の労働時間数の限界生産物が1.5であることが記されている。また，6行目，11列目のセルには，労働者数が6人で一定であるとき，労働時間数を10時間から11時間へ増やす際の労働時間数の限界生産物が1.4であることが記されている。この表のある行を横方向に左から右へと読むと，労働時間数の限界生産物が逓減する様子がわかる。実際の労働時間数の限界生産物は実数であるが，表では，限られたスペースのため，小数点第2位以下を四捨五入している。表の一部で1人当たり労働時間数が増えているのに労働時間数の限界生産物が逓減していないのは，このためである。

　第2に，再び表5-1において1人当たりの労働時間数が一定であるとき，労働者の数を増やすに従って，達成できる仕事（生産物）の量は増えるが，1人の労働者を追加することによって達成される仕事の量（労働者数の限界生産物）は減っていく。たとえば，労働時間数が週10時間で一定であるとき，労働者数を5→6→7と増やしていくと，達成できる仕事は33.0→36.8→40.4と増えるが，1人の労働者を追加することによって達成される仕事の量は3.8（＝36.8－33.0）→3.6（40.4－36.8）と減っていく。経済学では，これを**労働者数の限界生産物が逓減する**と表現する。

　表5-3は，労働者数の限界生産物が逓減する様子を示している。この表の労働者数 N，労働時間数 H のセル（N行目，H列目のセル）には，各労働者の労働時間数が H で一定であるときに，労働者数を $N-1$ から N へ増やす際の労

表5-3 労働者数の限界生産物（労働者数を1人増やすことによって達成される仕事の量）

	1人当たり労働時間数													
	1	2	3	4	5	6	7	8	9	10	11	12	21	22
1	5.0	6.6	7.8	8.7	9.5	10.2	10.9	11.5	12.0	12.6	13.0	13.5	16.9	17.2
2	2.6	3.4	4.0	4.5	4.9	5.3	5.6	5.9	6.2	6.5	6.7	7.0	8.7	8.9
3	2.1	2.8	3.2	3.6	4.0	4.3	4.5	4.8	5.0	5.2	5.4	5.6	7.1	7.2
4	1.8	2.4	2.8	3.2	3.5	3.7	4.0	4.2	4.4	4.6	4.8	4.9	6.2	6.3
5	1.6	2.2	2.6	2.9	3.1	3.4	3.6	3.8	4.0	4.1	4.3	4.4	5.6	5.7
6	1.5	2.0	2.4	2.6	2.9	3.1	3.3	3.5	3.7	3.8	4.0	4.1	5.1	5.2
7	1.4	1.9	2.2	2.5	2.7	2.9	3.1	3.3	3.4	3.6	3.7	3.8	4.8	4.9
8	1.3	1.8	2.1	2.3	2.6	2.7	2.9	3.1	3.2	3.4	3.5	3.6	4.5	4.6
9	1.3	1.7	2.0	2.2	2.4	2.6	2.8	2.9	3.1	3.2	3.3	3.4	4.3	4.4
10	1.2	1.6	1.9	2.1	2.3	2.5	2.7	2.8	2.9	3.1	3.2	3.3	4.1	4.2

（左端列見出し：労働者数）

働者数の限界生産物が記されている。たとえば，6行目，10列目のセルには，労働時間数が週10時間で一定であるとき，労働者数を5人から6人へ増やす際の労働者数の限界生産物が3.8であることが記されている。また，7行目，10列目のセルには，労働時間数が週10時間で一定であるとき，労働者数を6人から7人へ増やす際の労働者数の限界生産物が3.6であることが記されている。この表のある列を縦方向に上から下へと読むと，労働者数の限界生産物が逓減する様子がわかる。

(3) 労働者数・1人当たり労働時間数と収入

企業は生産物を販売することにより収入を得ることができる。家計と異なり，企業には一定の予算制約のようなものはないことに注意したい。企業の週当たりの収入 R は，生産物の価格 P と週当たりの生産量 Q の積となる。

$$R = PQ$$

単純化のため，企業は販売量にかかわらず常に一定の価格で生産物を販売することができると仮定している。経済学では，これを企業が価格受容者であると表現する。

表5-2で見られた労働時間数の限界生産物の逓減と表5-3で見られた労働者数の限界生産物の逓減は，労働時間数と労働者数を増やせば利潤が増えるとは限らないことをアサミに教えてくれている。

このことを順に見ていくために，まず，生産物を販売することによって得られる総収入が労働者数，労働時間数とともにどのように変化するかを表5-4で

見よう。単位は千円であり，百円未満を四捨五入している。この表では，生産物の価格を4千円であると仮定している。総収入は，生産量と価格の積であるから，各セルに記された総収入は，表5-1の同じセルに記された生産量に価格4千円を乗じたものになっている。したがって，基本的性質は表5-1の生産関数の性質を反映している。

第1に，労働者の数が一定であるとき，各労働者の労働時間数を増やすに従って，得られる総収入は増えるが，1時間の労働を追加することによって得られる収入（労働時間数の限界収入）は減っていく。表5-5は，労働時間数の限界収入が逓減する様子を示している。

第2に，再び表5-3において1人当たりの労働時間数が一定であるとき，労働者の数を増やすに従って，得られる総収入は増えるが，1人の労働者を追加することによって得られる収入（労働者数の限界収入）は減っていく。表5-6は，労働者数の限界収入が逓減する様子を示している。

(4) 労働者数・1人当たり労働時間数と費用

利潤は総収入と総費用の差であるから，アサミは総費用についても把握しておく必要がある。総費用は，各労働者の労働時間数によって変化する可変費用と労働者数のみによって変化する準固定費用の2つを足すことで得られる。時間当たりの賃金を w，労働者1人当たりの準固定費用を θ とすれば，企業が支払う週当たりの**総費用** C は次のようになる。

$$C = wNH + \theta N = (wH + \theta)N$$

ここで，可変費用とは労働時間数に依存する wNH の部分を指し，準固定費用は，労働者数に依存するが労働時間数には依存しない θN の部分を指す。θ は**1人当たり準固定費用**と呼ばれる。後者は，労働者を雇うかぎり，たとえ働かせなくとも（労働時間数がゼロであっても）生じることに注意したい。訓練，付加給付（フリンジ・ベネフィット：会社が従業員に提供する給与以外の経済的利益）などの準固定費用は，労働時間数とは無関係に生じるからである。アサミにとっては，学生アルバイトに支給する交通費などが準固定費用に相当する。

表5-7は，可変費用が労働者数と労働時間数によってどのように変化するかを示している。単位は千円であり，この表では賃金は1時間当たり1千円であると仮定している。この表の労働者数 N，労働時間数 H のセル（N行目，H列目のセル）は，N人の労働者数を雇い，各労働者に週 H 時間を働かせるときの

表 5-4　総収入（単位：千円）

労働者数	1人当たり労働時間数													
	1	2	3	4	5	6	7	8	9	10	11	12	21	22
1	20.0	26.4	31.0	34.8	38.1	41.0	43.6	45.9	48.2	50.2	52.2	54.0	67.6	68.9
2	30.3	40.0	47.0	52.8	57.7	62.1	66.0	69.6	73.0	76.1	79.1	81.9	102.5	104.4
3	38.7	51.0	60.0	67.3	73.6	79.2	84.2	88.8	93.1	97.1	100.9	104.5	130.7	133.1
4	45.9	60.6	71.3	80.0	87.5	94.1	100.1	105.6	110.7	115.4	119.9	124.1	155.3	158.2
5	52.5	69.3	81.5	91.5	100.0	107.6	114.4	120.7	126.5	132.0	137.1	141.9	177.5	180.9
6	58.6	77.3	90.9	102.0	111.6	120.0	127.6	134.6	141.0	147.2	152.9	158.3	198.1	201.8
7	64.3	84.8	99.8	111.9	122.4	131.6	140.0	147.7	154.8	161.5	167.7	173.7	217.3	221.3
8	69.6	91.9	108.1	121.3	132.6	142.6	151.7	160.0	167.7	174.9	181.7	188.2	235.4	239.8
9	74.7	98.6	116.0	130.1	142.3	153.1	162.8	171.7	180.0	187.7	195.0	202.0	252.6	257.4
10	79.6	105.1	123.6	138.6	151.6	163.0	173.4	182.9	191.7	200.0	207.8	215.1	269.1	274.2

表 5-5　労働時間数の限界収入（単位：千円/時間）

労働者数	1人当たり労働時間数													
	1	2	3	4	5	6	7	8	9	10	11	12	21	22
1	20.0	6.4	4.6	3.8	3.3	2.9	2.6	2.4	2.2	2.1	2.0	1.8	1.3	1.3
2	30.3	9.7	7.0	5.7	4.9	4.4	3.9	3.6	3.4	3.1	3.0	2.8	2.0	1.9
3	38.7	12.4	9.0	7.3	6.3	5.6	5.0	4.6	4.3	4.0	3.8	3.6	2.5	2.5
4	45.9	14.7	10.7	8.7	7.5	6.6	6.0	5.5	5.1	4.8	4.5	4.2	3.0	2.9
5	52.5	16.8	12.2	9.9	8.5	7.6	6.8	6.3	5.8	5.4	5.1	4.9	3.4	3.3
6	58.6	18.7	13.6	11.1	9.5	8.4	7.6	7.0	6.5	6.1	5.7	5.4	3.8	3.7
7	64.3	20.5	14.9	12.2	10.4	9.3	8.4	7.7	7.1	6.7	6.3	5.9	4.2	4.1
8	69.6	22.3	16.2	13.2	11.3	10.0	9.1	8.3	7.7	7.2	6.8	6.4	4.5	4.4
9	74.7	23.9	17.4	14.1	12.1	10.8	9.7	8.9	8.3	7.7	7.3	6.9	4.9	4.7
10	79.6	25.4	18.5	15.1	12.9	11.5	10.4	9.5	8.8	8.3	7.8	7.4	5.2	5.1

表 5-6　労働者数の限界収入（単位：千円/人）

労働者数	1人当たり労働時間数													
	1	2	3	4	5	6	7	8	9	10	11	12	21	22
1	20.0	26.4	31.0	34.8	38.1	41.0	43.6	45.9	48.2	50.2	52.2	54.0	67.6	68.9
2	10.3	13.6	16.0	18.0	19.6	21.1	22.5	23.7	24.8	25.9	26.9	27.9	34.9	35.5
3	8.3	11.0	13.0	14.5	15.9	17.1	18.2	19.2	20.1	21.0	21.8	22.6	28.2	28.7
4	7.3	9.6	11.3	12.7	13.9	14.9	15.9	16.7	17.5	18.3	19.0	19.7	24.6	25.1
5	6.6	8.7	10.2	11.5	12.5	13.5	14.3	15.1	15.9	16.5	17.2	17.8	22.2	22.7
6	6.1	8.0	9.4	10.6	11.6	12.4	13.2	14.0	14.6	15.3	15.8	16.4	20.5	20.9
7	5.7	7.5	8.8	9.9	10.8	11.6	12.4	13.0	13.7	14.3	14.8	15.3	19.2	19.6
8	5.4	7.1	8.3	9.3	10.2	11.0	11.7	12.3	12.9	13.5	14.0	14.5	18.1	18.5
9	5.1	6.7	7.9	8.9	9.7	10.4	11.1	11.7	12.3	12.8	13.3	13.8	17.2	17.6
10	4.9	6.4	7.6	8.5	9.3	10.0	10.6	11.2	11.7	12.3	12.7	13.2	16.5	16.8

表 5-7　可変費用（単位：千円）

| | | 1人当たり労働時間数 | | | | | | | | | | | | 21 | 22 |
		1	2	3	4	5	6	7	8	9	10	11	12	21	22
労働者数	1	1	2	3	4	5	6	7	8	9	10	11	12	21	22
	2	2	4	6	8	10	12	14	16	18	20	22	24	42	44
	3	3	6	9	12	15	18	21	24	27	30	33	36	63	66
	4	4	8	12	16	20	24	28	32	36	40	44	48	84	88
	5	5	10	15	20	25	30	35	40	45	50	55	60	105	110
	6	6	12	18	24	30	36	42	48	54	60	66	72	126	132
	7	7	14	21	28	35	42	49	56	63	70	77	84	147	154
	8	8	16	24	32	40	48	56	64	72	80	88	96	168	176
	9	9	18	27	36	45	54	63	72	81	90	99	108	189	198
	10	10	20	30	40	50	60	70	80	90	100	110	120	210	220

表 5-8　準固定費用（単位：千円）

| | | 1人当たり労働時間数 | | | | | | | | | | | | 21 | 22 |
		1	2	3	4	5	6	7	8	9	10	11	12	21	22
労働者数	1	5	5	5	5	5	5	5	5	5	5	5	5	5	5
	2	10	10	10	10	10	10	10	10	10	10	10	10	10	10
	3	15	15	15	15	15	15	15	15	15	15	15	15	15	15
	4	20	20	20	20	20	20	20	20	20	20	20	20	20	20
	5	25	25	25	25	25	25	25	25	25	25	25	25	25	25
	6	30	30	30	30	30	30	30	30	30	30	30	30	30	30
	7	35	35	35	35	35	35	35	35	35	35	35	35	35	35
	8	40	40	40	40	40	40	40	40	40	40	40	40	40	40
	9	45	45	45	45	45	45	45	45	45	45	45	45	45	45
	10	50	50	50	50	50	50	50	50	50	50	50	50	50	50

可変費用を示している。たとえば，6人の労働者数を雇い，各労働者に週10時間を働かせるときには可変費用が60千円（＝1千円/時×6人×10時間/人）であることを示している。

　一方，表5-8は，準固定費用が労働者数のみによって決まることを示している。単位は千円であり，この表では準固定費用は1人当たり5千円であると仮定している。この表の労働者数 N, 労働時間数 H のセル（N 行目，H 列目のセル）は，N 人の労働者数を雇い，各労働者に H 時間を働かせるときの準固定費用を示している。たとえば，6人の労働者数を雇うときには，各労働者を何時間働かせようが準固定費用は30千円（＝5千円/人×6人）であることを示している。準固定費用は，労働者を雇うだけで発生するので，労働者を働かせなくとも（労働時間数が0時間であっても）同額の準固定費用が発生することに注

表5-9　労働時間数の限界費用（単位：千円/時）

労働者数	1人当たり労働時間数														
	1	2	3	4	5	6	7	8	9	10	11	12	〜	21	22
1	1	1	1	1	1	1	1	1	1	1	1	1		1	1
2	2	2	2	2	2	2	2	2	2	2	2	2		2	2
3	3	3	3	3	3	3	3	3	3	3	3	3		3	3
4	4	4	4	4	4	4	4	4	4	4	4	4		4	4
5	5	5	5	5	5	5	5	5	5	5	5	5		5	5
6	6	6	6	6	6	6	6	6	6	6	6	6		6	6
7	7	7	7	7	7	7	7	7	7	7	7	7		7	7
8	8	8	8	8	8	8	8	8	8	8	8	8		8	8
9	9	9	9	9	9	9	9	9	9	9	9	9		9	9
10	10	10	10	10	10	10	10	10	10	10	10	10		10	10

表5-10　労働者数の限界費用（可変費用部分，単位：千円/人）

労働者数	1人当たり労働時間数														
	1	2	3	4	5	6	7	8	9	10	11	12	〜	21	22
1	1	2	3	4	5	6	7	8	9	10	11	12		21	22
2	1	2	3	4	5	6	7	8	9	10	11	12		21	22
3	1	2	3	4	5	6	7	8	9	10	11	12		21	22
4	1	2	3	4	5	6	7	8	9	10	11	12		21	22
5	1	2	3	4	5	6	7	8	9	10	11	12		21	22
6	1	2	3	4	5	6	7	8	9	10	11	12		21	22
7	1	2	3	4	5	6	7	8	9	10	11	12		21	22
8	1	2	3	4	5	6	7	8	9	10	11	12		21	22
9	1	2	3	4	5	6	7	8	9	10	11	12		21	22
10	1	2	3	4	5	6	7	8	9	10	11	12		21	22

意したい。

　これらの費用には，アサミが注意を払うべき2つの重要な特徴がある。第1に，表5-7で労働者数が一定であるとき，各労働者の労働時間数を増やすに従って，常に賃金×労働者数の分だけ可変費用は増えていく。たとえば，労働者数が6人で一定であるとき，労働時間数を9→10→11と増やしていくと，可変費用は54→60→66と，常に6千円（＝1人当たり1千円/時×6人）だけ増えていく。経済学では，この増分額（一般的にはwN）を**労働時間数の限界費用**と呼ぶ。表5-9は，労働者数が一定であるとき，労働時間数の限界費用は一定である様子を示している。

　第2に，再び表5-7に戻ると，1人当たりの労働時間数が一定であるとき，労働者の数を増やすに従って，常に「賃金×労働時間数」の分だけ可変費用は

表5-11　総費用（単位：千円）

		1人当たり労働時間数												
		1	2	3	4	5	6	7	8	9	10	11	12	21	22
労働者数	1	6	7	8	9	10	11	12	13	14	15	16	17	26	27
	2	12	14	16	18	20	22	24	26	28	30	32	34	52	54
	3	18	21	24	27	30	33	36	39	42	45	48	51	78	81
	4	24	28	32	36	40	44	48	52	56	60	64	68	104	108
	5	30	35	40	45	50	55	60	65	70	75	80	85	130	135
	6	36	42	48	54	60	66	72	78	84	90	96	102	156	162
	7	42	49	56	63	70	77	84	91	98	105	112	119	182	189
	8	48	56	64	72	80	88	96	104	112	120	128	136	208	216
	9	54	63	72	81	90	99	108	117	126	135	144	153	234	243
	10	60	70	80	90	100	110	120	130	140	150	160	170	260	270

増えていく。たとえば，労働時間数が10時間で一定であるとき，労働者数を5→6→7と増やしていくと，可変費用は50→60→70と，常に10千円（＝1人当たり1千円/時×10時間）だけ増えていく。経済学では，この増分額（一般的にはwH）を，**労働者数の限界費用**と呼ぶ。表5-10は，労働時間数が一定であるとき，労働者数の限界費用は一定である様子を示している。

　ここで，労働者数を0人から1人へと増やすときの労働者数の限界費用は，「賃金×労働時間数」だけ変化することに注意したい。これに準固定費用を加えた分だけ労働者数の限界費用は変化すると考える読者もいるかもしれない。ここで，「労働者数の限界費用」と呼んでいるのは，あくまでも可変費用の部分の限界費用であると理解していただきたい。準固定費用については，可変費用とは別に扱っている。準固定費用は，労働時間数に依存しないので，準固定費用の部分の労働時間数の限界費用は0円である。一方，準固定費用は，労働者数とともに一定の額（5千円）だけ増えるので，準固定費用の部分の「労働者数の限界費用」は，労働者1人分の準固定費用（5千円）となり，一定となる。

　表5-11は，可変費用と準固定費用の和である総費用が労働者数と労働時間数によってどのように変化するかを示している。単位は千円である。この表の労働者数N，労働時間数Hのセル（N行目，H列目のセル）は，N人の労働者数を雇い，各労働者にH時間を働かせるときの総費用を示している。たとえば，6人の労働者数を雇い，各労働者に10時間を働かせるときには総費用が90千円（＝可変費用＋準固定費用＝1千円/時×6人×10時間/人＋5千円/人×6人）

表 5–12　利潤（単位：千円）

| | \multicolumn{14}{c}{1 人当たり労働時間数} |
労働者数	1	2	3	4	5	6	7	8	9	10	11	12	21	22
1	14.0	19.4	23.0	25.8	28.1	30.0	31.6	32.9	34.2	35.2	36.2	37.0	41.6	41.9
2	18.3	26.0	31.0	34.8	37.7	40.1	42.0	43.6	45.0	46.1	47.1	47.9	50.5	50.4
3	20.7	30.0	36.0	40.3	43.6	46.2	48.2	49.8	51.1	52.1	52.9	53.5	52.7	52.1
4	21.9	32.6	39.3	44.0	47.5	50.1	52.1	53.6	54.7	55.4	55.9	56.1	51.3	50.2
5	22.5	34.3	41.5	46.5	50.0	52.6	54.4	55.7	56.5	57.0	57.1	56.9	47.5	45.9
6	22.6	35.3	42.9	48.0	51.6	54.0	55.6	56.6	57.1	57.2	56.9	56.3	42.1	39.8
7	22.3	35.8	43.8	48.9	52.4	54.6	56.0	56.7	56.8	56.5	55.7	54.7	35.3	32.3
8	21.6	35.9	44.1	49.3	52.6	54.6	55.7	56.0	55.7	54.9	53.7	52.2	27.4	23.8
9	20.7	35.6	44.0	49.1	52.3	54.1	54.8	54.7	54.0	52.7	51.0	49.0	18.6	14.4
10	19.6	35.1	43.6	48.6	51.6	53.0	53.4	52.9	51.7	50.0	47.8	45.1	9.1	4.2

であることを示している。この表のあるセルに記された総費用は，表 5–7 の同じセルに記された可変費用と表 5–8 の同じセルに記された準固定費用の和になっている。

⑸　労働者数・1 人当たり労働時間数と利潤

アサミは利潤が最も大きくなるように労働者数と労働時間数を選びたい。利潤は収入から費用を差し引いたものである。

$$\pi = R - C = PQ - (wH + \theta)N = Pf(N, H) - (wH + \theta)N$$

ここで π は利潤を表している。

表 5–12 は，利潤が労働者数と労働時間数によってどのように変化するかを示している。単位は千円であり，百円未満を四捨五入している。この表の労働者数 N，労働時間数 H のセル（N 行目，H 列目のセル）は，N 人の労働者数を雇い，各労働者に H 時間を働かせるときの利潤を示している。また，6 人の労働者数を雇い，各労働者に 10 時間を働かせるときには利潤が 57.2 千円（正確には 5 万 7204 円）で最大になることを示している。

ここで，注目に値する 2 つの事実がある。第 1 に，利潤を最大化する 10 時間に労働時間数を一定に保つとき，利潤を最大化する 6 人目の労働者数の限界収入が労働者数の限界費用（可変費用部分）と労働者 1 人当たりの準固定費用の和にほぼ等しくなっていることに注目してほしい。6 人目の労働者数の限界収入は，表 5–6 より 15.3 千円／人である。一方，6 人目の労働者数の限界費用（可変費用部分）は表 5–10 より 10 千円／人，1 人当たり準固定費用は 5 千円／人

であるから，和は 15 千円/人である。つまり，

$$P \cdot MP_N(N, H) \doteqdot wH + \theta$$

が成り立っている。ここで，左辺の $MP_N(N, H)$ は労働者数が N，労働時間数が H であるときの労働者数の限界生産物を表し，価格 P と限界生産物 MP_N (N, H) との積は労働者数の限界収入を表している。また，右辺の wH は労働者数の限界費用（可変費用部分），θ は 1 人当たり準固定費用を表している。ちなみに，1 人当たり準固定費用 θ は，労働者数の限界費用（準固定費用部分）として解釈できるので，$wH + \theta$ は，労働者数の限界費用（総費用部分）である。

　第 2 に，利潤を最大化する 6 人に労働者数を一定に保つとき，利潤を最大化する 10 時間目の労働時間数の限界収入がその限界費用にほぼ等しくなっていることにも注目してほしい。10 時間目の労働時間数の限界収入は，表 5–5 より 6.1 千円/時である。一方，10 時間目の労働時間数の限界費用は表 5–9 より 6 千円/時である。つまり，

$$P \cdot MP_H(N, H) = wN$$

が成り立っている。ここで，左辺の $MP_H(N, H)$ は労働者数が N，労働時間数が H であるときの労働時間数の限界生産物を表し，価格 P と限界生産物 $MP_H(N, H)$ との積は，労働時間数の限界収入を表している。また，wN は労働時間数の限界費用を表している。これらは，経済学でよく知られた最適化のための限界原理の一種である。

🔲 準固定費用と賃金の上昇が労働需要に与える影響

⑴ 1 人当たり準固定費用の上昇が労働者数と労働時間数に与える影響

　1 人当たり準固定費用が高くなると，労働者数を相対的に減らし，労働時間数を相対的に増やすインセンティブを企業に与える。アサミが直面する 1 人当たり準固定費用が 5 千円から 7 千円に上昇すると，労働者数・労働時間数・利潤の関係は表 5–13 のように変化する。このとき，最適な労働者数は 3 人へと減り，労働時間数は 15 時間へと増え，利潤は 48.2 千円（正確には 4 万 8219 円）へと減る。さらに，1 人当たり準固定費用が 9 千円に上昇すると，労働者数・労働時間数・利潤の関係は表 5–14 のように変化し，最適な労働者数は 2 人へと減り，労働時間数は 20 時間へと増え，利潤は 42.5 千円（正確には 4 万 2475

表 5-13　利潤（準固定費用＝7，単位：千円）

労働者数	1人当たり労働時間数													
	1	2	3	12	13	14	15	16	17	18	19	20	21	22
1	12.0	17.4	21.0	35.0	35.8	36.5	37.1	37.6	38.1	38.6	38.9	39.3	39.6	39.9
2	14.3	22.0	27.0	43.9	44.6	45.1	45.6	45.9	46.2	46.3	46.4	46.5	46.5	46.4
3	14.7	24.0	30.0	47.5	47.9	48.1	48.2	48.2	48.1	47.9	47.5	47.1	46.7	46.1
4	13.9	24.6	31.3	48.1	48.2	48.0	47.7	47.3	46.7	46.0	45.2	44.3	43.3	42.2
5	12.5	24.3	31.5	46.9	46.6	46.0	45.2	44.2	43.2	41.9	40.6	39.1	37.5	35.9
6	10.6	23.3	30.9	44.3	43.5	42.4	41.1	39.7	38.0	36.2	34.3	32.2	30.1	27.8
7	8.3	21.8	29.8	40.7	39.3	37.7	35.9	33.9	31.6	29.3	26.7	24.1	21.3	18.3
8	5.6	19.9	28.1	36.2	34.3	32.1	29.7	27.1	24.3	21.3	18.1	14.8	11.4	7.8
9	2.7	17.6	26.0	31.0	28.5	25.8	22.8	19.6	16.1	12.5	8.7	4.7	0.6	−3.6
10	−0.4	15.1	23.6	25.1	22.1	18.8	15.2	11.4	7.3	3.0	−1.5	−6.1	−10.9	−15.8

表 5-14　利潤（準固定費用＝9，単位：千円）

労働者数	1人当たり労働時間数													
	1	2	3	12	13	14	15	16	17	18	19	20	21	22
1	10.0	15.4	19.0	33.0	33.8	34.5	35.1	35.6	36.1	36.6	36.9	37.3	37.6	37.9
2	10.3	18.0	23.0	39.9	40.6	41.1	41.6	41.9	42.2	42.3	42.4	42.5	42.5	42.4
3	8.7	18.0	24.0	41.5	41.9	42.1	42.2	42.2	42.1	41.9	41.5	41.1	40.7	40.1
4	5.9	16.6	23.3	40.1	40.2	40.0	39.7	39.3	38.7	38.0	37.2	36.3	35.3	34.2
5	2.5	14.3	21.5	36.9	36.6	36.0	35.2	34.2	33.2	31.9	30.6	29.1	27.5	25.9
6	−1.4	11.3	18.9	32.3	31.5	30.4	29.1	27.7	26.0	24.2	22.3	20.2	18.1	15.8
7	−5.7	7.8	15.8	26.7	25.3	23.7	21.9	19.9	17.6	15.3	12.7	10.1	7.3	4.3
8	−10.4	3.9	12.1	20.2	18.3	16.1	13.7	11.1	8.3	5.3	2.1	−1.2	−4.6	−8.2
9	−15.3	−0.4	8.0	13.0	10.5	7.8	4.8	1.6	−1.9	−5.5	−9.3	−13.3	−17.4	−21.6
10	−20.4	−4.9	3.6	5.1	2.1	−1.2	−4.8	−8.6	−12.7	−17.0	−21.5	−26.1	−30.9	−35.8

円）へと減る。

　限界原理は，1人当たり準固定費用の上昇の影響を理解するのに役立つ。ア
サミが6人の労働者数・10時間の労働時間数を選んでいたとしよう。このと
き，労働者数の限界収入と労働時間数の限界収入，労働時間数の限界費用には
変わりがない。しかし，1人当たり準固定費用の5千円から7千円への上昇は，
労働者数を（6人から5人へと）減らすときの限界費用の節約分（$-wH$, -10千
円）と準固定費用の節約分（$-\theta$, -7千円）の和を-15千円から-17千円にま
で拡大し，労働者数を減らすときの限界収入の喪失分（$-P{\cdot}MP_N$, -15.3千円）
を絶対値で上回らせる状況を生み出し，労働者数を減らすインセンティブを与
える。労働者数の（6人から5人への）減少は，労働時間数を（10時間から11時
間へと）増やすときの限界費用（wN）を6千円から5千円へと下げ，労働時

数を増やすときの限界収入（$P \cdot MP_H$, 5.7千円）を下回らせる状況を生み出し，労働時間数を増やすインセンティブを与える。こうした調整が，新たに最適となる3人の労働者数・15時間の労働時間数にアサミがたどり着くまで（少なくともアサミの頭の中で）繰り返されるのである。

(2) 賃金の上昇が労働者数と労働時間数に与える影響

賃金の上昇は労働者数と労働時間数を減らすインセンティブを企業に与える。再び，準固定費用が5千円であるとしよう。いま，アサミが直面する賃金が1千円から1.4千円に上昇すると，労働者数・労働時間数・利潤の関係は表5-15のように変化する。このとき，最適な労働者数は4人へ，また，労働時間数は7時間へと減り，利潤は40.9千円（正確には4万870円）へと減る。さらに，賃金が1.8千円に上昇すると，労働者数・労働時間数・利潤の関係は表5

表5–15　利潤（賃金＝1.4, 単位：千円）

労働者数	1人当たり労働時間数													21	22
	1	2	3	4	5	6	7	8	9	10	11	12			
1	13.6	18.6	21.8	24.2	26.1	27.6	28.8	29.7	30.6	31.2	31.8	32.2		33.2	33.1
2	17.5	24.4	28.6	31.6	33.7	35.3	36.4	37.2	37.8	38.1	38.3	38.3		33.7	32.8
3	19.5	27.6	32.4	35.5	37.6	39.0	39.8	40.2	40.3	40.1	39.7	39.1		27.5	25.7
4	20.3	29.4	34.5	37.6	39.5	40.5	40.9	40.8	40.3	39.4	38.3	36.9		17.7	15.0
5	20.5	30.3	35.5	38.5	40.0	40.6	40.4	39.7	38.5	37.0	35.1	32.9		5.5	1.9
6	20.2	30.5	35.7	38.4	39.6	39.6	38.8	37.4	35.5	33.2	30.5	27.5		−8.3	−13.0
7	19.5	30.2	35.4	37.7	38.4	37.8	36.4	34.3	31.6	28.5	24.9	21.1		−23.5	−29.3
8	18.4	29.5	34.5	36.5	36.6	35.4	33.3	30.4	26.9	22.9	18.5	13.8		−39.8	−46.6
9	17.1	28.4	33.2	34.7	34.3	32.5	29.6	25.9	21.6	16.7	11.4	5.8		−57.0	−64.8
10	15.6	27.1	31.6	32.6	31.6	29.4	25.4	20.9	15.7	10.0	3.8	−2.9		−74.9	−83.8

表5–16　利潤（賃金＝1.8, 単位：千円）

労働者数	1人当たり労働時間数													21	22
	1	2	3	4	5	6	7	8	9	10	11	12			
1	13.2	17.8	20.6	22.6	24.1	25.2	26.0	26.5	27.0	27.2	27.4	27.4		24.8	24.3
2	16.7	22.8	26.2	28.4	29.7	30.5	30.8	30.8	30.6	30.1	29.5	28.7		16.9	15.2
3	18.3	25.2	28.8	30.7	31.6	31.8	31.4	30.6	29.5	28.1	26.5	24.7		2.3	−0.7
4	18.7	26.2	29.7	31.2	31.5	30.9	29.7	28.0	25.9	23.4	20.7	17.7		−15.9	−20.2
5	18.5	26.3	29.5	30.5	30.0	28.6	26.4	23.7	20.5	17.0	13.1	8.9		−36.5	−42.1
6	17.8	25.7	28.5	28.8	27.6	25.2	22.0	18.2	13.9	9.2	4.1	−1.3		−58.7	−65.8
7	16.7	24.6	27.0	26.5	24.4	21.0	16.8	11.9	6.4	0.5	−5.9	−12.5		−82.3	−90.9
8	15.2	23.1	24.9	23.7	20.6	16.2	10.9	4.8	−1.9	−9.1	−16.7	−24.6		−107.0	−117.0
9	13.5	21.2	22.4	20.3	16.3	10.9	4.4	−2.9	−10.8	−19.3	−28.2	−37.4		−132.6	−144.0
10	11.6	19.1	19.6	16.6	11.6	5.0	−2.6	−11.1	−20.3	−30.0	−40.2	−50.9		−158.9	−171.8

–16のように変化し，最適な労働者数は3人へ，また，労働時間数は6時間へと減り，利潤は31.8千円（正確には3万1770円）へと減る。

限界原理は，賃金の上昇の影響を理解するのに役立つ。アサミが6人の労働者数・10時間の労働時間数を選んでいたとしよう。このとき，労働者数の限界収入と労働時間数の限界収入，準固定費用には変わりがない。しかし，賃金の1千円から1.4千円への上昇は，労働者数を（6人から5人へと）減らすときの限界費用の節約分（$-wH$，-14千円）と準固定費用の節約分（$-\theta$，-5千円）の和を-15千円から-19千円にまで拡大し，労働者数を減らすときの限界収入の喪失分（$P \cdot MP_N$，-15.3千円）を絶対値で上回らせる状況を生み出し，労働者数を減らすインセンティブを与える。賃金の上昇は，労働者数が5人のとき，労働時間数を（10時間から9時間へと）減らすときの限界費用の節約分（$-wN$）を-5千円から-7千円にまで拡大し，労働時間数を減らすときの限界収入の喪失分（$-P \cdot MP_H$，-5.4千円）を上回らせる状況を生み出し，労働時間数を減らすインセンティブを与える。こうした調整が，新たに最適となる4人の労働者数・7時間の労働時間数にアサミがたどり着くまで（少なくともアサミの頭の中で）繰り返されるのである。

準固定費用モデルの応用1：現金給与以外の労働費用

準固定費用は，法律や経済の見通しの影響を受けて変化する。政府による公的な社会保険料の引き上げが準固定費用を上げることは明らかであるが，雇用保護を強める政策変更も，準固定費用を上げることになる。また，経済状況の見通しが悪くなれば，企業は労働者の数を減らすだけでなく，採用，訓練，付加給付（フリンジ・ベネフィット）にかかる労働者1人当たりの費用を減らすであろう。

現実の世界では可変費用と準固定費用はどの程度なのであろうか。常用労働者30人以上の企業に対する調査である2016年厚生労働省「就労条件総合調査」によると，労働費用総額は，常用労働者1人1カ月平均41万6824円であり，労働費用総額に占める現金給与額33万7192円の割合は80.9％，現金給与以外の労働費用7万9632円は19.1％となっている。現金給与以外の労働費用7万9632円の内訳は，法定福利費4万7693円（現金給与以外の労働費用に占める割合は59.9％），退職給付等の費用1万8834円（同23.7％），法定外福利費6528円（同8.2％）などとなっている。ここで，法定福利費は公的な社会保険

の費用に，また，法定外福利費はフリンジ・ベネフィットの費用にほぼ対応する。また，unit 9 で説明するように，退職給付（退職金）は後払い賃金の性格も持つので，可変費用に含まれる。

　現金給与以外の労働費用は企業規模とともに増える特徴がある。1000人以上で10万5189円，300〜999人で7万4193円，100〜299人で6万4254円，30〜99人で5万4439円となっている。

　なお，1998年の労働省の調査（当時は「賃金労働時間制度等総合実態調査」と呼ばれていた）と比較すると，現金給与は当時の40万9485円から大きく下落しているが，現金給与以外の労働費用も当時の9万2519円から大きく縮小している。とくに法定外福利費用は1万3481円からほぼ半額に，退職金等の費用も2万7300円から1万円近く下落している。

　社会保険料や解雇規制は，企業が採用や訓練にかける費用にも影響を及ぼす。上のモデルは準固定費用が一定であると仮定している。確かに，社会保険料や解雇規制により生じる解雇の費用（公的準固定費用と呼ぼう）は，企業には変えることができないという意味で一定である。しかし，採用や訓練の準固定費用（私的準固定費用と呼ぼう）は企業が決めることができる。公的準固定費用と私的準固定費用を含むモデルを考えると，公的準固定費用の引き上げは，厳選採用を行い，少ない労働者を雇い，多くの訓練を行い，長時間労働をさせるインセンティブを企業に与えることになるであろう。

準固定費用モデルの応用2：ワーク・ライフ・バランスの推進政策とその効果

　政府はワーク・ライフ・バランスの実現に取り組むため，2007年12月には，政労使で「仕事と生活の調和（ワーク・ライフ・バランス）憲章」および「仕事と生活の調和推進のための行動指針」を策定した。さらに，2010年には，20年までの数値目標を見直す新たな合意が結ばれ，16年にはその数値目標が一部改正された。たとえば，男性の育児休業の取得率は2015年が2.65％であったが，20年の目標は13％である（なお，2019年の取得率は10.5％まで上昇した）。また，週60時間以上働いている労働者の割合は，2016年に7.7％であったが，20年の目標は5％である（なお，2019年は6.4％まで低下した）。

　ただし，長時間労働をするのが当たり前という雇用慣行は，正社員が準固定費用の高い労働者であるだけに，本当に変わっていくだろうか。通称「働き方

社会保険料という固定費用

　企業や個人が，特定の働き方を選ぶことで，社会保険料を回避することができるルールは，モラル・ハザードを生む。このようなルールを撤廃することは，企業の労働需要の歪みをなくすうえできわめて重要である。

　日本の社会保険の賦課のルールは，2016年までは通常の労働者の4分の3よりも短い労働時間であれば，一部の例外を除き事業主負担がある労働者のための年金保険（厚生年金保険）や労働者のための医療保険（健康保険組合や協会けんぽなど）に入れなくとも合法というものだった。有期雇用であり，簡単に契約を終了できるということと合わせて，社会保険料の事業主負担がないことも企業がパートを割安な労働力とし，パート需要を増やしてきた側面がある。

　労働供給側についても，パートの主力である主婦を見れば，第3号被保険者（年収130万円未満のサラリーマンの配偶者）の資格にとどまれば，社会保険料負担なしで，年金上は配偶者として基礎年金権を得られるし，健康保険上も配偶者としてカバレッジ（適用）を受けられ，40歳以上に課される介護保険料も免除される。

　このような社会保険ルールにより，主婦の多くが，年間130万円未満で働くことを志向し，企業はこうした労働力を活用することで，コストを下げてきた。つまり労働需要側も，労働供給側も，「パート」という形で，社会保険料負担を回避し，安価な労働力として利用してきた。

　主婦が短時間働くことを奨励することが国民の福利にプラスであるならば，このルールは望ましいのかもしれない。しかし，時代は大きく変化し，将来の労働力不足が予見されている。労働需要の歪みを縮小することが，正社員と非正社員への需要にきわめて重要である。

　たとえば，サラリーマンの妻が月8.8万円の賃金で20年間パートとして会社で働いた場合を考えてみよう。20年間の賃金支払総額は金利を考えずに単純に足し合わせれば2112万円である。現行制度では国民年金の第3号被保険者として扱われるため（実は厚生年金全体では国民年金保険料相当分を当人のために負担し支出しているが）働く本人や，会社には直接の社会保険料の負担はない。しかし，パートに厚生年金を適用した場合には，2020年時点の厚生年金保険料は18.3%であるので，本人と会社がそれぞれ20年間で193.3万円ずつを負担することになる。これまでは主婦パートを雇えば，法定福利費分だけ，固定費用が割安にでき，また本人自身は保険料を支払わずに社会保険にカバーされるので，両者がこうした働き方を志向したのである。

　しかし，2016年10月より，従業員が501人以上の事業所に限り，①月間8.8万円以上の給与であること，②週20時間以上であることを条件に，パート労働者の厚生年金加入が義務化された。これによって2018年時点で新たに37万人が厚生年

金保険に加入した。さらに，2020 年の年金関連法の成立によって，22 年 10 月に従業員 101 人以上，24 年 10 月に従業員 51 人以上へと適用が拡大されることも決まった。ただし，当人がダブルワークとなるにせよ，企業ごとに週 20 時間未満で雇えばやはり企業の社会保険料負担は回避できる。

これからパート等短時間労働者の年金加入のあり方だけでなく，第 3 号被保険者のあり方も含めて変更を考えていく必要がある。正社員と非正社員の準固定費用の差を大きいものとしているルールはほかにも多い。

公的年金財政からも，変化は支持される。厚生労働省「財政検証」は 5 年ごとに出され，将来賃金や経済成長の見込みをもとに，将来の年金の試算が行われる。2019 年の財政検証では，現行制度のままであれば，年金水準が大きく下がってしまうことが示された。対応策として，最も有効と示されたのは，月収 5.8 万円以上のすべての厚生年金非加入の労働者 1050 万人に厚生年金加入を義務づけることである。

改革関連法案」が 2018 年 6 月に成立し，これまで 36 協定による労使合意があればほとんど上限なしに可能であった残業について，大企業では 2019 年 4 月から，中小企業も 2020 年 4 月から，明確に上限がかけられるようになった（第 5 章 unit 10 コラム「働き方改革」127 頁参照）。

働き方を変えるには，掛け声も重要だが，企業のインセンティブ作りも必要である。長期労働者の準固定費用を非正社員と比べて非対称に上げるような法規制があるとすれば，これを修正することである。長期労働者とこれ以外とで，現在では，社会保険の加入や雇用契約の終了について，法的な取り扱いの大きい格差がある。現在の制度では一部の例外（コラム「社会保険料という固定費用」参照）を除いて労働時間を短くすることで，年金保険や医療保険の事業主負担分を企業が免れることができる。また，サラリーマンの被扶養配偶者（第 3 号被保険者）については年収 130 万円までであれば，社会保険料を免除されるというルールもある。

このように雇う側にとっても非正規雇用が割安であり，個人も非正規雇用にとどまる意向を持ちやすくするような，明らかな制度上の不均衡を是正することが必要である。

要　約 ─────────────────────────────●─◐─◗

　　企業は利潤が最も大きくなるように労働者数と1人当たり労働時間数を決める。労働者数の限界収入が，その限界費用と準固定費用の和に等しく，また，労働時間数の限界収入がその限界費用に等しくなるように，企業は労働者数と労働時間数を選ぶ。

　　準固定費用と賃金は最適な労働者数と労働時間数に影響を及ぼす。労働者1人当たりで発生する準固定費用が高くなると，最適な労働者数が減り，労働時間数が増える傾向がある。賃金が上がると，最適な労働者数と労働時間数は減る傾向がある。

─◐─●──────

確 認 問 題 ─────────────────────────────●─◐─◗

□　*Check 1*　1人当たり準固定費用が5千円から7千円に上昇した後でアサミが直面する状況を考えなさい。

　　①　労働者数3と労働時間数15の組み合わせのとき，アサミの利潤が最も大きくなることを表5–13で確認しなさい。

　　②　労働時間数が15であるとき，労働者数を3人から2人へ減らすときの収入の減少額，費用の減少額，利潤の変化額をウェブサポートページに掲載した表5–6から求めなさい。

　　③　労働時間数が15であるとき，労働者数を3人から4人へ増やすときの収入の減少額，費用の減少額，利潤の変化額をウェブサポートページに掲載した表5–6から求めなさい。

　　④　労働時間数が15であるとき，3人の労働者数が2人，4人よりも望ましいことを②，③の結果から説明しなさい。

□　*Check 2*　月額8.8万円，週20時間以上，501人以上の事業所に勤務するパート労働者について，厚生年金加入を義務づける法案が通り，2016年10月から実施された。この変化は企業の労働需要をどのように変化させるであろうか。なお，厚生年金の保険料は，労使折半，すなわち，労働者と企業双方が負担する決まりである。しかし，週20時間未満であれば企業側の負担がある社会保険加入をさせなくてよい。労働者側も，上記の制限にかかわらず，かつサラリーマンの被扶養配偶者の身分でいるかぎりは，社会保険料を支払わないでよい。

□　*Check 3*　同じ生産性を持つ労働者について，短時間労働であれば，事業主が社会保険料負担なしで雇用できるが，フルタイムであれば，事業主が社会保険料を負担しなければならないとしよう。このようなルールはどのような影響を労働需要に及ぼすだろうか。

─◐─●──────

景気と雇用調整

Keywords
調整費用，整理解雇の4要件，解雇権濫用の法理

　この unit では，景気変動に際し，企業がどのように雇用調整を行うかを考える。景気の改善は，より多くの労働者を雇用し，生産を増やし，利潤を増やすインセンティブを企業に与える。しかし，景気の改善が雇用の改善に結びつかなかったり，非正規雇用を拡大するばかりで正規雇用を拡大しなかったりもする。この unit では，雇用調整の費用に焦点を当てることで，このような現象を解明する。

調整費用モデル

　企業が労働者数を減らしたり，増やしたりといった調整をするには**調整費用**を負担しなければならない。既存の労働者を減らし，生産を減らすには，退職を促すための交渉費用や早期退職金，解雇するための法的費用などを負担しなければならない。新規の労働者を増やし，生産を増やすには，採用や訓練の費用などを負担しなければならない。景気回復期に新規の労働者を雇う際にも，景気後退期に彼らを解雇する費用を考慮しなければならない。以下では単純化のため，生産は1種類の労働のみを用いると仮定する。労働が2種類（正規雇用と非正規雇用）ある場合については unit 16 で扱う。

　調整費用は企業の雇用調整に影響を与える。図 6-1 と図 6-2 は雇用調整量と調整費用の関係を示している。雇用を増やすときには雇用調整量は正であり，減らすときには雇用調整量は負である。下に凸の曲線は労働者数を増やしたり減らしたりする際の調整費用を表している。増やすにしろ，減らすにしろ，調整費用がかかる。一方，雇用調整量がゼロのときは調整費用もゼロである（図

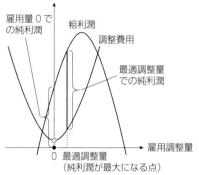

図6-1　低い調整費用

雇用量０での純利潤

粗利潤

調整費用

最適調整量での純利潤

０　最適調整量
（純利潤が最大になる点）

雇用調整量

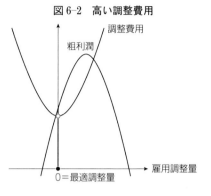

図6-2　高い調整費用

調整費用

粗利潤

０＝最適調整量

雇用調整量

では調整費用がゼロとなるため雇用調整量がゼロのときは白丸で表している）。さらに，通常，調整の規模が大きいほど調整費用の増加率も大きくなるので，この曲線は下に凸になる。

　また，上に凸の曲線は，雇用を増やしたり減らしたりした場合にその企業の（調整費用を考慮する前の）粗利潤がどう変化するかを表している。この曲線のピークが原点より右に位置するのは，調整費用がなければ雇用を増やすのが最適である（粗利潤を最大になる）場合を図示しているからである。調整費用がなければ雇用を減らすのが最適である場合には，この曲線のピークは原点より左に位置することになる。

　調整費用を考慮した最適な雇用調整量は，粗利潤から調整費用を引いた距離，すなわち２つの曲線の間の距離が最も大きい点である。図6-1のように，調整費用が低い場合には，雇用調整は速やかに行われる。調整費用が低いときには，調整を速やかに行う（１期で調整を終える）のが純利潤を最も高くするからである。一方，図6-2のように，調整費用が高い場合には，雇用調整はゆっくりと行われる（各期，少しずつ調整が行われ，調整が終わるまで多期間を要する）。調整費用が高いときには，調整をゆっくりと行うのが純利潤を最も高くするからである。図6-2の例では，雇用調整を行わないのが最適である。なぜならば，雇用調整を行わないときの純利潤（調整費用はゼロであるから粗利潤に等しい）は，どの規模の雇用調整を行ったときの純利潤よりも大きいからである。図6-2よりも調整費用を表す曲線がより下に位置していれば，小規模の雇用調整を行うのが最適になるであろう。

🔲 調整費用モデルの応用 1：日本企業の雇用調整

　このようななかで，景気後退期の大企業の雇用調整はまずは従業員の残業時間の削減，続いてパートやアルバイトや派遣社員，契約社員など有期労働者の採用や契約更新の取りやめが行われ，また正社員については新規雇用の取りやめなどが行われるといわれる。景気が悪いと，新卒採用の入口が狭くなるのはこのためである。さらに，雇用調整の必要が大きい場合には，すでに採用している社員の出向や転籍が試みられ，さらには希望退職の募集が行われるといわれてきた。1990 年代後半以降，企業が正社員としての新卒採用を縮小し，有期労働者を増やしている。2013 年以降からはこうした傾向にやや歯止めがかかったとはいえ，若年高卒男女については，歯止めがかかっていない。非正社員の割合が多くなったため，企業の雇用調整のスピードは以前に比べて大きく上がった可能性がある。

🔲 調整費用モデルの応用 2：解雇規制と調整費用

(1) 整理解雇の 4 要件

　来期の経済成長率は何 % か，景気動向が私たちの関心を集めるのは，景気動向が，私たちの生活を支える雇用機会に直結するからである。景気循環は市場経済にはつきものである。景気が悪くなれば，商品やサービスの売上は全般に減少し，その結果，雇用需要は削減され，企業の新たな求人が減ったり，残業時間がゼロになったり，また求人が減る結果として賃金が下がったりする。

　ただし，企業の業績が悪化した場合に，雇用調整がどのように行われるかは国ごとの雇用慣行や労働市場のあり方によってかなり差がある。業績が悪化したから，事業部門を縮小したいから，あるいは理由もなしに，企業が従業員を解雇できるかどうかは，国ごとの労働法制やこれを前提とした企業の雇用慣行によって大きく異なっている。

　たとえば，アメリカについては，at-will employment という考え方が雇用契約の基本にある。すなわち，雇用契約は労使相互の自由契約に基づくものであり，雇用契約期間が明示されていなければ使用者側も，労働者側も，どちらも自由に契約を途中でやめることができるという考え方である。使用者が理由なく従業員を解雇できるという原則については，いくつも例外があるが，そうはいっても使用者が解雇する際の裁量や柔軟性の幅は日本と比べて広い。統計数値を見ても，アメリカでは同じ企業に勤務し続ける者の割合は日本よりも低

く，平均勤続年数も短い。また，就業していた者が失業したり，失業していた者が就業したり，無業であった者が就業したり，といった変化が日本に比べて頻繁に起こっていることが知られている。

日本はどうだろうか。1947年に労働基準法で，解雇の要件として30日以上前に予告するか同日数分以上の平均賃金を支払うこと，ただし労働者の責に帰すべき事由がある場合にはこれを免除されると定められた。これを見ると，日本も解雇が容易であるかのように見える。しかし，日本では，長期雇用の慣行が企業に形成されていくなかで1950年代から60年代にかけて，企業の解雇を制限する裁判の判例が次々に出されていった。企業業績が悪化したとしても，いくつかの条件を満たさないと解雇は無効であるとする裁判の判例が出されていき，**整理解雇の4要件**として確立されたものとして認められていく。すなわち，

① 整理解雇することに客観的な必要があること
② 解雇を回避するために最大限の努力を行ったこと
③ 解雇の対象となる人選の基準，運用が合理的に行われていること
④ 労使間で十分に協議を行ったこと

である。

(2) 解雇権濫用の法理

では，本当に日本では解雇が難しいのだろうか。裁判は長期の時間を要するから，中小企業相手に解雇の無効を何十年かかけて争っても利益は少ないだろう。訴えている相手の会社は倒産の危険さえあるからである。だから判例法は，大企業については，解雇を避ける慣行を形成させていったが，中小企業への影響は小さかったと考えられる。実際，中小企業の労使が主に利用していた東京都の労働相談（労政事務所）を見ると，1994〜2007年における相談の第1位は「解雇」である（2007年まで利用者の3分の1が30人未満の企業であり，半数が99人未満の企業である）。このため，大企業の使用者側から見れば，日本の解雇規制は強すぎるかもしれず，中小企業に勤務する労働者側から見れば，日本の解雇規制は30日の解雇予告のみと，とても弱いものという見方ができるだろう。

そのような見方を背景に，労働基準法に解雇規制を新たに書き込もうとする動きが出た。解雇規制の緩和，すなわち経済的な対価を支払うことで解雇ができることを書き込むことも議論されたがこれは通らず，2003年に改正された労働基準法（2004年1月から施行）に折り込まれたのは，判例法を労働基準法に

書き込むことである。就業規則と労働契約書（労働条件通知書）にどのような事由により解雇されるかを書き入れられることが定められ[1]，さらに就業規則や労働契約書に明示されていたとしても，「客観的に合理的な理由を欠き，社会通念上相当であると認められない場合は，その権利を濫用したものとして，無効とする」と法律で定められた（「**解雇権濫用の法理**」と呼ばれる）。また，業績が悪化した場合に整理解雇をするには，判例法上確立されてきた4要件が労働基準法の中に明文化された。

　東京都の労働相談の内容は変化しただろうか。確かに2008年から18年まで，相談の第1位は「退職」となり，「解雇」は第2位に後退した。さらに，2014年からは2位が「職場の嫌がらせ」に入れ替わっている。しかし，労働基準法に書き込まれたことが，中小企業における解雇問題をそれほどは緩和していないようである。また大企業では，「職場の嫌がらせ」の相談が多いという特徴も見られる。

　一方で，大企業側から見れば，会社都合による雇用契約の解除が容易ではないということは，いったん雇用をした場合に，雇用義務が発生し続けることを意味し，新しく人を雇うことのリスクがとても高いということになる。たとえば，団塊の世代[2]に注目してみよう。働き始めた1970年ごろから，引退する2007年ごろまでを考えれば，産業も技術もまさに飛躍的に変わった。国勢調査で見れば，1970年当時は，第1次産業（農業・林業・漁業など）に従事する者が19.3%，第2次産業（製造業・建設業など）に従事する者が34.0%，第3次産業（小売業・サービス業など）に従事する者が46.6%であったが，2015年には第1次産業は5.1%に，第2次産業も25.9%に減少しているが，第3次産業は67.3%に増加している。国内にあった製造現場は，たとえば，自動車産業は例をあげれば，1980年代の自動車貿易摩擦で欧米へ，さらに2000年代以降はアジアでの工場建設も加速した。また，1990年代末から，インターネットが飛躍的に拡大し，海外との通信コストは下がり，世界は狭くなった。さらに，AI（人工知能）技術の発達は，労働現場を大きく変えるだろうといわれている。解雇規制が厳しければ，1人の人間の40年近い雇用を約束しなければならない。そうしたルールがある場合，正社員の新卒採用に際しては，企業が面接を繰り返し慎重な採用をするとしても驚くにあたらないのである。

● 注

1) 「懲戒解雇」は，従業員がきわめて悪質な規律違反や非行を行ったときに懲戒処分として行われるものである。解雇事由は就業規則等に書いておく必要がある。また「懲戒解雇」「整理解雇」以外が「普通解雇」となるが，労働契約の継続が困難である事情があるときであり，その例として，東京都労働局のパンフレットには，勤務成績が著しく悪く指導を行っても改善の見込みがないとき，健康上の理由で長期にわたり職場復帰が見込めないとき，著しく協調性に欠けるため業務に支障を生じさせ改善の見込みがないとき，などがあげられている。

2) 団塊の世代とは，一般には 1947〜49 年ごろの第 1 次ベビーブーム期に生まれた世代を指す。

要　約 ————————————————————————————

　　企業が雇用する労働量を調整するには費用を要するのが一般的である。高い調整費用は，当面の雇用調整を遅らせる一方で，一度，雇用調整の純利潤が十分な大きさに達すると先延ばしていた雇用調整を一気に進ませる傾向がある。

——————————————————————————————————

確認問題 ————————————————————————————

□　*Check 1*　次の表は各期に共通する雇用量と粗利潤のデータである。

雇用量	2	3	4	5	6	7	8	9	10	11	12	13	14
粗利潤	12	19	24	27	28	24	19	12	3	−8	−21	−36	−53

　　次の表は各期に共通する雇用調整量と調整費用のデータである。

雇用調整量	−5	−4	−3	−2	−1	0	1	2	3	4	5
調整費用	53	35	21	11	5	0	5	11	21	35	53

　(1)　現在の雇用量が 9（人）であるとして，今期に関する次の表の空欄を埋めなさい。また，今期の最適な雇用調整量を求めなさい。

雇用調整量	−5	−4	−3	−2	−1	0	1	2	3	4	5
粗利潤											
調整費用	53	35	21	11	5	0	5	11	21	35	53
純利潤											

　(2)　今期の純利潤を最大化する雇用調整を終えた後，来期に関する次の表の空欄を埋めなさい。また，来期の最適な雇用調整量を求めなさい。

雇用調整量	−5	−4	−3	−2	−1	0	1	2	3	4	5
粗利潤											
調整費用	53	35	21	11	5	0	5	11	21	35	53
純利潤											

(3) 今期と来期の雇用調整の結果，粗利潤は最大化されるか答えなさい。

第 4 章

教育・訓練と人的資本

　ミツキは奨学金という名前の学生ローンを借りて，4年制大学に進学しようと考えている。ユイは2年制の専門学校に行こうと考えている。リクは高校を出たらすぐに働くつもりだ。なぜ大学に進学する人としない人がいるのだろうか。また大卒の賃金は高卒の賃金よりも高いが，これはなぜだろうか。

　3月に大学を卒業したアヤは，4月から大手都市銀行で働き始めた。しかし，給与の手取り額が想像以上に少ないのに正直，驚いている。研修費用が給料から天引きされているのである。会社のために研修を受けているのに，なぜ自分が費用を負担しなければならないのかと不満を感じている。いっそのこと転職してしまおうと思ったが，そうするのが賢明か迷っている。

　unit 7 では，人的資本とシグナリングという，2つの異なる考え方を紹介する。人的資本モデルは，弁護士や医師などのように，大学に進学し，知識，能力，技能を高めることで，初めて開けるキャリアがあったり，高卒より高い賃金を期待できたりするからと考える。一方，シグナリング・モデルは，難しい大学入試に合格し，厳しい卒業認定に合格することで，生まれつき能力の高いことを企業にアピールでき，結果として高卒より高い賃金を期待できるからと考える。また，続く unit 8 では働く経験から得られる知識や技能について考える。

人的資本モデルとシグナリング・モデル

Keywords
人的資本モデル，現在価値，借り入れ制約，シグナリング・モデル

▢ 高卒と大卒の収入の差

　高校2年生の弟，ショウタは，高卒で就職するか，大学に進学するか，卒業後の進路をそろそろ決めなければならない。厚生労働省「賃金構造基本統計調査」（2019年）によると，高卒男女の平均的な初任給は16万7400円，大卒男女の平均的な初任給は21万200円である。初任給の差は約4万3000円である。しかも，男性一般労働者について，退職金および定年後も平均的な引退年齢まで働き続けた場合の賃金も含めた生涯賃金を見ると，高卒男性の2億1000万円に対し，大学・大学院卒男性は2億7000万円であり，6000万円もの差がある（2017年「賃金構造基本統計調査」から推計，労働政策研究・研修機構『ユースフル労働統計2018』）[1]。

　ショウタが暮らす東京都内の私立大学の平均的な学費は4年間で315万円（入学金は27万円，授業料は年間72万円），大学に進学すると，315万円の学費がかかるが，生涯賃金は6000万円増える。計算をするまでもなく，ショウタが平均的な高校生であれば，大学に進学することを検討するだろう。図7-1は，収入と費用（負の収入）のフローが高卒，大学進学の間でどのように異なるかを示している。

　ここで，水平の太線は大学進学の費用，細線は大卒の収入，破線は高卒の収入を表している。大卒者として労働市場に出る道を選ぶと，高卒後の最初の4年間は大学進学の費用が発生するため，収入はマイナスになる。そのため，高卒の道を選んだもう1人の自分と比べて収入が落ちる。しかし，大学卒業後には，大卒者の収入はプラスに転じ，やがて高卒者の収入を上回る。

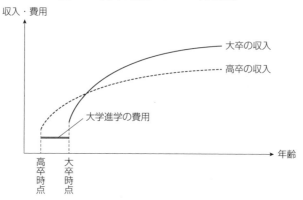

図7-1 収入と費用のフロー（学歴別）

🔲 人的資本モデル

　このような考え方を**人的資本モデル**と呼ぶ。人的資本とは，知識，能力，技能など，労働者による労働サービスの（企業にとっての）価値を生む総体のことを指す。一般に，先に費用を負担し，後で不確実な収益を得る取引を**投資**と呼ぶ。大学進学では，費用（受験勉強や学費）を先に負担し，卒業後に不確実な収益（生涯賃金）を得る。その他の条件を一定とすれば，大卒の期待収益から大学進学の費用を差し引いた純収益が高卒のそれを上回る人は大学に進学する。

　高卒者の半数近くは大学に進学しない。大学に進学しない人がいるのはなぜであろうか。この問いに答えるに際し，まず，誰でも学費を工面できる状況を考える。

　第1に，大学に進学するには，受験勉強が必要であり，卒業するのにも勉強が必要である。勉強は忍耐や努力といった心理的費用を要求するからである。このことは，学習能力の高い人ほど，大学進学をする傾向があることを示唆している。

　第2に，人は現在を将来よりも重視する傾向があるからである。受験勉強に要求される忍耐や努力は，現在の問題であるのに対し，30年後，40年後の賃金は遠い将来の問題であり，軽視される傾向がある。経済学では，このことを将来の金額を「割り引く」とか，「**現在価値**に換算する」と表現する。前述の生涯賃金の計算は将来の所得の金額を現在の（大学に進学するために失う）所得や学費の金額と同等に扱ってしまっている。このことは，未来志向の人ほど，大学進学をする傾向があることを示唆している。詳しくは，第6章 unit 11 の

コラム「割引率，現在価値」(133頁) を参照してほしい。

　第3に，平均的な生涯賃金よりも低い生涯賃金しか期待できない人がいるからである。前述の生涯賃金の計算は，平均的な労働者が平均的な引退年齢まで企業で働き続けること，平均的な賃金と退職金を支払われることを仮定している。しかし，なかにはパートやアルバイトに就く者がいるし，無職になる者もいる。計算に使った「賃金構造基本統計調査」の賃金は，新卒を採用した10人以上の常用労働者を雇用する民営事業所であり，より小規模の企業の賃金は含まれないからやや高めの賃金が想定されている。また，雇用機会により期待できる生涯賃金が異なる。このことは，日本では雇用で差別されがちな女性よりも男性の方が大学進学する傾向があることを示唆している。

　ただし重要な点として，アメリカやヨーロッパなど，ほとんどの OECD 加盟国では，1990 年代前半に男女の進学率が逆転し，女性の大学進学率が男性を上回るようになっていること，むしろ日本が例外であることも指摘できる。これは女性の生涯の労働力率が上昇するなかで，出産などの就業上のハードルを越えるために女性はむしろ若い時代に学費を負担し人的資本投資をすることで，自分の意欲を示し，良い仕事機会を得ることが，合理的な行動になっているためと考えられる。もっとも，人がフルタイムで働かなかったり，離職したりする理由はさまざまである。働き始めることに戸惑う人もいれば，親からの経済的支援を期待できる人もいる。ワーク・ライフ・バランスのために柔軟な働き方をしたい人もいる。このことは，大学を卒業した後，多くの年数を働く期間がある人ほど（平均的に見れば，中高年よりも若年など，古い世代よりは若い世代ほど），大学に進学する傾向があることを示唆している。

　ここまでは，誰でも学費を工面できると想定したが，現実には 315 万円の学費を工面できない人もいる。経済学では，これを**借り入れ制約**と呼ぶ。これが第4の理由である。315 万円といえば，エントリークラスの高級車の新車価格である。新車を買いたいが現金払いができない人に対し，銀行は不足分を貸し付けるかもしれない。銀行は，車を担保とする契約（月々の支払いが滞った際には，車を取り上げ，売却する）を借り手との間で結んでおくことにより，貸し倒れに伴う損失をある程度，カバーできるからである。しかし，大学に進学したいが現金払いができない人に対し，銀行は不足分を貸し付けることをためらう可能性が高い。大学進学により身につく知識，能力，技能は，人から切り離し，売却できないからである。このことは，裕福な家庭の人ほど，大学進学をする

コラム

日本学生支援機構と大学生の奨学金の借入・返済

　独立行政法人である日本学生支援機構では，成績が一定水準以上である者について，第1種奨学金（無利子，親の収入制限あり），第2種奨学金（有利子）を貸し付けている。かつては親が子どもの教育費を負担することが多かったが，学生自身が奨学金を借りることが増えており，2014年では38%の大学生が第1種奨学金で平均250万円，第2種奨学金では平均350万円の借入金をもって卒業している。借入金返済は原則大学卒業と同時に始まり，定額で15〜20年ほどかかるのが基本パターンである。若年者で不安定雇用に就く者が増えたことに伴い，経済的困難にある場合，1年ごとに最大10年まで返済猶予ができるという制度が2014年から導入された。また，大学教育は平均的には投資としてペイするものであるとしても，大学卒業後に良い仕事に就けない人もおり，収入不足となるリスクがある。また，途中で仕事を失うリスクもある。このなかで，2019年5月に住民税非課税世帯およびそれに準じる世帯，すなわち低所得世帯については，返済しないでよい給付型奨学金の支給が拡充されることになった。

　しかし，住民税を支払える世帯にとっても，大学の学費の返済は容易ではない。大学教育の投資後にすぐに十分な賃金を得られないというリスクに対して社会としてどのように備えるかは1つの課題である。オーストラリアで始まった所得連動型奨学金（出世払いの奨学金ともいわれ，収入が一定以上に達した場合，収入の一定割合だけ返済する仕組み）は1つの方法であり，イギリス，ニュージーランドなど採用する国は増えている。日本も第1種奨学金に対しては類似の制度が導入されたとはいえ，対象が限定されている。さらに，毎月の実際の収入からの天引きではなく，1年前の収入に連動する形となっていることも返済上の課題といえるだろう。ただし，私立大学が多く，定員割れ大学も増えている日本でのこうした制度の適用については工夫を要する。大学教育の投資効果が重要なのだが，単純な学生集めのための方策として利用されてしまう可能性もあるからである。

傾向があることを示唆している。学生への貸し付け（コラム参照）が行われれば，借り入れ制約を緩和することができる。しかし，学生は将来，収入不足となるリスクを負うことになる。

シグナリング・モデル

大学進学の意思決定については，人的資本投資とは異なる，シグナリングという考え方もある。**シグナリング・モデル**では，人は生まれつき能力に差があるが，企業には誰が高い能力の持ち主であるかを容易には判断できないという，

（個人の能力に関する）情報が（個人と企業との間で）非対称である状況を考えている。仮に，大学が人々の知識，能力，技能を高めない場合でも，企業が大卒者を生まれつきの能力が高い人であると判断し，高い賃金を支払うのであれば，生まれつきの能力が高い人は大学に進学するインセンティブを与えられる。企業が大卒者を生まれつき高い能力の人であると判断できるためには，生まれつき能力の高い人が大学進学し，卒業する一方で，生まれつき能力の低い人は大学進学しないという傾向が見られなければならない。難しい入学試験や厳しい卒業認定は，このような選別を可能とするであろう。

シグナリング・モデルが人的資本モデルと大きく異なるのは，経済社会における大学の役割である。人的資本モデルによれば，大卒者が高卒者より高い賃金を得るのは，人が大学進学により身につけた人的資本を企業が評価するからである。シグナリング・モデルによれば，大学を卒業した人は生まれつき高い能力の持ち主であると企業が評価するからである。人的資本モデルによれば，大学は選別機能のほかに人的資本を養う機能があるが，シグナリング・モデルによれば，大学にはそのような機能はなく，選別機能のみがあることになる。

どちらのモデルが現実を表しているかをデータから識別するのは難しい。どちらのモデルも能力の高い人が大学進学する傾向があることを示唆し，大卒者が高卒者よりも平均賃金が高くなることを示唆している。ただし，偶然に教育年数が長くなった場合に賃金が上がるということを示す実験的な研究結果も出ているので，大学教育には人的資本投資という側面が含まれているとはいえるだろう。

🗗 モデルの応用：教育における男女の差異

人的資本モデルは，教育における男女の差異を理解するのに役立つ。男女雇用機会の均等化は，大学進学により女性が期待できる生涯賃金を高め，女性の大学進学率を高めるであろう。また，女性の大学での専攻をキャリアにより関連した専攻へと変容させるであろう。

⑴ 大学進学率

図7-2のとおり，戦後一貫して高等教育進学率は高まっている。この図が始まる1954年当時は，高等学校進学者も男女のほぼ半数であり，高校は，若者の半数だけに開かれたより高等な教育であった。1960年代の高度成長期と家計所得の高まりと，ホワイトカラー（事務職）の職業の拡大のなかで，学校の

図7-2　高等教育進学率

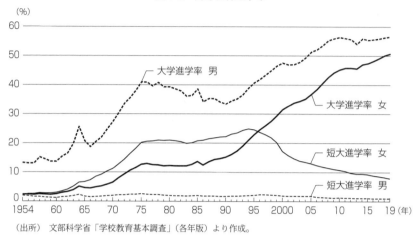

（出所）　文部科学省「学校教育基本調査」（各年版）より作成。

進学率はぐんぐん高まり，1975年には男女の9割以上が高校に入学するように
なった。この間，男性の4年制大学進学率も，図7-2のとおり1割台から4
割にまで急速に上昇した。

　一方，図7-2のとおり，1970年代に女性について，男性と並行して上昇し
たのは，4年制大学進学ではなく，短大進学であった。女性の4年制大学進学
率は，男女雇用機会均等法が施行された1986年には12.5%（男性34.2%）と
男性の3分の1にすぎなかった。女性の4年制大学進学率が2割を初めて超え
たのが1994年（男性38.9%）であり，この年は女性の短大進学率も25.9%の
ピークをつけている。しかし，その後は，女性の4年制大学志向が鮮明となっ
ていき，短大進学率は図のように2009年には11.1%に下がり，4年制大学へ
の進学率が，男性55.9%，女性44.2%に上昇し，さらに，2019年には男性は
ほぼ横ばいの56.6%であるが，女性は50.7%にまで上昇している。

　欧米諸国では，かつては男性の大学進学率が女性を上回っていたが，近年は
逆に女性の大学進学率が男性を上回るようになった。しかし，日本においては
教育の男女格差が依然としてあるものの，これが縮小していることは，日本の
男女の未来像の変化に対応し，大学進学行動が変化していると見るとよく理解
できる。1980年において，短大卒者，4年制大学卒者の就職率（卒業者に占め
る就職者の割合，上級学校進学も分母に入る）は，短大76.4%（男性71.8%），4年
制大学65.7%（男性78.5%）であり，就職率から見れば，男性は4年制大学卒

の方がやや高く，女性は明らかに短大卒の方が有利であった。当時の企業の多くは新卒者採用を男女で分けて実施しており，女性については補助的業務であり，未婚期のみ働くことを暗黙に前提としたような募集が多かった。実際，女性の結婚退職・出産退職を奨励するような退職金の割増制度を持つ企業も当時は少なくなく，事実，1985 年当時の大企業大卒層の勤続年数は「賃金構造基本統計調査」によれば，男性 12.2 年に対して女性 4.4 年であった。

(2) ライフパターンの変化，男女雇用機会均等法，育児・介護休業法等の影響

ところが，前項で，OECD 諸国において，日本は例外的に女性の 4 年制大学進学率が男性を下回っていることを指摘したが，日本でも 1990 年代後半以降，女性の 4 年制大学志向という点で大きく意欲が高まっている。これは日本でも新卒者採用状況や職業の見通しの男女格差が縮小し，その一方で，専業主婦という未来像の現実性が縮小したことが大きいのではないかと見られる。2000 年の就職率を見ると，女性の就職率は短大 66.8%，4 年制大学 64.1% と，両者の就職率の格差が縮小した。この間，1997 年（1999 年施行），2006 年（2007 年施行），2016 年（2017 年施行）等の男女雇用機会均等法の改正による強化，92 年に施行され，その後強化が繰り返されている育児・介護休業法の改正と実施がなされた。勤続年数の男女差は依然見られるものの，晩婚化も顕著であり，将来にわたって，長い仕事人生を見通すようになった結果，女性の人的資本投資行動が，男性と類似してきたという側面があると見られる。

(3) 専攻別の男女差

さらにシグナリングとしてとらえることもできる。女性は，4 年制大学に進学し，4 年間の学校教育投資をすることで，自分が仕事を継続する意志を持つことを企業に対して示すことができるからである。実際，人的資本投資の中身も変化している。1980 年当時，女性に人気のある学部は，文学部や家政学部など，将来主婦として家庭内で過ごす人生を想定した選択が多く，法学部，経済学部などの社会科学系や，理学部，工学部の選択は男性と比べると低いものであった。しかし，これが徐々に変化している。

とはいえ，依然として進学する学部には大きい男女差もある。2019 年の文部科学省「学校基本調査」によれば，4 年制大学の学部ごとに見た女性学生比率は，たとえば，文学部は 65%（2008 年は 66%）と女性が多く，一方で法・政治学部 33%（同 29%），商・経済学部 30%（同 22%），さらに，理学部 28%（同 25%），工学部 15%（同 11%）と，この 10 年で多少男女差が縮小したとはいえ

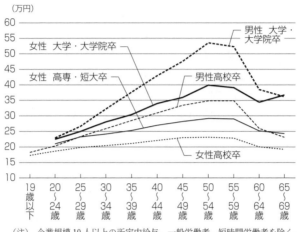

図 7-3　男女別・学歴別・年齢階級別の平均所定内給与

（注）　企業規模 10 人以上の所定内給与。一般労働者。短時間労働者を除く。
（出所）　厚生労働省「賃金構造基本統計調査」（2019 年）より作成。

依然として男女差は大きい。STEM（Science, Technology, Engineering and Mathematics：科学・技術・工学・数学）分野は，大きく発展している分野だけに，女性の参入が大いに期待されており，女性の進学を促すための施策をとっている国も多い。しかし，日本においては工学部に進学する女性は男性と比べて極端に少なく，親や学校による進路指導におけるジェンダー・バイアスが疑われる。男性だけでなく女性が技術開発に関わることでイノベーションが促進されるという研究成果もあることから，日本においても女性の STEM 分野への進出を期待したい。

⑷　男女別の学歴の効果

図 7-3 は，一般労働者（短時間労働者を除く）に限定し，男女別，学歴別，年齢階級別に見た平均所定内給与（月給）である。まず，20〜24 歳時の平均所定内給与の水準を見ると，大卒男性と大卒女性の差はほとんどなく，高卒男女よりもやや高い。その後，年齢とともに大卒男性の平均所定内給与は大きく伸び，50〜54 歳でピークをつける。大卒女性の平均所定内給与は高卒男性よりもやや高い水準に伸びるとはいえ，大卒男性との差は大きい。もっとも，女性の中で大卒，短大・専門卒，高卒を比べると大きい所定内給与格差がある。高卒女性の平均所定内給与は年齢が上がっても所定内給与水準はあまり上昇しない。

もちろん，学歴間の所定内給与格差は，単純な学歴による賃金格差を示した

図7-4　学歴と賃金の関係（日本の後期中等教育，数学レベル2の男性＝100）

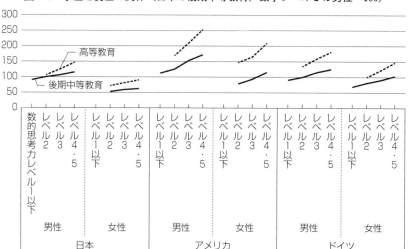

（注）　1年を通じてフルタイムで働いている男女（25～64歳）のドル換算の月収平均。PIAAC調査は，
　　　「数的思考力」「読解力」「ITを活用した問題解決能力」など3分野の習熟度を測っている。この図は，
　　　そのなかで数的思考力を取り上げた。

（出所）　OECD Statistics, Educational Attainment and Labour Market Outcome by Skills, PIAAC
　　　2012年より作成。

ものではない。しかし，学歴によって，仕事経験を通じた賃金の伸びが異なる
ことを示している。なぜ仕事経験が増えると賃金が上がるのか，また学歴差が
あるのか，それは unit 8 の課題となる。

　学歴達成や仕事経験によって賃金が異なるという特徴は，さまざまな国で見
られる。

　OECD 24 カ国で行われた PIAAC（「国際成人力調査」）の結果から，学歴と
月収を取り上げる。どの国でも学歴による月収格差があるとともに，この調査
が測る「数的思考力」「読解力」「ITを活用した問題解決能力」も，月収格差
をもたらしている。図7-4は，学歴，数的思考力と，月収との関係を日本，ア
メリカ，ドイツについて図示したものである。日本の後期中等教育（高卒・専
門学校・短大卒）で数的思考力がレベル2の場合の月収平均（ドル換算）を100
として，学歴や数的思考力の習熟度による月収平均の変化を見たものとなって
いる。実は日本は国語力，数的思考力ともに OECD の中でも平均より高く，
分散も小さい。一方で，日本は習熟度の高い者と低い者とで賃金格差が少ない
特徴がある。

コラム

所得格差の世代間連鎖

裕福な家庭の子は裕福になりやすく，貧しい家庭の子は貧しくなりやすいとよくいわれる。実際に，アメリカでは，親世帯と子世帯を長期にわたって追跡したパネルデータ調査からそのような事実が明らかになっている。日本の実態については，データ制約のために，正確にはわかっていない。シングルマザーや生活保護を受けている家庭において貧困の連鎖を示唆するいくつかの証拠が見出されている。

このような所得格差の世代間連鎖は，なぜ生じるのであろうか。教育や健康などの人的資本への投資には借り入れ制約が伴うので，親の所得が不十分であれば，子どもの人的資本への投資は少なくなる。人的資本投資が少なければ，将来，高い賃金を獲得するのは困難になる。とくに，幼児期の人的資本投資は，その後の教育達成，成長後のキャリアや家庭生活の成功につながることをアメリカなどの労働経済学者らによる一連の研究から明らかになっている。さらに，家に図書が多いかどうかや，生活習慣なども世代間連鎖を引き起こすと考えられている。

日本を含め，各国には，このような所得格差の世代間連鎖を防ぐために，さまざまな政策や制度を設けている。第1に，教育の無償化は，世代間連鎖を抑止するうえで有効な政策であろう。日本では，高校，大学と上級の学校に行くに従い，私学で供給される比率が上がり，授業料負担も大きくなる。しかし，低所得者の一部を除き，大学教育の無償化は行われてこなかった。また，私立高校についても一定の負担があった。その一方で，国立大学の入学金・授業料は相対的に低く抑えられている。しかし，この政策が，受験競争を激化させることによって，塾・予備校などの学校外教育への多額の支出を負担できる，裕福な家庭の子ほど優良大学へ進学しやすい状況を生んでいる可能性がある。また，日本を含む各国では，国の間で程度の差はあるものの，低所得層の学生を対象とする授業料減免や給付型奨学金の制度もある。しかし，幼児期から大学に至るまでの間の学校外教育への支援は限られている。

もっとも，大学教育に関していえば，大学教育による収入上昇のメリットは個人が受け取るものであるため，その費用を高卒者を含む国民全体が納める税金でまかなうのは不公平であるとする議論も根強い。オーストラリア，イギリスなどで実施されている所得連動型奨学金（大学卒業後の自身の収入から所得に連動する形で返済する）という仕組みを支持する議論はこうしたところから出ている（92頁のコラム参照）。

第2に，累進的な相続税も所得格差の世代間連鎖を防ぐのに役立つ。累進的な相続税がなければ，裕福な家庭の子が成長し，自分の子を持ったときに，死亡した自分の親の多額の遺産を用いて，その資産で裕福に暮らせてしまう。

第3に，乳幼児医療や小中学校における給食の無償化は，乳幼児期の健康を維持

する重要な政策である。日本では給食の完全実施と無償化は，自治体によって異なる。2017年度に文部科学省によって初めて行われた「学校給食費の無償化等の実施状況」調査によると，学校給食の無償化を行っている自治体は，全体の4.7%にすぎず，小学校については，給食が無償化されている児童数は全体の0.6%，中学校については全体の0.7%にすぎない。

　図7-4より，アメリカ，ドイツ，日本の順に，学歴が賃金を上げる度合いが高いことがわかる。図7-3は年齢と賃金の関係を見ているが，図7-4は25〜64歳における平均賃金である。国立教育政策研究所は，大卒でありながら，高卒程度の学歴でこなせる仕事に就く者の割合が日本で高いことも指摘している。三谷直紀は，日本では大卒が若年期に下積みの仕事をする傾向があることや，仕事への応募に学歴要件が明確なポストが少ないことなどがあるとしている[2]。

　さらに，図7-4からは，日本においては，高等教育を受けた女性の月収が，高卒・専門学校・短大卒の男性の月収よりも低いことがわかり，女性の人的資本の活用度の低さが際立つ。日本においては，学歴以上に，女性であることが低月収につながる度合いが他の国々より高い。今後現役人口が大幅に縮小することが見込まれているなかで，女性の人的資本の活用は日本社会の課題といえよう。

● 注

1)　この金額は，暗黙に現在の横断面で見た（年齢の異なる労働者を比較した）年齢階級別の賃金が続くことを仮定している。現実には，たとえば，現在20歳代の大卒者と高卒者は，現在40歳代の大卒と高卒の賃金格差よりも大きい，あるいは小さい賃金を得る可能性がある。だからあくまでも一定の仮定に基づく数値である。

2)　三谷直紀（2020）「日本のOJTとPIAAC調査」『日本労働研究雑誌』第62巻第2・3号，143-147頁。

要　約

　人は，自らの人的資本に投資することにより生産性を高め，賃金を高めることができる。教育は人的資本投資の1つである。高卒者と比べたときの大卒者の高い賃金は，人的資本モデルだけでなく，シグナリング・モデルでも説明できる。

確認問題

☐ *Check 1* 次の文章の空欄に枠内から適切な用語を選んで入れなさい。ただし，同じ用語を複数回用いてもかまわない。また，すべての用語を使用するとはかぎらない。

人的資本とは，知識，能力，技能など，労働者による労働サービスの（企業にとっての）価値を生む総体のことを指す。一般に，先に（ ① ）を負担し，後で不確実な（ ② ）を得る取引を（ ③ ）と呼ぶ。大学進学では，（ ① ）（受験勉強や学費）を先に負担し，卒業後に不確実な（ ② ）（生涯賃金）を得る。その他の条件を一定とすれば，大卒の期待（ ② ）から大学進学の（ ① ）を差し引いた（ ④ ）が高卒のそれを上回る人は大学に進学する。

> 収益，費用，消費，投資，純収益

☐ *Check 2* 日本学生支援機構の奨学金を受ける大学生が増加している。かつて奨学金の貸付は限定的であったが，2004年以降の改革で有利子の奨学金受給者が増え，14年には約38%に達している。この政策は所得格差の世代間連鎖を防ぐ目的，および若者の雇用不安定化という全般的な傾向を前提とすると，若者にとってどのようなものとして評価できるだろうか。

unit 8

企業内訓練

Keywords
一般的訓練，企業特殊訓練，共同投資，経験年数，勤続年数

▣ 訓練の種類

unit 7 では，教育投資という形の人的資本を扱った。しかし，人への投資は，学校を卒業し，働き始めた後も，仕事の中での訓練や仕事の経験の積み重ねという形で続く。生産性は，教育だけでなく，訓練（training），行っている仕事の中での熟練（learning by doing）によって上昇し，生産性が上昇するとともに賃金は上昇していく。

大学教育は教育費という形で直接に教育の費用を支払ううえ，大学に通うから「訓練」を受けているということは意識されやすい。一方，企業に雇われたからといって，訓練されるための費用を支払う人は多くはない。むしろ給料を得ている。しかし，実は働く経験の中には多くの訓練が含まれている。そして大学教育と同様に，訓練費用も発生しているし，訓練の収益も発生している。

ただし大学教育と異なり，訓練費用を企業が担う場合もある。また，多くの訓練をするかしないかは企業が決定する場合もある。

これを考えるには，企業の勤務経験の中で得たスキルの種類を考える必要がある。働いて得たスキルには，どの企業でも通用するものがある一方で，その企業ではおおいに役立つが，他企業ではあまり役立たないスキルもある。前者を「一般的訓練」，後者を「企業特殊訓練」と呼ぼう。以下はこの 2 つの人的資本投資について考える。現実にはこの 2 つの投資を明確に分けることは難しい。そこでコラムでは企業と個人とが行う人的資本投資について考えている。企業での訓練が大学進学と大きく異なるのは収益の性質である。訓練がもたらす労働者の生産性向上が，訓練を与えた企業だけでなく他企業でも同じように

―――コラム―――

一般的訓練・企業特殊訓練

　大半の訓練は，一般的訓練と企業特殊訓練の両極端の間の性質を持つだろう。ある産業（たとえば銀行業）や，ある職業（たとえば人事労務関係の仕事や営業の仕事）に特殊な訓練は，一般的訓練と企業特殊訓練との間にあると考えることができる。産業内，あるいは同一職業内であれば，そのような訓練による生産性の向上は他企業でも通用する部分は大きい。だから純粋な企業特殊訓練ではないだろう。その一方で，産業外，職業外では通用しないので，純粋な一般的訓練でもない。

　訓練の一部は，一般的内容，一部は企業特殊的内容ということもありうる。たとえば，マーケティングのためのデータ解析の訓練は，汎用性の高い表計算ソフトの使い方に関する講習（一般的訓練），データサイエンティストという職業内で汎用性の高い統計学，プログラム言語，統計分析ソフトの使い方に関する講習（職業特殊訓練），企業が独自に開発した顧客データベースに関する講習（企業特殊訓練）を含むかもしれない。

評価されるか，他の企業では評価されないかの違いが重要である。

🔲 一般的訓練

　訓練がもたらす労働者の生産性向上が，訓練を与えた企業だけでなく他の企業でも同じように評価される訓練が**一般的訓練**である。

　本章の Introduction に見たように，アヤは，大学を卒業した後，4月から大手都市銀行で働き始めた。しかし，給与の手取り額が想像以上に少ないのに驚いている。給与明細書をよく見ると，税金や社会保険料が引かれているほかに資格を取得するための通信教育の費用などの研修費が給料から天引きされている。また，見習い期間中の賃金は低く，見習い期間を過ぎると賃金が上がるのだという。

　この通信教育を通じて資格を得れば，アヤはその資格を他の銀行でも活かすことができ，転職の際にも賃金上に評価されるだろう。また，社会人としての基礎的な常識を身につければ，これも転職の際に賃金上に評価されるだろう。そもそも訓練をすることで得られる便益は，労働の限界収入（単位当たりの収入）の増加分である。unit 5 で見たように，1人の労働者を企業が雇うとき，企業の生産量は労働の限界生産物（1人を加えたことで得られる生産量の増加）だけ増える。企業の収入は，この労働の限界生産物に生産物の価格を乗じたもの，

すなわち労働の限界収入だけ増える。訓練は，訓練を受けた労働者の限界生産物（生産性）を高めることによって，労働の限界収入を増やす。この労働の限界収入の増加分が訓練の便益ということができる。

　理論的には，どこの企業にでも通用するような一般的訓練の便益は労働者が100％受け取ることになる。つまり，企業は生産性の向上を労働者の賃金に100％反映させることになる。これはそうしなければ，労働者を他企業に引き抜かれることになるからである。一般的訓練は汎用性があるので，労働者の生産性は他企業でも同じだけ向上している。アヤの先輩によると，アヤの銀行でも見習い期間を終えるだけでなく，資格をとるとさらに給与が高くなるらしい。資格を取得する過程で行員は生産性を上げるので，給与が上がらなければ，行員は他行に引き抜かれてしまう。

　訓練の費用は，労働の限界収入の減少分と訓練の直接（金銭的）費用の和である。訓練期間中には，訓練に時間を費やすので労働者の労働時間は減る。そこで訓練を受けない場合と比べ，労働の限界生産物は減少し，その結果，労働の限界収入が減少する。図8-1でいえば，この労働者の生産性は，訓練に時間を費やしている AB の距離だけ，労働の限界収入が減少している。AB と訓練期間の長さである薄い網かけの長方形が訓練にかかる総費用となっている。つまり，見習いの間は賃金が低いということになる。これに加えて，訓練に要する財への直接的な金銭的支出があるかもしれない。たとえば，直接に研修費用が発生するかもしれない。これが，訓練の直接（金銭的）費用である。機会費用と直接（金銭的）費用の和が訓練の費用となる。

図8-1　経験年数と賃金の関係：一般的訓練の場合

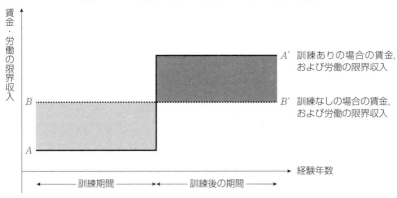

　一般的訓練の費用は労働者が 100% 負担することになる。これは訓練から得られる便益は原則として労働者が 100% 受け取れるのであるから，当然のことであろう。アヤの例で考えると，他行でも同じように評価される，流通性，汎用性のある技能を証明する資格を取得するための研修費について，もしこれを銀行が負担していたら，他行による行員の引き抜きから銀行は損失を被る可能性があるからである。図 8-1 では，濃い網かけの長方形が訓練の実施によって，アヤが受け取る収益となる。

　一般的訓練は，（労働市場における労働者の）経験年数とともに賃金が上がることを示唆する。図 8-1 は，一般的訓練が行われるときに，賃金が経験年数とともにどのように変化するかを示している。訓練期間中の賃金は，図の A の高さで示され，訓練を受けない場合に得られただろう賃金と比べ（訓練費用の分だけ，図の AB の距離だけ）低くなる。訓練期間後の賃金（の手取り額）は，図の A' の高さで示され，訓練を受けない場合と比べ（訓練による生産性向上の分だけ，図の $A'B'$ の距離だけ）高くなる。単純化のため，図には訓練期間と訓練後の 2 期間しかないが，一般的訓練が雇用期間中に頻繁に行われていくとすれば，賃金は（労働市場における労働者の）経験年数とともに連続的に上がるであろう。

　ここで重要なのは，一般的訓練による賃金の上昇は，（どこでも通用するようなスキルのため）労働者が他企業に転職しても起こるという点である。つまり，労働者の訓練後の高い生産性に見合う高い賃金を支払わなければ，アヤは他企業に転職する可能性がある。

　このように，一般的訓練が行われるならば，当人の賃金は**経験年数**とともに成長する。ここで，経験年数とは労働市場で働いた年数を指す。たとえば，1 つの企業で 2 年間働いても，2 つの企業で 1 年ずつ働いても，経験年数は 2 年である。

🔲 企業特殊訓練モデル

　訓練がもたらす労働者の生産性向上が，訓練を与えた企業だけで評価され，他の企業では評価されない訓練を**企業特殊訓練**と呼ぶ。一般的訓練と異なり，企業に特殊な訓練による労働者の生産性の向上は，労働者と企業の雇用関係が続くかぎり両者に便益をもたらす。労働者が企業を辞める，あるいは企業が労働者を解雇するといったように，雇用関係が終わってしまえば，労働者も企業も便益を受けることができない。企業特殊訓練を行う企業は，労働者が離職し

ないような賃金制度を考えるであろう。

　企業特殊訓練の費用と生産性向上から得られる便益は，労働者と企業とで分かち合うことになる。労働者と企業のいずれにも企業特殊訓練の費用を単独で負担するインセンティブはなく，また，企業特殊訓練の費用を分かち合うのであれば，その便益も分かち合う必要があるからである。このように，企業特殊訓練への投資は労働者と企業による**共同投資**の形をとることになる。

　企業特殊訓練の費用と便益を分かち合うことで，両者に雇用関係を維持するインセンティブが生まれる。企業が労働者を解雇しないとすると，労働者が自ら辞めることは，企業特殊訓練の便益のうち，辞めなければ受け取ることのできる分を失うことになるため，労働者にとって不利益である。また，労働者が企業を辞めないとすると，企業が労働者を解雇するのは企業にとっても企業特殊訓練の便益のうち，解雇しなければ受け取ることのできる分を失うため，不利益となる。

　企業特殊訓練は，（同一企業における労働者の）**勤続年数**とともに賃金が上がることを示唆する。図8-2は，企業特殊訓練が行われるときに，労働の限界収入と賃金が勤続年数とともにどのように変化するかを示している。訓練期間中の労働の限界収入は，図のCの高さで示され，訓練を受けない場合と比べ低くなる。訓練後には，労働の限界収入は図のC'の高さまで上がる。訓練期間中の賃金は，図のAの高さで示され，訓練を受けない場合と比べ（訓練費用のうち，労働者が負担する分〔図のABの距離〕だけ）低くなる。訓練期間後の賃金は，図のA'で示され，訓練を受けない場合と比べ（訓練による生産性向上のうち，労

図8-2　勤続年数と賃金の関係：企業特殊訓練の場合

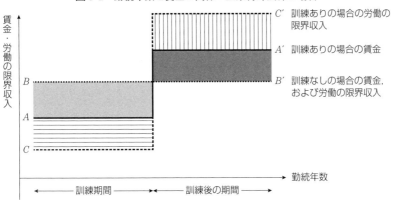

働者が受け取る分〔図の $A'B'$ の距離〕だけ）高くなる。労働者が負担する訓練費用は図の薄い網かけの長方形で示され，労働者が受け取る訓練の便益は図の濃い網かけの長方形で示される。企業が負担する訓練費用は図の横じま部分で示され，企業が受け取る訓練の便益は図の縦じま部分で示される。単純化のため図には訓練中と訓練後の2期間しかないが，企業特殊訓練が雇用期間中に頻繁に行われていくとすれば，賃金は（同一企業における労働者の）勤続年数とともに連続的に上がるであろう。

ここで重要なのは，企業特殊訓練による賃金成長は，労働者が企業で働き続ける間だけ続き，転職したら終わるという点である。労働者が受けた企業特殊訓練は他企業での労働者の生産性を変えない。したがって，労働者が訓練終了後に他企業に転職する場合には，労働者は図の B' の賃金しか期待できないことになる。労働者は企業特殊訓練の費用を負担したものの，便益を回収できないことになる。したがって，他のなんらかの理由がないかぎり，労働者は転職をしない。

このように，企業特殊訓練は賃金を勤続年数とともに成長させる。ここで，勤続年数とは現勤務先の企業で働いた年数を指す。たとえば，1つの企業で2年間働いた場合には，現勤務先の企業での勤続年数は2年となるが，2つの企業で1年ずつ働いた場合には，現勤務先の企業での勤続年数は1年である。

▣ 大卒の賃金が高卒よりも年齢による上昇が大きい理由

ここまで読んでくると，unit 7 の図 7-3 において，大卒層の方が高卒層よりも年齢階級による平均賃金の上昇がより高いことについて，その理由はなぜか，読者は一定程度推察できるようになっているだろう。

おそらく，大卒者に対して，高卒者と比べて，より多くの企業内訓練が企業から提供されるからである。それはより多くの（企業と個人との）人的資本の共同投資が高学歴者に対して行われるからとも考えられる。いったいなぜそうした差が生まれるのか。おそらく，過去の経験から，大卒者の方が，高卒者よりも投資効果があるからであろう。

企業は，生産性が向上した労働者の労働時間数を増やそうとするであろう。賃金の上昇と労働時間数の増加が労働所得を増やすであろう。これが大卒者と高卒者の間の労働所得の格差をさらに拡大すると考えられる。

では，なぜ同じ大卒者でも男女で年齢階級別に見た賃金の伸びに大きい差が

出ているのだろうか。これは図7-3からだけではわからないが，理由の1つとして，同じ年齢層（たとえば40〜44歳）を比べた場合，女性の方が，出産等の理由で，育児休業，育児時短，一時的な離職と再就職など，就業期間が短い者がより多いからなのではないか。離職期間があったり，また育児休業をしたりするなどで休業しているとすれば，企業内訓練の総量は少ないはずである。

　もう1つの可能性は，企業特殊訓練の実施における男女差別である。もし女性の方が，男性よりも離職してしまう可能性が高いと企業側が考えたとすれば，企業が投資費用を負担する企業内訓練については，女性にはより少なくしか実施しないであろう。さらに，男女の昇進格差も大きい賃金格差の理由の1つであろう。この点は第9章でより詳しく検討する。

　このような差別にどう対抗するのか。それには自分自身の経済負担で，一般的な人的資本投資を行うことが考えられる。また，よりマッチする企業を探すということもありうるだろう。

要　　約

　　訓練には一般的訓練と企業特殊訓練があり，前者は賃金が経験年数とともに上がることを，また後者は賃金が勤続年数とともに上がることを示している。一般的訓練では，訓練の便益の100%を労働者が享受することになるため，費用も100%労働者の負担となる。企業特殊訓練では，便益と費用が企業と労働者との間でシェア（分担負担・分配）され，両者に雇用関係を維持するインセンティブが生まれる。

確 認 問 題

☐　*Check 1*　3月に大学を卒業し，4月から大手都市銀行で働き始めたアヤは，給与の手取り額が想像以上に少ないのに正直，驚いている。研修費用が給料から天引きされているのである。会社のために研修を受けているのに，なぜ自分が費用を負担しなければならないのか。その理由を答えなさい。

☐　*Check 2*　勤続年数と賃金の関係を示す図8-2では，企業と労働者が企業特殊訓練の便益と費用を2分の1ずつシェアする状況が描かれている。労働者が便益と費用を3分の1ずつシェアする状況を描きなさい。

第 **5** 章

長期雇用の賃金決定のメカニズム

　タクミは大学3年生になり，就職のことが気になり情報を集めている。部活の先輩から，エントリーシートを書いて，これをインターネットで希望の会社50社には送ったが，落とされ続けたといったエピソードを聞いた。落ちた理由はよくわからない。そこで大学の先輩たちがどういう企業に就職したのか，知りたいと思って大学のキャリアセンターに顔を出すようになった。就職のことを考えてみると，お菓子メーカーの名前は身近だが，家の窓枠を作っている建材メーカーとなると，中堅優良企業であっても名前さえ知らないことに気づいた。

　また，社会人と話したことも少ないと気づき，先輩に連絡を入れてみている。先輩のケンタは地元の金融保険業に就職したが，その後自分で起業したと聞いた。ケイは，育児休業をとって仕事に復帰しているという。人的資本について unit 8 で学んだが，実際のところ，人々はどういう仕事からどのように賃金を得ているのだろう。

勤続年数と賃金

Keywords
後払い賃金の理論，怠けのモデル，年功序列賃金

勤続年数と賃金の関係：企業特殊訓練モデルによる説明

日本において，勤続年数ととも賃金が上昇する傾向が顕著である。図 9-1 は，
（男女，企業規模，年齢などを考慮せずに），高卒と大卒労働者の勤続年数別の時給
換算給与を見たものである。同じ勤続年数であっても高卒の方が大卒よりも賃
金上昇の度合いが少ない。また，パート等の多い短時間労働者と一般労働者を
比べると，賃金上昇はパート等の短時間労働者で低いことがわかる。

unit 8 で見たように，企業特殊訓練モデルを用いると，勤続年数と賃金の間

図 9-1　勤続年数別に見た時間換算給与

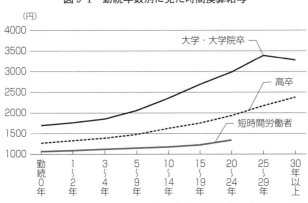

（注）　一般労働者および短時間労働者（男女計，企業規模計，年齢計），短時
　　　間労働者は 1 時間当たりの所定内給与，一般労働者は 1 カ月当たりの所定
　　　内給与を 1 カ月 160 時間と想定して時給換算したもの。
（出所）　厚生労働省「賃金構造基本統計調査」（2019 年）より作成。

の関係を体系的に説明することができる。まず，賃金が勤続年数とともに上昇するのは，勤続年数の低い時期に行われた企業特殊訓練が，勤続年数の高い時期に労働者の限界生産物と賃金を上昇させるからであると考えることができる。また，企業特殊訓練モデルから解釈すれば，このような実態は，同じ勤続であっても高卒の方が企業内訓練が少ないこと，また同じ勤続であっても，パート等の短時間労働者に対して企業があまり訓練を施さないことが示唆される。

unit 1 の図 1-3 を振り返ると，賃金は年齢とともにも上昇することがわかる。これは，仕事を通じて得る一般的訓練や企業特殊訓練が経験とともに上昇し，労働者の生産性を上昇させ，賃金を上昇させるからであると考えることができる。しかし，図 1-3 にも学歴格差や男女格差が見られる。勤続の場合と異なり，年齢とともに賃金が上昇する度合いが男性よりも女性で低いのは，平均的には中途で離職し無職期間がある者が少なくないため，一般的訓練や企業特殊訓練がこの間積まれず，むしろ古びてしまう可能性も考えられる。しかし，また unit 8 の最後で述べたように，離職するかもしれないという予想のもと，もし離職しないとしても，企業特殊訓練投資が女性により少なく行われている可能性も示唆される。

unit 8 の図 8-2 に示したモデルでは，企業特殊訓練が，勤続年数の短い時期に行われ，訓練の結果，勤続年数の長い時期の労働者の限界生産物と賃金を上昇させる形になっている。しかし，総務省統計局「就業構造基本調査」によれば，正社員が企業訓練を受けた割合は，20 歳代でも 40 歳代でもほとんど変わらない。つまり，企業内訓練は持続的に行われていると見られる。とすれば，賃金は勤続年数とともに増える形になるだろう。

だが，年齢，勤続年数と賃金の間の関係を説明できるのは企業特殊訓練モデルだけではない。この unit では，労働者の働くことへのインセンティブを上げるために賃金に傾斜をつけるという後払い賃金の理論を紹介する。

なお，第 6 章の unit 11 で説明するジョブ・サーチ（職探し）の理論も，賃金が勤続年数とともに上昇するように見えることを説明できる。仕事をしながらより高い賃金を求めてジョブ・サーチをする世界を考えよう。この場合，現在の会社で高い賃金を得ているとすれば，このような賃金を上回る他企業からの賃金オファーはそう簡単にはない。そこで高い賃金の者の転職は低くなり，その結果としてそうした者の勤続年数は長くなる。つまり，勤続年数が長いから賃金が高くなるのではなく，賃金が高いから勤続年数が長くなる。この結果，

多くの労働者の異なる賃金と勤続年数を比較したとき，賃金と勤続年数との間に正の相関関係が見られることを説明する。

▣ 後払い賃金の理論

ここでは，まずは訓練も転職のためのジョブ・サーチもないと仮定しよう。つまり，まずは訓練やジョブ・サーチによる賃金の上昇は考えない。それにもかかわらず，年齢や勤続年数が上がると賃金が上がることを別の側面から説明するのが**後払い賃金の理論**である。

以下では，3つの後払い賃金の理論を紹介する。1つは，労働者がサボるのを抑止するために企業が後払い賃金制度を導入するケースである。もう1つは，労働者の離転職を抑止するために企業が後払い賃金を導入するケースである。最後に，unit 8 で学んだ，企業特殊訓練を労働者に与えるケースも後払い賃金として見ることができることを説明する。

⑴ 怠けの抑制

企業にとって重要な課題の1つは，いかにして労働者が怠けることなく真面目に働くインセンティブを与えることができるかである。1つの方法は，労働者の働きぶりを**監視（モニタリング）**する要員を置くというものである。しかし，監視者を雇うには，それなりの費用がかかってしまう。

従業員が自ら怠けずに働くよう高いインセンティブを与えることができればよい。企業は，賃金を勤続年数とともに上昇させることにより，監視費用を支払わなくとも，労働者に対し真面目に働くインセンティブを与えることができるという説明である。それは次のような賃金の支払方法である。雇用契約期間のうち，前半の期間には，企業は労働者には自己の労働の限界生産物の価値を下回る賃金しか支払わない。つまり，労働者の生産性は得られる賃金より高いので，その差額分を労働者は毎年企業に貸し出しすることになる。その後，雇用契約期間の後半，勤続年数が長い時期になると，労働者は自己の労働の限界生産物の価値を上回る賃金を受け取る。つまり，雇用期間の後半においては，労働者が企業に行った貸し出しの返済を受けていくという仕組みである。労働者は怠けが見つかった場合には，貸し出したお金の返済を受ける前に解雇されるリスクがある。このような賃金支払方法は，労働者を監視することなしに労働者に真面目に働くインセンティブを与える。この結果，企業が監視費用を節約できるだけでなく，労働者も監視費用が余分にかからないことで，監視費用

がかかる場合よりも高い賃金を得ることができる。後払い賃金制度によって企業と労働者ともにより高い生産性を実現できるとするこの理論は，**怠けのモデル**（shirking model）と呼ばれる（unit 19 では図を用いた説明を行う）。この理論が成り立つには，企業が嘘をついて貯金を搾取しないことが重要である。企業の評判が採用に重要であることが嘘を抑制すると考えられている。

(2) 労働者の離職・転職の回避

企業にとってもう1つの重要な課題は，いかにして労働者の離職・転職を抑えることができるかという点である。労働者が頻繁に離職・転職すれば，企業は新しい労働者の採用費用や訓練費用を負担しなければならない。できるかぎり，仕事に飽きやすい労働者や忍耐力のない労働者には来てほしくないということになる。

企業は，賃金を勤続年数とともに上昇させることにより，離職・転職のしやすい労働者に対してこの企業の職に応募しないインセンティブを与えることができる。労働者は離職・転職せずに，長期間働かないと貸し出したお金の返済を受け損なうことになる。これが離職・転職のしやすい労働者に対してこの企業の職に応募しないインセンティブを与えるのである。

(3) 企業特殊訓練

企業特殊訓練を行う企業は，労働者とともに人的資本の共同投資を行うことを unit 8 で学んだ。これは，企業が人的資本投資をした労働者の離職が起きれば，投資費用が無駄になるからである。このため，離職を抑制するように，勤続年数が短い時期には，労働者に対して他企業で得られる賃金よりも低い賃金を支払い，勤続年数が長い時期には，労働者が他企業で得られる賃金よりも高い賃金を支払う。これも後払い賃金制度の一種である。企業特殊訓練の場合には，企業は，労働者の離職を防ぐことによって，企業特殊訓練投資の成果の一部を確保できる。

3つのケースの間で問題の性質は異なるが，いずれの場合も後払い賃金制度が労働者の離職を抑制することに注意したい。

🔲 後払い賃金の理論の応用：年功序列賃金

後払い賃金の理論が，賃金が勤続年数とともに上昇すること，いわゆる**年功序列賃金**を説明するのは明らかである。勤続年数が増えれば年齢も上がるので，

賃金は年齢とともに上昇するようにも見える。さらに，年齢とともに生計費が上昇する傾向があるので，あたかも企業が労働者の生計費を保障するために賃金を上昇させるようにも見える。

　後払い賃金の背後にある，企業が直面する問題，すなわち，労働者の怠けを抑制すること，労働者の離職や採用の費用を抑制すること，企業特殊訓練投資の成果を確保することがきわめて重要である場合に，できるかぎり長期間にわたって賃金を勤続年数とともに上昇させることが経済合理的になる。

　長期雇用や年功賃金は，日本だけに見られるものではない。企業内訓練，インセンティブ付与，離職抑制の重要性について考えてみれば，このような問題は日本に限られたことではない。だから，海外でも見られるのは当然のことだといえるだろう。

　しかし，日本は欧米に比べて勤続年数による賃金上昇が大きいこと，また大企業では管理職の多くが1社しか経験していない場合が少なくないこと，これに対して欧米企業では複数社経験することが多いといった差があることが知られている。つまり，これまでの日本の雇用慣行には独特の側面があったのも事実である。これは欧米企業では，採用される際の職種が明確であり，企業間の転職を通じて，同じ職種内のより高度な仕事をすることで，職種特殊人的資本投資ができるという労働市場の特性があるからともいえよう。また，日本国内でも企業規模，業種，職種，学歴，性別などの間でばらつきが見られる。

🔲 退職金と企業年金

　企業を退職する者に対して企業が支払う退職金や企業年金は，後払い賃金であると考えられる。退職金は，企業が退職者に対して退職時に一括で支払うものを指し，**企業年金**は，退職金の一部または全部を年金として一定期間，退職後に支払いを続けるものを指す。企業は，掛け金を資金運用するために設けられた基金などで，退職金の原資を積み立て，これを金融市場で運用し，労働者が退職したあとの一定期間，企業年金を給付する。退職後に受け取る年金給付額を一定の計算式などで事前に約束する年金を**確定給付年金**，掛け金を決め，給付は，その運用実績に応じて行う年金を**確定拠出年金**と呼ぶ（コラム参照）。

　企業が退職者に対して退職金や企業年金を支払うのは一見まったく無駄に見える行為である。しかし，退職金や企業年金の支払いは，勤続年数が短いときに勤務し続けるインセンティブを与えるのが目的といえよう。経済学で考えれ

> **コラム**

企業年金とは

年金には公的年金と私的年金とがある。公的年金は，国で加入を定められている
ものであり，国民年金あるいは厚生年金などがこれに当たる。一方，私的年金は，
追加的な年金部分である。企業の制度である企業年金や，個人的に保険会社を通じ
て加入する個人年金などがある。ここでは，退職金や，退職金ではなく企業年金と
いう形で退職後の一定期間給付を得る企業年金が，後払い賃金の一種であることを
述べた。

これまでは企業年金は，給付額が確定している確定給付年金が多かったが，最近
は市場の運用利回りで給付額が変動する確定拠出型の企業年金が増えている。もっ
とも，すべての企業が社員に企業年金制度を提供しているわけではない。

図　年金制度の体系図

(注)　iDeCo とは個人型確定拠出年金のことで，加入者が毎月一定の金額を積み立て，あらか
じめ用意された定期預金・保険・投資信託といった金融商品で自ら運用し，60歳以降に年
金または一時金で受け取ることができる。
(出所)　厚生労働省ウェブサイト。

ば，退職者の生活支援を目的とするものではない。日本の退職金は欧米に比べ
るとかなり高い水準である。その代わりに企業年金の受給を見ると，その給付
割合は高くはない。日本では企業年金が発達する代わりに退職金が発達してき
たともいえる。退職金を企業年金の形で受け取れる仕組みを持つ企業も少なく
ないが，長期勤続に対して税の所得控除が大きいため，退職金として受け取る
者も少なくないのが現状である。

🔲 後払い賃金の理論の有効性

最後に，これまでの右上がりの賃金を説明する後払い賃金の理論が，学校卒業時の 20 歳代から 50〜60 歳代までの長期雇用契約における右上がり賃金を説明する理論として今日どれだけの妥当性を持つかについては若干の疑問もある。国際競争の激化，ICT（情報通信技術），AI（人工知能）などの技術革新による古い産業・職業の消失と新しい産業・職業の誕生は，企業の存続年数を不確かなものとしているからである。

誰が転職しやすいか，誰が怠けているかといった，労働者本人にはわかっているが，企業にはわからないという，情報の非対称性の問題が後払い賃金を設定する根拠となっている点についても議論の余地がある。第 6 章で見るように，アメリカの離職・転職率は日本のそれらと比べて大幅に高い。アメリカでは後払い賃金による離職の抑制が機能していないように見える。

要　約

　　企業特殊訓練を与えた労働者の離職や労働者の怠けを抑制する，あるいは離職しやすい労働者の就職を回避するために，企業は後払い賃金制度を導入することがある。これらの理論モデルは，労働者の賃金が勤続年数とともに上昇すること，労働者の離職率が勤続年数とともに低下することを説明できる。

確認問題

□ *Check 1*　次の文章の空欄に枠内から適切な用語を選んで入れなさい。すべての用語を使用するとはかぎらない。

　　後払い賃金の理論に共通するのは，勤続年数が短いときに賃金を抑え，つまり実質的に労働者からお金を（　①　），（　②　）しなかった労働者にのみ，勤続年数が長いときに賃金を高める，つまり実質的に労働者にお金を（　③　）仕組みである。

　　企業特殊訓練モデルで企業が後払い賃金を設定し，（　②　）を抑制するのは，投資された労働者が（　②　）すると，企業が訓練の便益を回収できなくなるからである。

　　怠けのモデルで企業が後払い賃金を設定するのは，勤続年数が短いときの（　④　）を抑制するためである。

> 怠け，預かり，離職，訓練，返す

unit 10

日本の長期雇用と賃金構造

> Keywords
> 新卒一括採用，日本的雇用慣行，内部労働市場，雇用慣行，外部労働市場，
> 職能資格給，役割給，働き方改革

🔲 日本的雇用慣行

(1) 新卒一括採用

　大学在学中に就職活動をし，卒業後の4月からいっせいに雇われるという新卒一括採用は，日本の採用に特徴的な仕組みである。日本では正社員の仕事への入口が最も広いのが新卒時だといわれている。だから，新規の学校卒業者は，在学中に活発に就職活動をして内定を取り付け，卒業と同時に入社しようとする。多くの企業は4月に入社式を行い，新入社員は「同期」として新人研修を受ける。人事制度としても，入社後数年は，同期の間では大きい賃金等の差をつけずに昇格させる。そして，さまざまな職場を経験させながら，やがては同期の間で昇進スピードに差をつけていく。しかし，この**新卒一括採用**という仕組みを変えようとする力も最近はより活発になっている。

(2) 日本的雇用慣行の変化

　日本の大企業の雇用慣行の特徴として，「年功賃金」，すなわち年齢とともに賃金が上昇するような雇用慣行，「終身雇用」，すなわち定年まで長期雇用されるという雇用保障，そして「企業別労働組合」，すなわち企業別に労働組合があり，企業ごとに労使交渉が行われるという3つの特徴が，1980年代には海外で紹介されてきた。このような特徴は現在も大企業には一定程度，見られる。

　しかし，**日本的雇用慣行**は，大きい変化の途上にある。読者が中年期になって振り返ると過去の遺物になっている可能性が高い。すでに働く人の4割弱は非正社員であり，「正社員」ではない働き方が拡大している。また，年齢階級

別の賃金を見ると，年齢によって賃金が上がる度合いは低下している。また，新卒一括採用のルールを変えようとする力も働いている。しかし，日本の伝統的企業ではこの独特な雇用慣行が保たれているのも事実である。

(3) 企業内の賃金制度，企業内訓練慣行

アメリカを見れば，たとえば職（ポスト）に空きができた場合に，内部昇進もしくは企業の外から採用が行われる。だから，中途採用も活発であり，多くの労働者が転職経験を持つ。賃金は個人が就くポスト（職）ごとに賃金の基準額のようなものがあって，個人の経験・能力によって採用時の契約で決まる。そうした雇用慣行を支えるべく，賃金を調査する企業が職種ごとに，また地域ごとに賃金相場を公表している。

一方，日本の大企業については，これまで内部昇進（同じ企業内の従業員の下からの昇進）が主流であった。そこで，企業は長期に定着する社員について，応募者の中の優秀層を採用しようと，新入社員の選抜に時間をかけ，入社後は職場で訓練を実施してきた。また，就業継続を促すよう，勤続が評価されるような賃金構造が形成されてきた。

事実として，これまで日本の大企業の管理職には内部昇進者（生え抜き）が多かった。オン・ザ・ジョブ・トレーニング（OJT）[1] や，経験の幅を広げることを意図した配置転換を通じて，技能が形成され，やがてそうした労働者の中から内部昇進がなされるような仕組みである。

このように，日本の大企業においては，就業継続と長期の競争へのインセンティブを与えるような賃金制度や配置転換の慣行が敷かれてきたのである。

(4) 強い配転命令権

長期雇用を約束する代わりに，企業側に強い配転命令権や残業命令権を与えるのが日本的雇用の特徴である。

景気は変動する。景気が悪いときでも長期労働者の解雇をしないで済むよう，日本企業はコアとなる社員数を少なめに採用してきた。だから，景気が良くなると残業が発生するのは日本企業の不可避の特徴ともいわれてきた。

長期では産業構造や地域の経済情勢も変わる。このため，長期雇用を契約する代わりに，企業命令に応じて転勤（転居を伴う勤務地の異動）や配置転換を受け入れることを採用条件とする大企業は少なくない。

日本の雇用契約は，アメリカのような個別契約ではなく，**就業規則**という形の集団的な契約が雇用契約となっている。こうした集団的規則に個人は従わな

コ ラ ム

内部労働市場と外部労働市場

内部労働市場とは企業の中の労働市場である。ピーター・ドリンジャーとマイケル・ピオーレは，内部労働市場について，仕事が安定していること，訓練機会も多く，また，賃金や昇進についての**雇用慣行（ルール）**があること，しかし，その入口（port of entry）は，若いころには広いが中高年では限定されると主張した[2]。すなわち，若いころに入口から入り，先輩からオン・ザ・ジョブ・トレーニング（OJT：職場での見習い）を受けながら，低い職位から上の職位に**内部昇進**していく。一方，**外部労働市場**は，簡単に雇用もされるが簡単に解雇もされる**流動性**の高い労働市場であり，賃金水準は低く，雇用慣行もはっきりしないと主張した。石川経夫・出島敬久は，日本の内部労働市場と外部労働市場の特徴を実証している[3]。

日本に限らず，アメリカでも内部労働市場が中小企業よりも大企業に見られるのは，情報の非対称性が理由の1つであると考えられる。

企業は労働者に関する完全な情報を持っていない。労働者の離職・転職が起きれば新しい労働者を採用する費用や訓練の費用を負担しなければならない。このような状況では，飽きやすい労働者や忍耐力のない労働者の採用を回避するために，企業は後払い賃金を導入し，労働者を長期雇用するインセンティブを持つことはすでに見たとおりである。さらに，企業は，労働者の採用後には彼らに関するより多くの情報を蓄積していく。まだ採用していない「外部」の労働者と異なり，雇っている「内部」の労働者に関する情報量のみが増えていくのである。情報を取得するには費用と時間を要するので，この事実は，企業の行動に影響を及ぼす。たとえば，企業が重要な業務を任せる者を選ぶ際には，他の条件を一定とすれば，「外部」の労働者から選ぶのではなく，「内部」の労働者の中から選ぶインセンティブを持つ。最近では，他企業から経営トップを迎え入れる企業も出てきている。経営トップに関する情報は，一般社員と比べ，他企業からでも得やすいことが一因であろう。

また，企業と同様に，労働者も企業内の他の労働者の能力，嗜好，制約などに関する多くの情報を蓄積，共有していく。このようにして構築される情報の「社内ネットワーク」は，たとえば業務を企業内の多様な労働者間で効率的に配分するのに役立ち，企業特殊訓練と同様に，労働者の企業内での生産性を高め，賃金の上昇と離職の抑制を促すであろう。

ければならない。

転勤はもちろんアメリカにもある。しかし，日本のように入社時に全国転勤を受け入れるかどうかをあらかじめ集団的に決める雇用契約は一般的ではない。アメリカでは転勤するかどうかは，その時々の個人のキャリア選択であり，またそうしたポストに応募して採用されるからである。

　一方，日本の幹部候補生である大企業総合職は，あらかじめ転勤命令を受け入れる条件で採用されていることが多いため，企業からの短い予告で転勤命令が出される。転勤命令を断れるかどうかが争われた裁判があるが，家族の重い病気といった特殊事情がないかぎり断れないというのが現在の判例の状況である。転勤命令を受けたくない女性はあらかじめ勤務地が限定されている「一般職」や「地域総合職」で就職したりするが，一般には全国転勤のない働き方は昇進スピードが遅い人事制度が多くの企業で敷かれている。

　なお，育児・介護休業法によって「労働者の子の養育または家族の介護の状況に配慮しなければならない」という条項が加えられたので，労働者がケアニーズの高い家族をケアしている場合には，その配慮は現在では不可欠の条項にはなっている。

(5)　内部昇進制

　企業内に長く勤務した者を高い職位に昇進させていく長期雇用下の内部昇進制には，プラスとマイナスがある。内部昇進においては下位職が上位職に就いていく。このため，企業内の人材育成の仕組みを活発にし，先輩から後輩へと技能伝承が起こりやすい。

　しかし，他方でヘッドハンティング（他企業に勤める人材の引き抜き採用）や中途採用においては，社内にいない人材，新しい思考を持った人材の募集が可能であり，社内にない発想の転換が可能である。

　また，長期雇用の内部昇進制においては，いったん非正規雇用として働き出した人材が活用されにくいという課題もある。さらに，幹部候補生に長期雇用を保障する代わりに，全国転勤をすることを採用の条件とするとすれば，そもそもそうした幹部候補生に女性があまり応募しないということも起きうる。現状把握として紹介すれば，現在の日本では企業の管理職層に海外と比べても著しく女性が少ない。

　森口千晶らは日本型人事管理モデルを次のようにまとめている[4]。①注意深い人選による新規学卒者の定期的な採用，②体系的な企業内教育訓練，③査定付き定期昇給・昇格，④柔軟な職務配置と小集団活動，⑤定年までの雇用保障，⑥企業別組合と労使協議制，⑦ホワイトカラー従業員とブルーカラー従業員の正社員としての一元管理。こうした①～⑦の雇用慣行は 1960 年代の日本の高度成長期に完成され，「ホワイトカラーとブルーカラー双方から構成される正社員に等しく人的資本投資と雇用保障を約束し，高い生産性の実現をみた」と

して評価する。ここでの日本型人事管理モデルとは，男性正社員を中心とするモデルである。

しかし，その一方で，「大企業の男子正社員」に人的資本投資を集中させる日本型モデルの普及には，男性と女性の性別役割分業，企業規模間の生産性格差，そして正社員と非正社員の二極化を生み出す要因となった負の側面があるとも指摘している。

⊡ 賃金制度の変化

しかし，人口構造の中・高年化が進展するなかで，正社員の賃金の決め方に2000 年ごろから新しい要素が入るようになってきている。図 10-1 は大企業で，非管理職層についての人事制度を調べたものである。

これによれば，1999 年には賃金に年齢と勤続年数を反映させる給与体系を持つ大企業は 8 割近くあった。しかし，2016 年にはその割合は 5 割に減少していることがわかる。中・高年人口が増加していくとすれば，単純な年齢給や勤続給は労働費用を増加させる。

一方，**職能給**という賃金体系をとる企業は，2016 年でも 8 割を超えており，現在も一般的な制度である。職能給とは，職務を行うことができる潜在的な能力を示す**職能資格**と給料とを連動させる制度である。職能資格は仕事の経験や上司による査定で決まる。勤続年数が増えれば，職務能力が上がるというような運用がされている場合には，職能給は勤続給と近くなる。連続して 3 年間，

図 10-1　非管理職層の賃金制度（体系）導入状況

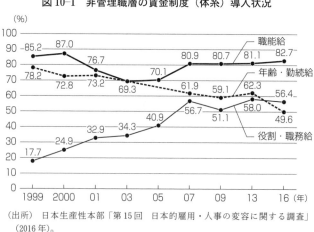

（出所）　日本生産性本部「第 15 回　日本的雇用・人事の変容に関する調査」
（2016 年）。

平均以上の業績を上げること，といったように昇格に厳しい条件を課せばより競争的な賃金制度となる。

　部下がいるかどうかにかかわらず，一定の条件をクリアすれば「管理職能」への昇格が可能な職能資格制度であれば，部下がいなくとも，管理職給与を得られる，ある種，年功的な賃金制度となる。

　しかし，最近は役割・職務給を導入し，給与に反映させる企業が 1999 年の 2 割弱から 2016 年には 6 割弱に上昇している。すなわち，実際に行っている仕事が給料に反映される仕組みをとる企業が拡大している。

　日本の大企業の一般職は総合職よりも賃金が低く，昇進が遅いが，それは多くの場合，職能資格が上がるための標準的な勤続年数が 2 つの雇用コースで異なる設計がされているからと考えられる。後者は長くかかるような設計にしている企業が多いからである。つまり，選んだ雇用コースによって昇格のスピードに差が出る。そして，これに伴い賃金上昇にも差が出る。

🔲 日米の労働者保護政策の違い

　市場経済においては必ず景気変動が起こる。不景気になれば，売上が下がり余剰人員が発生し，好景気になれば人手不足が発生する。そこで，企業が訓練投資を多く行う長期労働者の採用とは別に，景気変動に対応して採用を増やしたり減らしたりできる有期雇用の非正社員の採用が行われている。日本的雇用慣行にはもともとこうした臨時労働者は不可欠であった。経済見通しが不透明になった 1997，98 年の金融危機以降，非正社員雇用の割合が大きく拡大し，2000 年代には新規卒業者にも非正社員として雇用される者が増えるようになった。

　図 10-1 で示したような賃金制度は正社員には適用されるが，多くの場合「パート」「契約社員」など，非正社員には適用されない。非正社員は別の賃金体系がとられるために，勤続を続けても正社員のようには賃金が上がらないことが多い。

　こうした現象は，日米間の労働者保護政策の違いによって生じている可能性がある。第 3 章 unit 6 で見たように，解雇規制は，正社員の解雇費用を高くする。その結果，第 3 章 unit 5 で見たように，厳選採用により少ない正社員を雇い，長時間労働をさせるインセンティブを日本企業に与える。さらに，正社員に対する解雇規制は，企業が採用した（たとえば，低所得の）正社員につい

ても，雇用不安に起因するジョブ・サーチへのインセンティブを減らし，正社員を他企業に奪われるリスクを軽減する外部経済をもたらす。この結果，企業が企業特殊訓練に投資し，後払い賃金制度を導入するインセンティブをも企業と労働者に与える。一定の訓練投資からの総収益は，訓練後の雇用期間が伸びるほど増えるから，正社員を新卒時に一括して採用し訓練するインセンティブをも与えるといえよう。

　また，新規採用後40年超となる可能性のある雇用期間中には，採用時には予見しがたい経済環境の変化や技術革新がある。そこで，正社員には，長期的視点から，採用時の即戦力よりも多様な業務に対応しうる能力や意欲を求め，転勤，配置転換といった汎用性の高いスキルの訓練を行う。このことは職務・職種など仕事の内容や成果よりも学歴や勤続年数を重視する賃金制度を導入するインセンティブを与える。

　unit 9 で議論したような賃金制度の外にいる労働者が増えている。こうした働き方に満足な者もいる。その一方で，非正社員となったために，正社員に対する訓練や評価の外にいる労働者がいるが，この中にも意欲が高い者はいるだろう。正社員と非正社員の格差が大きいことが日本的雇用の課題であろう。

⬚ 調査データから見る日本の賃金水準の変化

　図10-2 は，時代とともにどう賃金水準が変化したかを見るために，1988年から2019年までの30〜34歳の短時間雇用以外の男女の6月の月間所定内給与

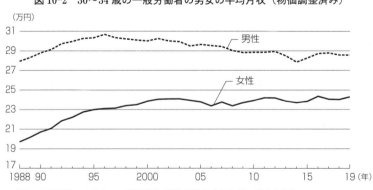

図10-2　30〜34歳の一般労働者の男女の平均月収（物価調整済み）

（注）　企業規模10人以上，一般労働者（短時間労働者を除く），所定内給与。
（出所）　厚生労働省「賃金構造基本統計調査」（各年版）。

平均を消費者物価水準で実質化したものである。物価水準で調整するのは，たとえば，1988年の1万円と2018年の1万円の価値が違うからである。物価水準で調整することで，異なる時代について，その購買力を加味して賃金水準を見ることができる。

「失われた20年」といわれることが多い日本の長期の不況だが，実際のところ，男性の実質平均月収は1996年以降ゆるやかな下落傾向にあり，2014年をボトムに最近の数年でようやく上向いている。フルタイム男性の実質収入が平均的に下がっているということである。賃金が生産性を反映しているとすれば，グローバル化のなかで，日本の男性は，新興国の労働者との競争が激化し，平均的な生産性が下落してきているともいえるのである。

一方，30〜34歳の女性の平均賃金は，男性と比べると低いものの，この間，ゆるやかに上昇を続けている。つまり，この20年間，若年男女の賃金格差は，男性賃金が下落，女性賃金が上昇する形で格差は持続しつつも縮小してきた。2009年版『少子化社会対策白書』では，東京においては25〜34歳の未婚女性の約7割が男性に400万円以上の年収を求めながらも，25〜34歳の未婚男性の約8割の年収は400万円以下と報告している。2019年版『少子化社会対策白書』も全国調査を用いて，20〜40歳の未婚女性の7割が男性に400万円以上の年収を求めているが，20〜40歳の未婚男性の約7割が400万円以下という統計を改めて報告している。労働市場全体を見れば，年収の高い男性結婚相手は縮小している。最近は子どもを持っても働き続ける女性が増加しているが，変化の背景には男性賃金の下落と女性の賃金の相対的改善という労働市場全体の変化がある。つまり，女性の収入が生活水準の確保のために必要になっており，家族を持っても無理なく働けるような雇用慣行へと，日本的雇用の変化が求められるという言い方もできる。

内閣府の「結婚・家族形成に関する意識調査」（2015年版『少子化社会対策白書』より）によれば，女性の理想の働き方としての回答では，末子の年齢が3歳以下では4割強の女性が無業を，5割強の女性が有業を望んでいる。末子年齢の上昇とともに，短時間勤務の希望がいったん増えるが，さらに末子年齢が上昇すると，フルタイムだが時間の融通のきく仕事，フルタイムだが残業のない仕事への希望が増えていく。離職が人的資本投資を摩耗させるだけでなく，離職が人的資本を更新する機会を奪うとするならば，子どもを持っても生涯賃金が大きく下がらないような働き方を実現することは，少子高齢社会における

日本の挑戦ともいえる。

　働くことで技能が形成され，働くことが賃金を引き上げるから，どう働くかは将来を見据えた決定でもある。さらに，出産も妊孕力（にんよう）は年齢に依存し，年齢が上昇するほど受胎の確率は低下する。ゆえに労働・ケア活動の選択の，各年齢期における男女の選択は，将来を見越した一生の選択を，毎期行っているものとしても見ることができる。

　アメリカやイギリスではこの30年間に年収上位層の男性の賃金は大きく伸び，中間層の賃金が低迷していることが指摘されている。一方，フランス，ドイツでも類似の傾向が見られるが，アメリカ，イギリスほどではない。日本も2000年代に入り中間層の賃金が低迷したことが指摘されている。グローバル化により，人件費の安い国外の労働者と国内の労働者との競合が強まったこと，また，技術革新により，かつては「長年の熟練」が必要であったスキルの一部が誰でもできるものとなってしまったことから，中所得層の賃金が下落しているといわれる。

　一方，上位層の年収は，日本でも伸びてはいるが，アメリカ，イギリスほどでないのは前述の長期雇用慣行や解雇規制の悪影響があるかもしれない。長期雇用慣行や解雇規制は，企業が急速な経済環境の変化に迅速に対応することを困難にする。たとえば，経済のグローバル化やIT化が急速に進むなか，日本語だけでなく，英語によるコミュニケーション能力や高いITスキルを持つ人材が重要になってきている。しかし，長期雇用慣行や解雇規制は，たとえば英語力のある労働者を新たに採用する代わりに英語力のない労働者を解雇することを妨げ，すでに勤続年数が長い労働者への英語力の訓練投資といった，非効率的な投資へのインセンティブを与えてしまう。

● 注

1) OJTとは，個々の従業員に求められる職務知識やその手順，技能などを仕事に就きながら指導する日常的な教育・訓練の方法である。一方，Off-JTとは，従業員を職場から離して一定の場所に集め，訓練スタッフにより講義やセミナーなどの方法で集団的な訓練を施すことをいい，職場外訓練とも呼ばれる。

2) Doeringer, P. B. and M. J. Piore (1971) *Internal Labor Markets and Manpower Analysis*, Heath.

3) 石川経夫・出島敬久 (1994)「労働市場の二重構造」，石川経夫編『日本の所得

働き方改革

中・高年齢人口が増加していった1990年代後半以降，そして労働力人口の減少が見越される今日において，「働き方改革」が政府で議論されるようになった。

労働力人口が減少するなかにおいては，女性も，高齢者も，働きやすい雇用環境を作っていく必要がある。

2018年に国会で成立した働き方改革法の内容は，主に3つに分かれる。1つ目は残業規制の強化，2つ目は同一労働同一賃金，3つ目は高度プロフェッショナル制度である。

労働時間については，一部の労働者の長時間労働が問題となっていた。日本では法定労働時間は1947年に労働基準法が制定されて以降，週48時間であった。しかし，1987年の法改正により中・長期的に週40時間を実現することが政策目標となり，93年の労働基準法改正により，94年4月から法定労働時間は週40時間となった。しかし，労働基準法ではいわゆる36（サブロク）協定[5]を締結することで法定労働時間を超える時間外労働をすることが可能であり，1週間の労働時間が60時間以上の者は，25〜44歳層の正社員男性では2002〜06年ごろまで2割を超えていた。その後，2015年ごろより15%以下に下落している。しかし，「社会生活基本調査」（2016年）を見ると，依然として小学校在学の10歳未満の子どものいる父親は，午後7時には半数が，8時には37%が，9時にも4人に1人が仕事をしている。こうした長時間労働は疾病やメンタルヘルス悪化の原因となる。さらに，男性が長時間労働をするような社会では女性が働きにくく，男女の賃金格差が大きくなることが知られている。こうしたなかで残業の上限規制が2019年4月から施行され，中小企業には2020年4月から施行されることになった。

時間外労働の上限について「月45時間，年360時間」を原則とし，臨時的な事情がある場合でも年720時間，単月100時間未満（休日労働を含む），複数月平均80時間（休日労働を含む）が限度となる。また，年次有給休暇について，使用者が労働者に希望を聞き，毎年5日，時季を指定して与えることも義務づけられた。

一方，高度プロフェッショナル制度は，残業の上限規制の対象とならない労働者が増加する懸念がある。

勤務時間インターバル制度の導入は義務ではないが，導入が推奨されている。勤務時間インターバル制度は，1993年に制定されたEUの労働時間指令の中で，1日の休息時間については，24時間につき連続して最低11時間の休息時間を設けることが定められていることから知られるようになった。

また，2020年以降（中小企業は2021年から）の施行となるが，正規・非正規雇用労働者間の不合理な待遇差が禁止される。「同一労働同一賃金」の原則という大きい変化については，賃金格差を扱うunit 13のコラム（161頁）を参照してほしい。

と富の分配』東京大学出版会，所収。

4) 森口千晶「日本型人事管理モデルと高度成長」『日本労働研究雑誌』第 55 巻 5 号，52–63 頁。Dore, R. (1973) *British Factory-Japanese Factory: The Origins of National Diversity in Industrial Relations*, University of California Press. 小池和男（1981）『日本の熟練——すぐれた人材形成システム』有斐閣。

5) 時間外労働・休日労働に関する協定を，労働基準法 36 条に基づく協定であるため 36 協定という。事業主は，労働者の過半数で組織する労働組合（過半数組合）がある場合はその労働組合，これがない場合は，労働者の過半数を代表する者（過半数代表者）と，書面による協定を結ばなければならない。働き方改革法が通るまでは特別条項があり，労使が合意すれば上限なく残業をさせることが可能であった。

要　約

　日本的雇用は使用者が労働者に長期雇用を保障したうえで勤続年数とともに賃金が上昇する賃金の仕組みである。新卒者の一括採用も日本的雇用の特徴の 1 つといわれ，日本の 1990 年代までの経済成長を支えてきたといわれている。しかし，その後，若年層の非正規雇用の拡大，正社員と非正社員の大きい格差，女性の就業継続の難しさなど，日本的雇用は大きい課題にも直面している。

確認問題

☐ *Check 1*　以下の文章の空欄に適切な用語を入れなさい。

　日本的雇用の 3 種の神器として，（　①　），（　②　），（　③　）などがあげられ，高度成長期にこうした働き方が完成し，その後の日本の経済成長を支えてきたという評価がなされる。しかし，企業規模間格差は当時から大きい問題であった。また，1990 年代後半になり，（　④　）が拡大するにつれ，こうした日本的雇用の外の労働者が大きく拡大し，こうした労働者層では賃金水準が低迷している。また，配置転換が企業主導であり，労働時間の柔軟性が少なく，家庭との両立の難しい働き方である点も課題であり，負の側面も今日では大きくなっている。

第**6**章

転職・就職

　マイは，仕事を替えることを検討している。それは結婚を予定している相手の職場と自分の職場の距離が遠く，このままでは通勤時間が2時間近くかかってしまうからだ。このところの不況で，条件の良い仕事に転職する競争は厳しいが，これまでの仕事経験をアピールできそうな職を探している。マコトが転職を考えたきっかけは，仕事仲間からの誘いである。給与は少し上がりそうだけれど，5年後の見通しはどう違うか，どんな仕事経験ができそうかとタロウは思案している。ダイスケは派遣社員として大手製造業に勤務してきた。しかし，このところの景気悪化で，期間途中の解約が増えている。自分も仕事を失うかもしれないと考えて求人情報に目を通し始めている。

　本章では，ジョブ・サーチの理論を提示し，転職行動を規定する要因やその特徴について扱う。ジョブ・サーチとは，職探しのことである。

転職の決定と職探し

Keywords
ジョブ・サーチ，人的資本の摩耗，オン・ザ・ジョブ・サーチ

ジョブ・サーチの理論

(1) 就職活動を続けることの純便益

　大学4年生のショウは，内定をもらった第2志望の会社に就職するか，内定を辞退し，留年をし，もう1年間，就職活動をやり直し，第1志望の会社への就職を目指すかで迷っている。内定をもらった第2志望の会社の生涯賃金は3億円，第1志望の会社の生涯賃金は4億円であるといわれている。ショウにとっては，生涯賃金以外の面では，2つの会社は同じように魅力的である。ショウは，卒業に必要な単位は取得済みである。卒論もすでに書き終え，卒論を指導してもらったゼミの先生からは「良くできていますね」と褒められた。あとは，卒論を提出さえすれば卒業できる。しかし，留年について学務係に相談してみたところ，「卒論を提出しなければ，自動的に留年になります」とこっそりと教えてもらった（読者は，この話を鵜呑みにしてはいけない。履修規則や卒業要件は大学や学部によって異なるからである）。

　ショウは，もう1年間，就職活動をすることの費用を計算してみることにした。留年すれば，1年分の学費100万円がかかる。残念ながら，授業を履修することはないので，この学費から得るものはなさそうである。就職活動そのものには，1年間で10万円はかかりそうだ。リクルートスーツやかばんは，今まで使ってきたものが使えるが，交通費や携帯代などが結構かかるのである。しかし，なんといっても大きいのが第2志望に就職していたならば得られたであろう生涯賃金3億円である。第2志望の会社の内定を辞退すれば，同じ会社から再び内定をもらえることはまずない。どうやら，もう1年間，就職活動を

することの費用は，総額 3 億 110 万円となりそうである。

　次に，もう 1 年間，就職活動をすることの便益を計算してみることにした。第 1 志望に就職すれば，生涯賃金 4 億円を手に入れることができると思ったが，すぐに間違いであることに気がついた。生涯賃金の 4 億円は，留年せずに定年の 65 歳までの 43 年間を働いた場合の総所得である。留年すれば，定年まで 42 年間しか働けないので，最後の 1 年分の所得を取り損なうことになるのである。早速，この会社の 65 歳の平均年収を調べたところ，1000 万円であることがわかった。つまり，もう 1 年間の就職活動をすることの便益は，就職活動がうまくいった場合には，3 億 9000 万円である。就職活動がうまくいかなかった場合には，塾の先生のアルバイトくらいしかない。アルバイトの生涯賃金は，8000 万円程度である。

　就職活動を続けた場合，第 1 志望の会社から内定をもらえれば，純便益が生じるが，もらえなければ純損失が生じる。内定をもらえれば，8890 万円（＝3億 9000 万円−3 億 110 万円）の純便益が生じるが，もらえなければ，2 億 2110万円（＝8000 万円−3 億 110 万円）の純損失が生じる。

　内定をもらえる確率によって純便益は異なる。70％ であれば，純便益の平均は 410 万円の純損失（＝8890 万円×0.7−2 億 2110 万円×0.3）である。60％ であれば，純便益の平均は 3510 万円の純損失（＝8890 万円×0.6−2 億 2110 万円×0.4）である。50％ であれば，6610 万円の純損失（＝8890 万円×0.5−2 億 2110 万円×0.5）が生じる。40％ であれば，9710 万円の純損失（＝8890 万円×0.4−2 億2110 万円×0.6）となる。

　どのくらいの内定確率であれば，損失を被らないのだろうか。求める確率を P_1 とすると，

$$8890 \text{万円} \times P_1 - 2 \text{億} 2110 \text{万円} \times (1 - P_1) = 0 \text{円}$$

が成り立たなければならないはずである。カッコを展開すると，

$$8890 \text{万円} \times P_1 - 2 \text{億} 2110 \text{万円} + 2 \text{億} 2110 \text{万円} \times P_1 = 0 \text{円}$$

となる。これを整理すると，

$$3 \text{億} 1000 \text{万円} \times P_1 = 2 \text{億} 2110 \text{万円}$$

となる。P_1 についてこれを解くと，

割引率, 現在価値

　ショウの就職活動について考えた際の生涯所得は, 将来の所得の「現在価値」を計算し, 足し合わせて求められている。「現在価値」とは, ある個人にとって, 将来の金額を現在の金額に換算するといくらになるかを示したものである。たとえば, 1年後の1万円は現在の1万円とは異なる。まず, 1万円を貸し, 利子収入を得ることができるから, 将来の1万円は現在の1万円ほどの価値はない。また, 貸付を行わなくとも, 手元にある1万円は1年後に入手できるであろう1万円よりも安心感がある。たとえば, ショウにとっては, 1年後の1万円が現在の9000円の価値と等しいとき, ショウにとっての1年後の1万円の**現在価値**は9000円であるという。また, 9000円＝1万円／$(1+\delta)$ を満たす δ をショウの**割引率**という。この場合, ショウの割引率は約0.11である。

$$P_1 \fallingdotseq 0.713$$

となる。つまり, 求める確率は約71.3% であることがわかる。

　今年度, うまくいかなかった敗因がわかっているショウではあるが, 勝算は71.3% を下回ると感じている。そろそろ結論が出たようである。なんとも悔しいが, 親にもメッセージを送っておくことにしよう。

⑵　**リスクに対する態度**

　留年し, 第1志望に再チャレンジした場合の内定確率が約71.3% であれば, 平均して見れば損失を被らないことがショウには理解できた。しかし, 今年の第2志望の内定はリスクを伴わないものであり, 来年の第1志望の内定はリスクを伴うものである。約71.3% の内定確率があったとしても留年を選択することに不安を覚える人がいるかもしれない。そのような人は, リスクを伴う1年後の第1志望の内定から得られる純便益の期待値（平均値）が, リスクを伴わない第2志望から得られる確実な純便益と同額であるだけでは, リスクをとりたくないと感じているのである。経済学では, そのような人を「**リスクに対して回避的な態度を持つ**」と表現する。リスクに対して回避的な態度を持つ人が留年のリスクを受け入れるには, リスクを伴う1年後の第1志望から得られる純便益の期待値が, リスクを伴わない第2志望から得られる確実な純便益を十分に上回る必要がある。

(3) セーフティネットの副作用

ところが，そんなショウを見かねてか，就職活動がうまくいかなかった場合には，家業を継ぐようにと親から返信メッセージが届いたではないか。本来，家業は兄が継ぐはずであったが，いったいどうしたのだろう。それは，さておき，家業を継いだ場合の生涯賃金は，2億円程度である。

就職活動を続けた場合，第1志望の会社から内定をもらえれば，純便益が生じるが，もらえなければ純損失が生じる。内定をもらえれば，8890万円（＝3億9000万円−3億110万円）の純便益が生じるが，もらえなければ，1億110万円（＝2億円−3億110万円）の純損失が生じる。

内定をもらえる確率によって純便益は異なる。70％であれば，純便益の平均は3190万円（＝8890万円×0.7−1億110万円×0.3）である。60％であれば，純便益の平均は1290万円（＝8890万円×0.6−1億110万円×0.4）である。50％であれば，610万円の純損失（＝8890万円×0.5−1億110万円×0.5）が生じる。40％であれば，2510万円の純損失（＝8890万円×0.4−1億110万円×0.6）が生じる。

どのくらいの内定確率であれば，損失を被らないのだろうか。求める確率をP_2とすると，

$$8890\text{万円} \times P_2 - 1\text{億}110\text{万円} \times (1 - P_2) = 0\text{円}$$

が成り立たなければならないはずである。カッコを展開すると，

$$8890\text{万円} \times P_2 - 1\text{億}110\text{万円} + 1\text{億}110\text{万円} \times P_2 = 0\text{円}$$

となる。これを整理すると，

$$1\text{億}9000\text{万円} \times P_2 = 1\text{億}110\text{万円}$$

となる。P_2についてこれを解くと，

$$P_2 \fallingdotseq 0.532$$

となる。つまり，求める確率は約53.2％であることがわかる。

ショウは，勝算は53.2％を上回ると感じている。そろそろ結論が出たようである。

さて，ショウにとって，家業を継ぐことはあまり嬉しいことではないが，実

は，この家業が就職活動に失敗した際の**セーフティネット**（保護網）の役割を果たしている。ショウの場合には，家業がなければ，最悪の場合，生涯賃金が0円にすらなりうる。そうならずに済むのは，家業を継ぐという選択肢がショウにはあるからである。明らかに，セーフティネットの存在は，ショウにとって助けになっている。

セーフティネットには，ショウの就職活動期間を延ばす副作用もある。もし，家業を継ぐという選択肢がなければ，すべての就職活動に失敗した際の最悪の場合に生涯賃金は0円になる。この場合，純便益がゼロになるためには，

$$8890\,万円 \times P_3 - 3\,億110\,万円 \times (1 - P_3) = 0\,円$$

が成り立たなければならないはずである。カッコを展開すると，

$$8890\,万円 \times P_3 - 3\,億110\,万円 + 3\,億110\,万円 \times P_3 = 0\,円$$

となる。これを整理すると，

$$3\,億9000\,万円 \times P_3 = 3\,億110\,万円$$

となる。P_3 を求めると，

$$P_3 \fallingdotseq 0.772$$

となる。第1志望の会社の内定確率が約77.2%に達しないと平均して損失が生じることがわかる。これは，家業がある場合の同じ確率，約53.2%より高い。

さすがのショウも77.2%の確率で第1志望の会社から内定を勝ち取る自信はない。家業を継ぐという選択肢がなければ，就職活動をやめ，第2志望の会社に就職するインセンティブが高まるのである。

家業がない多くの労働者にとっては，雇用保険の失業手当がセーフティネットの役割を果たしている。あいにく，大半の学生は失業手当を受給する資格がない。大半の学生は，雇用保険が適用される仕事の経験がないからである。

(4) 現在のオファー

現在のオファー（生涯賃金）の高さは，就職活動期間を短くする。もしショウが，内定をもらった第2志望の会社の生涯賃金が3億円でなく，3億5000万円であったならば，現在のオファーが5000万円高くなる。就職活動を続け

コ ラ ム

失 業 手 当

　失業保険（日本の場合は雇用保険）に加入している労働者は，失業時に失業手当の給付を受けることができる。失業手当の制度は，失業者の生活を安定させ，良い再就職先を見つけるのを支援することを目的としている。原資となる保険料は，労働者と企業の双方が支払う場合が多い。多くの失業者を生み出す産業（季節労働者の多い建設業など）の保険料が他の産業の保険料より高く設定されるような経験料率が採用されている場合も多い（日本の場合，労災保険はこのような設計となっている）。これは，負担の公平化と失業を生む企業のインセンティブを減らすためである。失業手当は就労時の労働所得の5〜7割程度に設定されているだけでなく，給付期間も限定されている。職業訓練の受講や，求職状況を監視し，怠けていないことを失業手当の給付継続の条件としている国も多い。これらは，高額な失業手当が労働者の労働供給のインセンティブを阻害するからである。経験料率が不完全であるために失業手当が失業を生むインセンティブを企業に与えているという指摘もある。今日まで，多くの政府と世界中の経済学者らが社会実験を行い，データを集め，実証研究を行い，失業保険制度を改善しようとしてきている。

た場合，第1志望の会社から内定をもらえれば，3890万円（＝3億9000万円−3億5110万円）の純便益が生じるが，もらえなければ，1億5110万円（＝2億円−3億5110万円）の純損失が生じる。どのくらいの内定確率であれば，損失を被らないのだろうか。求める確率を P_4 とすると，

$$3890 万円 \times P_4 - 1 億 5110 万円 \times (1-P_4) = 0 円$$

が成り立たなければならないはずである。カッコを展開すると，

$$3890 万円 \times P_4 - 1 億 5110 万円 + 1 億 5110 万円 \times P_4 = 0 円$$

となる。これを整理すると，

$$1 億 9000 万円 \times P_4 = 1 億 5110 万円$$

となる。P_4 についてこれを解くと，

$$P_4 \fallingdotseq 0.795$$

となる。第1志望の会社の内定確率が約79.5％に達しないと平均して損失が生じることがわかる。これは，第2志望の生涯賃金が3億円である場合の同じ

確率，約 53.2％ より高い。ショウには 79.5％ の確率で第 1 志望の会社から内定を勝ち取る自信はない。現在のオファーである第 2 志望の会社の生涯賃金が高くなると，就職活動をやめ，第 2 志望の会社に就職するインセンティブが高まるのである。

働いている労働者が職探しを始める場合には，現在の仕事の所得が現在のオファーとなる。現在の仕事の所得が低ければ，職探しをするインセンティブが高くなり，離職率が高くなる。したがって，所得の高い仕事は長い勤続年数まで続き，所得の低い仕事は短い勤続年数で終わる傾向がある。

(5) 期待オファー

ショウにとって，第 1 志望の会社から期待するオファー（生涯賃金）の高さは，ショウの就職活動期間を延ばす一因となる。仮に，第 1 志望の会社の生涯賃金が 3 億 9000 万円でなく，4 億 5000 万円であったとしよう。内定をもらえれば，1 億 4890 万円（＝4 億 5000 万円－3 億 110 万円）の純便益が生じるが，もらえなければ，1 億 110 万円（＝2 億円－3 億 110 万円）の純損失が生じる。

損失を被らないために要する第 1 志望の会社の内定確率を P_5 とすると，

$$1 億 4890 万円 \times P_5 - 1 億 110 万円 \times (1 - P_5) = 0 円$$

が成り立たなければならないはずである。カッコを展開すると，

$$1 億 4890 万円 \times P_5 - 1 億 110 万円 + 1 億 110 万円 \times P_5 = 0 円$$

となる。これを整理すると，

$$2 億 5000 万円 \times P_5 = 1 億 110 万円$$

となる。P_5 についてこれを解くと，

$$P_5 \fallingdotseq 0.404$$

となる。これは，第 1 志望の生涯賃金が 3 億 9000 万円である場合の同じ確率，約 53.2％ より低い。この確率であれば，ショウは第 1 志望の会社から内定を勝ち取る自信がある。第 1 志望の会社の期待オファーが高くなると，第 2 志望の会社の内定を辞退し，就職活動を続けるインセンティブが高まるのである。

(6) 賃金，経験年数，勤続年数

ジョブ・サーチの理論は，経験年数の多い労働者，勤続年数の長い労働者の

賃金は，他の労働者の賃金よりも高い傾向があることを示唆する。経験年数が多い労働者は，現在まで長い期間にわたってジョブ・サーチをしてきており，他の仕事（賃金）のオファーを受けるたびに最も良い仕事（賃金）を受け入れてきたはずだからである。勤続年数が長い労働者は，現在の勤務先の仕事（賃金）が良いからこそ，それを上回る仕事（賃金）のオファーが来ず，結果として勤続年数が長くなったと考えられる。

ジョブ・サーチの理論は，経験年数の多い労働者，勤続年数の長い労働者の離転職率は，他の労働者の離職・転職率よりも低い傾向があることをも示唆する。これは，これらの労働者の賃金が高い傾向があることから明らかであろう。

(7) 人的資本の磨耗，汚名効果

就職活動を1年間，延長すると自分の商品価値が下がる可能性についてもショウは考慮に入れておくとよい。1年間，大学に通うが，その間，講義を受けるわけではないから，新たな知識やスキルは身につかないばかりか，いま身につけている知識やスキルの一部を失うことさえありうるのである。これは，知識やスキルは，使わなければ失われていくからである。人的資本は磨耗するのである。

さらに，留年したことは履歴書を見れば明らかであるから，能力が低いために卒業に時間を要してしまったか，内定をもらえなかったかのいずれかであろうと企業に思われてしまうかもしれない。ショウの場合は，いずれでもないのだが，そうした汚名を着せられてしまうリスクがあるのである。

就職活動期間の長期化に伴う人的資本の磨耗や汚名効果は，ショウの商品価値を下げ，内定確率を下げることになるかもしれない。

🔲 オン・ザ・ジョブ・サーチ

中途採用をする企業があるかぎり，労働者は就職後にもジョブ・サーチを続けるかもしれない。これを**オン・ザ・ジョブ・サーチ**と呼ぶ。オン・ザ・ジョブ・サーチを続け，転職をする場合には，転職しない場合と比べ，生涯所得が増しているはずである。そうでなければ，あえて転職する必要はないからである。

このことは，必ずしも転職前と比べ転職後に賃金が高くなることを意味しない。生涯所得と賃金は異なる。賃金はある一時点の労働報酬にすぎず，賃金の成長を考慮していない。また，転職前の企業で得ていた賃金が，転職後の時点

でも支払われ続けていたであろうとはいえない。たとえば，業績の悪化している企業から労働者が転職する場合には，転職前の賃金が下がると予想されたので，労働者は転職をしていることが多い。そのような場合には，賃金は転職前よりも下がっていても，転職しなかったならば，もっと低い賃金になっていたであろうと考えられるのである。

　ジョブ・サーチの理論では，単純化のため，仕事を生涯賃金だけで特徴づけたが，現実に応用するには，生涯賃金，労働時間，フレックス・タイム制（自由な勤務時間制度），仕事内容，通勤時間，出産・育児休暇，事業所内保育施設，訓練，転職の機会などの数多くの属性で仕事を特徴づけるとよい。求職者は，数多くの属性で特徴づけられる仕事のオファーから得られる長期的効用を比較し，仕事を選択すると考えるとよい。また，潜在的な求職期間も2年である必要はない。

　離職前から職探しを行い，離職前に仕事を見つけた者の多くは，失業を経験することなしに転職をする。たとえば，離職の原因が，解雇やレイオフ（一時解雇）である場合でも，労働者が十分事前に通知を受ければ，失業を経験することなしに転職しやすくなる。

🔲 ジョブ・マッチングの理論

　これまで，ある人にとって仕事Aが仕事Bよりも「良い」仕事であれば，他の人にとっても仕事Aが仕事Bよりも「良い」仕事であると暗黙的に仮定してきた。しかし，実際には必ずしもそうではない。マイはチャレンジの多い仕事に魅力を感じるが，マコトはそのような仕事は避けたい。ダイスケはものづくりに関わる仕事をしたいが，ショウはものづくりにはまったく興味がない。このような仕事と労働者のマッチ（組み合わせ）の質が多様である状況におけるジョブ・サーチを考えるのが**ジョブ・マッチングの理論**である。

　ジョブ・マッチングの理論では，マッチの質が賃金に反映されると考える。この質は，就職前にわかることもあれば，就職してみなければわからないこともある。ジョブ・マッチングの理論は，いずれのケースでも，労働者の行動は基本的にジョブ・サーチの理論と似通ったものになること，また賃金，経験年数，勤続年数，離職率の間の関係もジョブ・サーチの理論と似通ったものになることを示している。

　なお，メディアで見聞きする仕事と労働者の「ミスマッチ」は，ジョブ・マ

表 11-1　読解力のミスマッチの割合

国　名	割合（%）	国　名	割合（%）	国　名	割合（%）
日　本	15.3	ロシア	6.1	ベルギー	7.7
フランス	6.9	アメリカ	9.4	ドイツ	11.0
イタリア	19.3	チェコ	16.5	ノルウェー	8.7
イギリス	9.6	エストニア	7.8	デンマーク	6.4
スペイン	23.4	スロバキア	10.7	オランダ	5.2
韓　国	13.7	カナダ	5.3	スウェーデン	4.7
オーストラリア	9.7	ポーランド	6.7	フィンランド	5.1
アイルランド	12.5	オーストリア	16.1		

（出所）　OECD, Assessing and Anticipating Challenging Skill Needs, 2016 をもとに作成。

ッチングの理論が指す「ミスマッチ」ではないことが多い。たとえば，介護産業で労働需要が労働供給を超過する一方で，他の産業で労働供給が労働需要を超過する状況や，就職活動中の大学生の多くが大企業への就職を目指し，就活生間で激しい競争が生じる一方で，中小企業が就活生の獲得に苦労する状況が「ミスマッチ」と表現されることがある。しかし，これらは，ジョブ・マッチングの理論が指す「ミスマッチ」ではない。これらの例で「ミスマッチ」と呼んでいるのは，各労働市場における労働需要と労働供給のギャップである。これに対し，ジョブ・マッチングの理論が「ミスマッチ」と呼ぶのは，（労働需要と労働供給が量的に均衡している状況でも生じうる）個々の労働者と個々の仕事のマッチの質の低さである。

　ジョブ・マッチングの理論が指す「ミスマッチ」の証拠を見出すのは容易ではない。たとえば，自身の学歴が職務で求められる水準より高い（または低い）水準になっている労働者の存在は，学歴別労働市場が超過需要，または超過供給の状態に陥っていることを反映しているにすぎないかもしれない。同様に，現在の職務が自身の学問における専攻分野と関連していない労働者の存在は，専攻分野別労働市場の超過需要，超過供給を反映しているのかもしれない。

　そこで，自身の学歴が職務で求められる水準にあり，かつ，現在の職務が自身の学問における専攻分野と関連する労働者の中に，自身の他の能力・スキルが職務で求められる水準より高い（または低い）労働者が占める割合を見ることによって，個々の労働者と個々の仕事のマッチの質をより正確に見たい。表11-1は，学歴のミスマッチ，専攻分野のミスマッチのない労働者に占める読

解力のミスマッチを経験している労働者の割合を示している。なお，読解力の
ミスマッチとは，自身の読解力が現在就いている職務で求められる水準より高
い（または低い）水準になっている状態をいう。

　表が示すように，学歴，専攻分野のミスマッチのない労働者に限って見ても，
日本では，読解力のミスマッチが，スペイン（23.4%），イタリア（19.3%），チ
ェコ（16.5%），オーストリア（16.1%）に次ぐ高い頻度（15.3%，6〜7 人に 1 人）
で起きている。さらに，多くの移民を受け入れているアメリカ（9.4%）やオー
ストラリア（9.7%）のミスマッチ率が，単一民族・単一言語国家であり，かつ，
移民の受け入れに消極的な日本と比べ，約 6% ポイントも低いという事実は，
日本の特異性を際立たせる。第 5 章 unit 10 で紹介したように，労働者の企業
間転職を抑制する内部労働市場が多様な労働者と多様な仕事を円滑にマッチン
グさせるうえで制約となっているかもしれない。もちろん，職務が要求する読
解力を持つ十分な数の労働者を日本の国語教育が養成できていない可能性や，
逆に，職務が要求する読解力を持つ労働者を必要以上に養成してしまっている
可能性もある。

要　　約

　　ジョブ・サーチの理論は，労働者による合理的な職探し行動を描写している。職
　探しを続けるインセンティブは，失業手当などのセーフティネットや期待賃金によ
　って大きくなり，現時点でのオファーなどによって小さくなる。
　　ジョブ・サーチの理論は，平均賃金が経験年数，勤続年数とともに上昇し，離職
　率が経験年数，勤続年数とともに下落することを説明できる。

確 認 問 題

　□　*Check 1*　以下の文章の空欄に適切なことばを入れなさい。
　　　定年退職年齢の引き上げは，割引率の（　①　）（将来志向の）若者のジョ
　ブ・サーチへのインセンティブを高めるであろう。仕事（賃金）がより長い期
　間にわたって続くことになるからである。割引率の（　②　）（現在志向の）
　若者にはほとんど影響しないであろう。
　□　*Check 2*　失業手当は，失業を増やすだろうか。

unit 12

労働市場の流動性

> Keywords
> 転職，有効求人倍率，労働市場の流動化，解雇規制

🔲 日本の転職の状況

⑴ 転職の回数

アメリカの労働市場は日本の労働市場と比べ流動的である。やや古いが，ロバート・トペルとマイケル・ワードによる 1992 年の分析では，典型的なアメリカの男性は，キャリアの初めの 10 年の間に 7 つの雇い主のもとで働くこと，そして，これがキャリアを通して持つことになる仕事の総数の 3 分の 2 に当たることを示している[1]。

これに対して日本では，図 12-1 のとおり，男性の 30 歳代から 50 歳代までの約 5 割は初職に就いた企業で働き続けていること，転職 1 回以下が有業者の 7 割を占めることがわかる（『労働経済白書』2014 年より。2012 年の「就業構造基本調査」から算出）。50 歳前半層と比べると 30 歳代前半層では転職 0 回という初職継続者がやや減少しているような変化は見られる。しかし，それでも転職 0 回が 4 割を超えている。他方，女性は初職継続者は 40 歳代になると 3 割を下回っている。これは結婚，出産などを機に離職する者が多いためだろう。また，中年期に転職 2 回以上の者が増えるのは，パート等で雇用期間が短い仕事を何度か経験するためと考えられる。もっとも，第 9 章 unit 17 で示すように，最近は結婚や出産を経ても仕事を続ける女性が増えている。

企業内の「職」がどれだけ，企業を超えて汎用性を持つかも，企業を超えた転職が活発に行われるかどうかに影響する。たとえば，看護師は病院，医院間の転職が多く，組織移動が容易なのは，経歴に応じた一定の賃金相場が形成されているからであろう。他方，いわゆる事務職は，企業内では社内ネットワー

図 12-1 男女別に見た離職回数

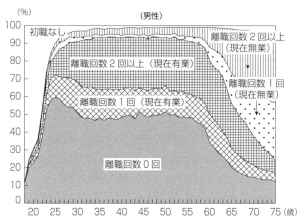

(男性)

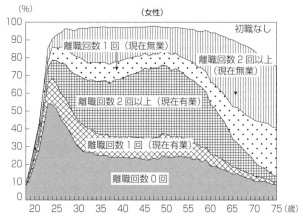

(女性)

(注) 現職が初職である者を「離職回数 0 回」，前職が初職である者を「離職回数 1 回」，その他が初職である者を「離職回数 2 回以上」とした。初職の有無が不詳な者は集計対象から除かれている。

(出所) 厚生労働省『労働経済白書』(2014 年)（元資料：総務省「就業構造基本調査」）。

 クの形成など，企業特殊人的資本を蓄積しているであろうが，そのキャリア形成は企業主導であり，他企業に転職した場合に，当該職種に対応した標準化された労働市場があるかといえばかなり限定されていると考えられる。そのことが他国に比べて日本の転職を少なくしている。

現実に転職を実現した者は，結果としてより良い仕事への転職を果たしてい

るのだろうか。それとも，労働条件はむしろ悪化するような後ろ向きの転職が多いのだろうか。「より良い仕事」の意味は個人によってさまざまに異なる。賃金条件のほかにも，仕事が安定していること，仕事内容が面白いこと，職場の雰囲気が良いこと，残業が少ないこと，通勤時間が短いこと，勤務地が希望に合っていること，仕事負担が重すぎないこと，逆に挑戦できる仕事であることなど，人が仕事に求める特性は異なる。

(2) 転職直後の賃金変化

図 12-2 は転職直後の賃金変化のみを聞いたものである。厚生労働省「雇用動向調査」とは 5 人以上の常用労働者を雇用する事業所に対する調査である。転職してその事業所で働くようになった常用労働者について，無作為に抽出した結果である。全般に若年層の方が，転職によって賃金上昇を実現している。2017 年を見ると，20 歳代では，賃金が 1 割超上昇した者の割合は，転職者の34%，逆に 1 割以上下落した者は転職者の 20% である。残りの 46%，すなわち半数は賃金面では 1 割以内の変化にとどまっている。続いて 30 から 44 歳層を見てみよう。彼らはバブル期である 1990 年代初頭には，転職によって賃金が 1 割超上がる者が転職者の 4 割に達していた。しかし，1997 年以降，その割合は大きく下落し，賃金が 1 割以上下がった者の割合が，賃金が 1 割以上上昇した者の割合を上回るようになった。しかし，2012 年以降，再び賃金が 1

図 12-2　転職者の賃金変動の状況

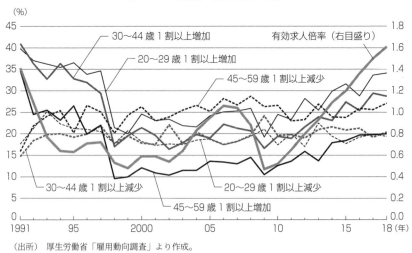

（出所）　厚生労働省「雇用動向調査」より作成。

割以上上昇した者の割合は上向いている。

　背景には，労働需要が高まっていることがあるだろう。図12-2には労働需要を示す1つの指標である有効求人倍率を書き入れてある。**有効求人倍率**とは，公共職職業安定所（ハローワーク）に出されている有効求人数を，有効求職者数で割った数字である（一般職業紹介状況〔職業安定業務統計〕より）。1を超えれば，ハローワークに出されている求職者数よりも求人数が多いということになる。ここではパートを除く有効求人倍率の系列を示した（パートに対する求人，パートで働くことを希望している求職者を除く）。公共職業安定所を通じないで，求人広告や求人情報誌やネット情報から求人・求職活動を行う者も多いだろうが，この系列は，労働の需要と供給の緩さ，きつさを示す1つの指標となっている。これを見ると金融危機後の1998年は1を大きく割る。いったん上昇を始めるが，2008年のリーマン・ショック後の2009年も再び大きく1を割っている。その後，有効求人倍率は上昇しており，アベノミクスによる金融緩和と財政刺激のなかで2015年度に1を超え，18年度は1.61となっている。しかし，その後のコロナ禍で有効求人倍率は1.03（2020年9月）まで低下している。

　このように，求職者に対して求人が多い時期には賃金水準は上昇する。このため，グラフを見ても賃金が上がる転職が増えている。

　逆に景気が悪化した時期には仕事が減るので求人数は減る。求職者の中には会社の経営不振からやむをえず転職する者も増える。このため有効求人倍率の低い時期には，賃金が下落するような転職も増えると考えられる。

　なお，年齢が上がるほど転職によって賃金が下がる者の割合が増えていく。そうはいっても2016年で45〜59歳層で賃金が1割以上減少した者は26%であり，他方で1割以上上昇した者も20%いる。図には示していないが定年年齢を迎える60歳以上となると，賃金が1割以上下がる者の割合は2016年で60%近くと過半数を占め，賃金条件が下がる転職が増える。

　さらに，2014年の『労働経済白書』は，2012年の「就業構造基本調査」を用いて役員または正社員で，転職回数が2回以上の男女に限定して分析している。これを見れば，転職回数2回以上の者は，賃金が300万円未満の者が4〜6割と，比較的賃金が低い者が多い一方で，賃金が1500万以上と高賃金の者も，とくに30歳代では3割を占めることを示している。

🔲 離職の起こりやすさ

ジョブ・サーチの理論は離職率の男女差，年齢差を理解するのに役立つ。ケアに対する家族のニーズの高さは，女性の離職率を男性の離職率よりも高くする。人に与えられた時間は限られているから，家事，育児，看護，介護といった家庭内生産労働，市場労働，余暇の間にはトレードオフがある。とくに，出産，育児期の女性に対しては，家族のニーズが高まるから，その時期に働いている女性は，離職しがちである。

若い層で離職が多いのは，他の層と比べ若い層は転職の便益が大きいからであろう。仮に，転職の機会が年齢によらないとしても，他の層と比べ若い層は，転職先でより長い年数を働くことができる。また，労働市場で提供されている多種多様な仕事との自分の適性は，働いてみて初めてわかる部分もあるので，他の層と比べ若い層は仕事とのミスマッチを解消するために離職するからでもあろう。

図12-1で見ると高齢者で初職継続が大幅に減るのは，定年退職者が増えるのと，健康状態の変化に伴い，働くことのできる仕事の種類や時間数に制約が生じるからであろう。たとえば，高い動体視力を要求する仕事や長時間労働を伴う仕事を続けるのは難しくなるであろう。また，勤務先企業の経営悪化や倒産が起きた際に，高齢者ほど次の仕事が見つかりにくいこともあり，年金もあるため，無職者が増える。

離職者の中にはすでに次の仕事を決めて離職する者もいれば，離職後に仕事探しをする者もいる。離職後しばらく仕事探しを続けていれば失業者ということになる。また，家庭に入るつもりで，あるいは引退生活を送るつもりで，離職し無業になる者もいる。

では，どのような仕事に就いている場合に離職が起こりやすいのだろうか。一般には，大企業に比べて中小企業で転職が多いといわれてきた。しかし，若年層ではそうした差は縮小しているようである。図12-3は，大卒・大学院卒男性，35〜39歳層の一般労働者の平均勤続年数の推移である。22歳で大学を卒業するとすれば，35〜39歳では，卒業後13〜17年ほど経過したことになる。

1981〜91年を見ると，企業規模1000人以上の企業での平均勤続年数は13年強であり，企業規模100〜999人の勤続12年程度，10〜99人の勤続9年程度とでは明らかな差が見られた。つまり，1000人以上企業に勤務した大卒・大学院卒男性には，初職を継続した者の割合がより高く，10〜99人規模の企

図 12-3　大卒・大学院卒男性／一般労働者 35〜39 歳層の平均勤続年数の推移

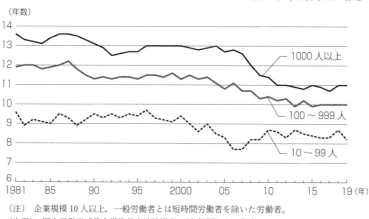

（注）　企業規模 10 人以上，一般労働者とは短時間労働者を除いた労働者。
（出所）　厚生労働省「賃金構造基本統計調査」（各年版）より作成。

業では転職者も多かったということがわかる。しかし，2009 年以降，1000 人
以上企業の平均勤続は 12 年弱に，17 年では 11 年弱となり，企業規模 100〜
999 人との差が大きく縮小した。

　このように働き盛りの層においては，大企業を含めて転職が増える傾向にあ
るものと思われる。

🔲 労働市場の流動化と解雇規制

　2006 年，経済財政諮問会議において「労働ビッグバン」という労働市場の
自由化に向けた大改革が課題としてあげられた。とりわけ，**労働市場の流動化**
は従来の雇用政策からの大きな転換であるかに見えた。生産性の低い経済分野
から高い分野へ労働者が円滑に移動できる仕組み，勤務時間を多様化し，育児
や介護を抱える労働者が働きやすくなる仕組み，年功序列ではなく職種によっ
て処遇が決まる仕組みなどの構築を目指したのである。しかし，14 年の時が
流れた 2020 年の現時点でも「解雇の金銭補償ルール」のような正規労働者の
流動性を高める政策は，いまだに議論が続いている。

　転職は，労働資源の再配分という重要な役割を果たす。国際競争，技術革新，
少子高齢化などの人口動態は，同じ労働者の価値を企業間で異なったものにす
る。現在の雇用主よりも他の雇用主の方がより良い待遇で迎え入れてくれる
（労働者をより高く評価してくれる）のであれば，労働者は転職を選ぶ可能性が高

くなる。より高い業績をあげている企業への転職，輸入産業から輸出産業への転職，技術革新によって生まれた新たな産業や職業への転職，景気のより良い地域への転職などが，その例である。

　このように，労働者が自分をより高く評価してくれる企業，産業，職業，地域へ転職する結果，限られた労働資源が社会にとってより望ましい形に再配分されるのである。転職の過程で生じる失業は，転職に要するジョブ・サーチの期間であるから，失業は社会にとってより望ましい労働資源の再配分を達成するための必要悪であると考えることもできる。

　政府の**解雇規制**は転職率に大きな影響を及ぼしているであろう。解雇が難しい経済では，解雇は少なくなり，それに伴う転職は減る。解雇が容易である経済では，国際競争，技術革新，人口動態による労働資源の再配分がより迅速に行われると考えられる。なぜならば，労働者による自発的な転職だけでなく，企業による解雇も労働者の非自発的な転職を促すからである。

　このことは，賃金だけが労働者にとって重要であると仮定した場合でも，転職の前後で賃金が必ずしも上昇しないことを理解するうえで重要なポイントである。解雇された労働者，解雇を予告された労働者，いまの勤務先企業の倒産を恐れる労働者にとっては，他の企業の賃金と比べるべきは，解雇前の企業や，いま勤めている，解雇を予告された企業や倒産を恐れている企業の賃金ではなく，解雇された後の賃金や，倒産後の賃金，すなわち失業手当の額である。たとえ他企業の賃金が，解雇前の企業やいま勤めている企業の賃金より低くとも，失業手当の額と比べれば，より高い賃金となり，合理的な選択となりうるのである。

● 注

1)　Topel, R. H. and M. P. Ward (1992) "Job Mobility and the Careers of Young Men," *The Quarterly Journal of Economics*, 107 (2), 439–479.

要　約 ━━━━━━━━━━━━━━━━━━━━━━━━━━━━●━●●━

　日本の職探し行動の第1の特徴は，離職・転職率の低さである。日本の仕事の企業特殊性がアメリカなどと比べ転職を少なくしているかもしれない。第2の特徴は，男女差である。30歳代から50歳代の男性の約5割は，初職に就いた企業で働き続け，有業者の7割は，転職回数が1回以下である。一方，40歳代の女性の3割未

満が初職継続者であり，中年期に転職2回以上の者が増える。

　転職前後の賃金変化に着目すると，他の年齢層と比べ，若年層は賃金上昇を実現している割合が高い。労働需要の高まりはこの割合を増やす。

　ジョブ・サーチの理論は，このような観察事実を理解するのに役立つ。

確 認 問 題

□　*Check 1*　次の文章の空欄に枠内から適切な用語を選んで入れなさい。ただし，同じ用語を複数回用いてもかまわない。また，すべての用語を使用するとはかぎらない。

　　日本の職探し行動の特徴の1つは，男女差である。（　①　）に対する家族のニーズの高さは，（　①　）の離職率を（　②　）の離職率よりも高くする。人に与えられた時間は限られているから，家事，育児，看護，介護といった家庭内生産労働，市場労働，余暇の間には（　③　）がある。とくに，出産，育児期の（　①　）に対しては，家族のニーズが高まるから，その時期に働いている（　①　）は，離職しがちである。

　　一方，転職前後の賃金変化に着目すると，他の年齢層と比べ，若年層は賃金上昇を実現している割合が高い。ジョブ・サーチ理論の視点からこれを説明しよう。若い層で離職が多いのは，他の層と比べ若い層は（　④　）が大きいからであろう。仮に，転職の機会が年齢によらないとしても，他の層と比べ若い層は，転職先でより（　⑤　）を働くことができるのである。

> 男性，女性，トレードオフ，相乗効果，転職の便益，転職の費用，長い年数，短い年数

第 **7** 章

賃金格差

　先月，ミサキが参加した大学の同窓会で5年ぶりに友人たちと再会した際，話題が年収になった。ミサキにとってはできれば避けて通りたい話題であった。ミサキは，入社してからの5年間，年収が想像していた以上に不安定であることが気になっていたからだ。しかし，会社の業績によってボーナスが変わったり，職位によって給与が違ったり，転職で給与が変わったりと，さまざまな理由で給料が変わるのを経験している友人たちもいるようで，少し安心した。それにしても驚いたのは，大学の同じ学部を卒業した友人の中にミサキよりも年収が100万円以上も高い人がいたことだ。自分と彼女はいったい何が違うというのだろう？　あの日以来，ミサキにはそれが気になって仕方ない。

　われわれの周囲にはさまざまな人がさまざまな仕事に従事している。人の給与というのはなかなか質問しづらいから，実際に同じ職場でどのくらい賃金差があるのかは，働いている人は実は十分には把握していないのかもしれない。しかし，政府はさまざまな統計を収集し，個人の，あるいは世帯の賃金を調べており，これを見れば賃金差の概要を知ることができる。

　賃金は生活の基盤である。それだけに，そうした賃金差がどのような理由で起きているのか，また測定可能な要因による格差と測定不可能な要因による格差があることを知ることは，われわれの社会の構造を知ることでもある。

unit 13

賃金格差が生じる要因

Keywords

需要と供給，人的資本の差，ジョブ・サーチの差，補償賃金格差，偏見・嗜好による差別，統計的差別，アンコンシャス・バイアス，同一労働同一賃金，ポジティブ・アクション

さまざまな賃金格差

　表 13-1 は，「職種」が明確ないくつかの職業について，月間給与の平均値を示したものである。仕事を聞かれた場合，企業に勤務している多くの者は自分はサラリーマンで営業をしている，事務をしている，企画業務をしている，といった程度しか回答できないのではないか。ただし，美容師や医者，とび工，タクシー運転手などは，自分が従事している仕事について，その職種を明確に回答できるだろう。つまり，表 13-1 は厚生労働省「賃金構造基本統計調査」が長年調査してきた職種がはっきりしている職業に限定した集計である[1]。もちろん，同じ「とび工」，同じ「医師」でも，仕事に就いた新米とベテランとでは，また同じ経験年数の人でも，個人によって大きい賃金差はあるに違いない。ここは，あくまで調査した統計の平均値を示したものである。とはいえ，職種間でかなりの賃金差があることが示されている。

　また，表には表示しなかったが，この調査からは，職種ごとに，賃金だけでなく労働時間や勤続年数，男女比などの仕事の特徴にもかなり差があることがわかる。たとえば，電車運転士の平均勤続年数は 21 年だが，タクシー運転手は 10 年程度であり，前者に比べて新規参入をしやすいとわかる。

　さらに，たとえば，保険外交員は，男性を 100 とした場合の女性の就業者の比率が 160 と，比較的女性が多く従事する職であり，平均労働時間は，所定内で月間 145 時間であり，160 時間前後の他の仕事に比べて短いうえ，残業も少

表13-1　さまざまな職業の月間給与の平均値（単位：千円）

職　業	決まって支給する現金給与額	職　業	決まって支給する現金給与額
医　師	910.0	保険外交員	292.8
大学教授	669.5	営業用大型貨物自動車運転者	292.5
一級建築士	473.0		
公認会計士，税理士	472.0	介護支援専門員（ケアマネージャー）	275.2
高等学校教員	441.1		
電車運転士	391.7	デザイナー	273.1
薬剤師	379.9	百貨店店員	272.8
臨床検査技師	342.9	保育士（保母・保父）	263.9
看護師	334.4	理容・美容師	255.1
システム・エンジニア	333.0	個人教師，塾・予備校講師	251.1
大　工	321.4		
歯科技工士	321.0	ビル清掃員	226.9
鋳物工	317.9	スーパー店チェッカー	217.1
とび工	307.4	機械組立工	216.2

（出所）　厚生労働省「賃金構造基本統計調査」（2019年）。

ないことが見出される。

　このように賃金格差はさまざまな状況のもとで見出すことができる。程度の差はあるとしても，多くの国で以下のような点から一定の賃金格差が見られるだろう。

　賃金格差の「要因」とは，他の条件が一定であるときに，賃金に対して因果的影響を与える原因を指す。賃金格差が何によって生じているのか，個人の賃金データを用いた多くの研究がある。影響を与える要因には，観察データとして測定できるとされる要因と測定が難しいとされる要因がある。前者には，需要・供給要因，人的資本（教育，学歴，訓練），ジョブ・サーチ，後払い賃金制度，補償賃金（職場環境，付加給付〔フリンジ・ベネフィット〕）などがあり，後者には，意欲，やる気，能力，差別などがある。差別に関する理論としては，偏見・嗜好（しこう）による差別，統計的差別，アンコンシャス・バイアス（無意識の差別）などがある。

　また，さまざまなグループ間で賃金格差がある。学歴間，経験年数・勤続年数間，職種間，企業規模間，産業間，雇用形態間，男女間などのグループ間の

賃金格差である。上記の賃金格差要因がグループ間で異なる（他の条件がグループ間で異なる）ことからグループ間賃金格差は生じると考えられている。他の条件が一定であるときに，グループ自体が賃金に因果的影響を与えるのではない（グループ自体は「要因」ではない）ことに注意したい。たとえば，職種間賃金格差が生じるのは，必ずしも職種自体が賃金に対して因果的影響を与えるからではなく，職種に対する需要と供給のバランス，職種が要求する人的資本，職種の職場環境，職種に付帯するフリンジ・ベネフィットなどの賃金格差要因が職種間で異なるのが主な理由であると考えられている。

unit 13 では，賃金格差の要因について説明する。さまざまなグループ間の賃金格差については unit 14 で紹介する。

🔲 賃金格差を生じさせる要因

本書の各所で，経済理論が予想する賃金差について述べてきた。まずは第1章でも説明した需給要因（⑴）である。続いて，主に第4章で扱った人的資本（⑵⑶）の差である。以下では改めてこうした要因をまとめる。加えて別の要因も取り上げる。教育年数，仕事の勤続年数や，経験年数は人的資本を増やし，無職期間は人的資本を減耗させると考えられる。加えて個人の特性や個人の人的資本とのマッチの良さ（⑷），意欲を高めるための長期賃金制度（⑸），補償賃金格差（⑹）などが考えられる。これらの多くは，計量分析のうえで考慮可能である点で，測定可能（measurable）といえる。しかし，差別や測定できない能力のように測定できない要因による賃金格差もある。

以下では，まず賃金格差の測定可能な理論要因を述べる。その後，賃金格差をもたらす差別の理論について述べる。

🔲 賃金格差をもたらす測定可能な要因に関する経済理論

⑴ 需要・供給要因

第1章で学んだように，同一労働であっても，労働需要が増えると，賃金は高くなる。たとえば，ある仕事に対する需要が増えると，その仕事の賃金は高くなる。

同一労働であっても，労働供給が増えると賃金は低くなる。たとえば，ある世代の労働者の数が多いと，その世代の労働者の賃金は他の世代の労働者の賃金と比べ低くなる。また，専門的知識，専門的スキル，専門的能力の希少性は

高い賃金の原因となる。

　賃金は，労働サービスという希少資源を競合する使途の間に効率的に配分する機能を持つ。たとえば，IT サービスに対する消費者の需要が増えれば，IT 産業では労働需要が増え，他の産業と比べ賃金が上がる。この賃金格差があることにより労働者は他の産業から IT 産業へと移動する。移動は賃金格差が消滅するまで続く。均衡では同一労働に対する賃金格差はなくなるが，賃金格差が労働サービスを他の産業から IT 産業へと再配分する役割を果たすのである。

(2) 教育・学歴

　教育・学歴は賃金を決める重要な要因である。第4章では，教育は人的資本（知識，スキル）を増やし労働者の生産性を高める，また，学歴は労働者の高い能力をシグナルとして発するという理論を紹介した。

(3) 訓　　練

　訓練もまた，賃金を決める重要な要因である。第4章では企業内訓練が，労働者の一般的，および企業特殊的な人的資本を増し，賃金を高めるという理論を紹介した。

(4) ジョブ・サーチ

　第6章では，ジョブ・サーチが労働者により高い賃金を提示する仕事への転職を可能とするという理論を紹介した。

(5) 後払い賃金制度

　第5章では，企業は，賃金が勤続年数とともに上昇するような後払い賃金制度を導入することにより，真面目に働くインセンティブや，離職をしないインセンティブを労働者に与えうることを学んだ。

(6) 補　償　賃　金

　嫌な仕事には，その分賃金が高くないと人が集まらない。たとえば，高層ビルの窓ふきと室内の窓ふきの賃金格差，朝早い清掃と昼間の清掃の賃金格差などは，人に好まれにくい仕事で働く人を集めるための賃金格差であると考えることができる。このような賃金格差を**補償賃金格差**と呼ぶ。

　補償賃金格差が生じるのは，仕事が多様な特徴を持ち，仕事をする労働者はその特徴を経験せざるをえないからである。たとえば，3K（きつい，危険，きたない）の職場環境の仕事，責任の重い仕事，不安定な雇用の仕事などは，労働者に嫌われる傾向があるので，他の条件を一定とすれば，賃金が高くなるはずである。一方，付加給付（フリンジ・ベネフィット，第3章 unit 5 参照）は，労

働者に歓迎される傾向があるので，他の条件を一定とすれば，賃金が低くなる
はずである。

🔲 賃金格差に関する測定不可能な要因

　ここまで，賃金の高低は，労働市場で需要の高い仕事に人々が移動したり，
訓練を受けたり，その成果が評価されたり，仕事に対する意欲を高めたり，マ
ッチした仕事に労働者が移動したり，人々が好んだり嫌がったりする仕事に労
働者が就くうえで，重要な機能を果たしていることを述べた。賃金は資源配分
が良好に行われるための重要な指標である。他方，学歴，経験など測定できる
要因によらない賃金格差（unmeasureable wage gap）について，理論的・実証
的な研究も進んでいる。以下では差別の経済理論について概観する。

(1) 偏見・嗜好による差別

　賃金差別に関する古い経済理論はゲーリー・ベッカーが 1957 年に発表した
偏見・嗜好による人種差別がもたらす賃金格差の理論である。賃金を決めるに
際し，生産性に貢献する測定可能な要因が同一である労働者を性別，年齢，出
身地，人種，エスニシティ，外見，信仰，性的嗜好などにより異なる扱いをす
ることは非合理的であり，差別と呼ばれている。たとえば，働いた経験のない，
大学を卒業した男性と短大を卒業した女性の賃金を決める際，男女にかかわら
ず大卒の賃金を短大卒の賃金よりも高くするのは合理的かもしれないが，大卒
の男性の賃金を大卒の女性の賃金よりも高くする，あるいは短大卒の男性の賃
金を短大卒の女性の賃金よりも高くするのは非合理的である可能性が高い。

　偏見・嗜好による差別は，雇用主の偏見・嗜好，労働者の偏見・嗜好，顧客
の偏見・嗜好から生じる。

　まず，雇用主の差別を考えよう。労働者の生産性などの他の条件を一定とし
て，たとえば雇用主が男性を女性よりも好むとしよう。この場合，雇用主が，
女性を雇う際に賃金支払いのみでなく，心理的費用を支払っていると考えると
理解しやすい。女性の賃金が男性と比べ十分低くなければ，雇用主は女性を雇
わない。したがって，女性を雇っている差別的な雇用主は，女性に対して男性
よりも低い賃金を支払う。

　次に，労働者間の差別を考えよう。他の条件を一定として，特定グループの
労働者（たとえば人種，性別，年齢など）とともに働くことを他のグループの労
働者が嫌う場合，他のグループの労働者は，賃金を受け取ると同時に，特定グ

ループの労働者とともに働く心理的費用を支払っていると考えると理解しやすい。雇用主にとっては，どちらかのグループの労働者のみを雇うのが最適となる。この結果，特定グループ中心の職場，他のグループ中心の職場が生じるが，賃金のグループ間の格差は生じない。

最後に，顧客の差別を考える。他の条件を一定として，特定グループ，たとえば女性労働者が担当者であることを顧客が嫌う場合は，顧客は，女性労働者が販売する財を購入する際に，価格のみならず，女性労働者が担当する財を消費する心理的費用を支払っていると考えると理解しやすい。顧客がこうした好みを持つ場合，女性の賃金が男性と比べ十分低くなければ，雇用主は女性を雇わない。したがって，雇用主が非差別的であっても，顧客が差別的であるならば，男性よりも低い賃金で女性を雇えることになる。

(2) 統計的差別

統計的差別とは，労働者の個々の属性に関して企業と労働者の間で情報の非対称性があり，個々の労働者の属性を判断する費用が高いときに，企業が労働者の属するグループの平均的属性に従って個々の労働者を扱うことを指す。たとえば，長期勤続の意思の強い労働者とそうでない労働者を見極めるのが困難であるときに，企業は女性全体の平均離職率が男性全体の平均離職率よりも高いことを理由に，女性の雇用を控えたり，女性に企業特殊訓練を与えなかったりするかもしれない。また，個々の労働者の能力を見極めるのが困難であるときに，企業は（近年，学校を卒業し，現在も就職活動をしている）第二新卒労働者全体の平均的な能力が新卒労働者全体の平均的な能力よりも低いであろうと予測し，第二新卒労働者の採用を控えるかもしれない。

統計的差別は，労働者に不公平感を与えるだけでなく，個々の労働者の属性を判断する費用が低いときには企業にとっても経済合理性がない。たとえば，女性の学歴と労働力率が上昇した今日，女性の統計的差別は経済合理的な根拠の薄いものになっている。また，偶然，景気の悪い時期に卒業を迎え，不本意な就職をしてしまい，転職を希望している第二新卒労働者の平均的能力が，新卒労働者の平均的能力と比べて低いという予想は誤っているかもしれない。

(3) アンコンシャス・バイアス

近年，心理学の成果を取り入れ，(1)や(2)のように意識的に行われる差別だけでなく，**アンコンシャス・バイアス**（無意識の差別）が，経済学においても認識されるようになった。つまり当人は，なんらかの経済的な判断に基づいて

差別的な行動をしているわけではなく，無意識に差別的な行動をしていることを指す。その理由は，人間の判断における脳領域の特性にあるようである。時間をかけて判断すればより公平な判断が行われるとしても，時間の制約があるなかで仕事に追われ，短い時間で判断を下す場合には，無意識に脳は判断し，これは意識的に判断する場合の脳領域とは異なるという。そこでの判断は，当人の持っている暗黙の価値規範に影響され，これが暗黙の差別を生んでいるとの指摘である。たとえば，企業への応募書類のうち特定グループを選考し，特定のグループを選ばないような判断が行われること，あるいは，成長の機会のある仕事を特定グループに与え，他の特定グループに与えないことなどの例が考えられる。これらは当事者が差別を行おうと意識的に行った判断ではないが，結果としての差別が生まれている。

育児休業から復帰した女性に対して，とくに当人への相談なしに，上司が無意識に本人の職位と乖離した簡単な仕事を与える場合がある。これは母親に対する上司のアンコンシャス・バイアスである可能性が高い。女性が育児休業をとってもよいが，男性はとるべきではないと思う上司は，やはりアンコンシャス・バイアスによって無意識に男性の育児を差別している可能性が高い。

🔲 差別による賃金格差を縮小するための法律

賃金は労働者の生活の源であるだけに，差別に対しては政策的な取り組みが行われている。

(1) 男女雇用機会均等法

日本は男女の賃金格差や男女の管理職者数の格差が，世界の中でも最も大きい国の1つである。1985年に成立した男女雇用機会均等法は，それまでの男性のみ採用，女性のみ採用という男女別採用を禁止した法律である。これより10年ほど前，アメリカでは Equal Employmen Opportunity Act が1974年に，イギリスでは Sex Discrimination Act が1975年に成立している。1986年に施行された日本の男女雇用機会均等法により，男性のみの採用は禁止となった。そして妻子を養う男性を想定し，昇進可能性が高くコミットメントの高い働き方は，いわゆる「総合職」と名を変えて，また未婚女性をもともと想定していた働き方は，いわゆる「一般職」と名前を変えることになった。しかし第9章で扱うように，その後たびたび政策が強化されたにもかかわらず，前者は主に男性，後者は主に女性という実情は，2000年代に入ってもなかなか変

わらなかった。これは前者が家族のケアは被扶養配偶者に委ねることを当然とするような働き方であり，女性の多くが総合職的な働き方を継続できなかったからである。またコース間や雇用形態間の格差については，この法律は，格差があってよいと認めたからである。2000年代に入ると，第9章でさらに詳しく示すように正社員採用が縮小し，とくに女性においては，パート，アルバイト，派遣社員，契約社員など，正社員以外の働き方が拡大していったが，これらの働き方は正社員と比べると不安定で低賃金の場合が少なくなかった。

(2) 同一労働同一賃金という考え方

しかし正社員と非正社員との賃金格差についても，2018年に「働き方改革法案」が国会を通り，この中に「同一労働同一賃金原則の適用」という言葉が初めて入った。

同一労働同一賃金の原則は，同じ労働をしているのであれば同じ賃金を支払うべきという基本的な原則である。

ただし，長期雇用とその他の雇用とで雇用慣行が大きく異なる日本においては，「同一労働」の定義については十分な議論が醸成されていないため，厚生労働省は，司法に判断をゆだねるとしている。現時点で職務内容が同一である2人の労働者を単純に同一労働をしているとみなすのは経済合理的な資源配分の達成を阻む危険があるだろう。企業は労働者の採用，訓練，賃金決定を長期雇用労働者に対しては長期の視点で行っており，現時点の職務内容が同一である長期労働者と有期労働者の2人の労働者について，異なる計画のもとにある可能性があるからである。2人が異なる企業に勤務していればその可能性はさらに高くなる。

2人の労働者が採用，訓練，賃金決定に関わる同一の長期計画のもとにある場合でさえも，2人が異なる市場環境や労働環境に置かれていれば，2人の労働の市場価値は異なる。異なることを認めなければ，賃金は労働市場における資源配分機能を発揮できなくなる。たとえば，（同一の長期計画のもとにあるという意味で）同一労働をしている2人の労働者が異なる地域や産業で働いているならば，賃金は地域や産業の需要・供給の状況を反映し，異なるであろう。異なるからこそ，賃金の高い地域や産業を目指して労働者が移動し，賃金の低い地域や産業を目指して企業や資本が移動することで，労働や資本という希少資源の効率的な配分が達成されうるのである。

もっともその賃金格差が，当人の能力などを反映しないような非合理的な格

同一労働同一賃金，同一価値労働同一賃金

働き方改革法の中で，「同一労働同一賃金」原則が議論され，2020 年 4 月（中小企業は 2021 年 4 月）から正社員と非正社員との不合理な待遇格差が禁止された。ただし，何をもって「同一労働」と呼ぶかは，同一労働同一賃金法制の内実や効力を決める。欧米では，労働市場がより流動的であり，「職」によってある程度の企業横断的な賃金相場がある。EU ではフルタイム労働者とパートタイム労働者，続いて，無期労働者と有期労働者間の同一労働同一賃金原則も，基本的な法原則として EU 指令で認められた。一方，日本では，「職」の定義があまり明確でない場合も少なくなく，また，職による賃金相場はそれほど明確ではないため「同一労働」の考え方は難しい。

日本ではすでにパートタイム労働法の中にパートタイム労働者の公正な待遇の確保のための労働指針がある。2015 年からは，①職務内容が正社員と同一，②人材活用の仕組みが正社員と同一であれば，賃金，教育訓練，福利厚生施設の利用をはじめすべての待遇について，正社員との差別的取り扱いが禁止されることが謳われた。これ以前は，加えて，③無期契約であることも条件であった。しかし，いずれにせよ，このパートタイム労働者に対するガイドラインの効力はきわめて薄いものとして終始してきた。それは「人材活用の仕組みが正社員と同一」のパートタイム労働者というのは，（短時間正社員の中には一部いるとしても），「パート」労働者にはきわめて少なかったからである。該当する労働者がきわめて少ないことは，パートタイム労働法の指針のもととなった報告書で 5% もいないということは既知であった。そこでこうした法制が敷かれたが，あまり効力は発揮していない。

日本では長期雇用保障と引き換えに，正社員であれば企業の転勤や残業命令に従うべきという判例法が高度成長期である 1960 年代に確立していった。人の配置を企業命令で容易に行える自由度を企業に与えなければ，長期にわたる雇用保障は難しいと考えられたからであった。しかし，この慣行は，正社員がワーク・ライフ・バランスをとりつつ働くことを難しくしており，とくに夫婦がともに正社員として働くことを難しくしてきた。急な転勤命令や残業命令に対応することは，家庭事情を優先したい労働者が働き続けるうえで大きいハードルとなる。転勤や残業を受け入れることが正社員の高賃金の合理的な理由となるようであれば，正社員という働き方は，ワーク・ライフ・バランスのとりにくい働き方となっていくだろう。

そうした働き方であれば，正社員で共働きをする夫婦が増加している若者の支持を受けない可能性が高い。少子高齢社会の日本において，女性や高齢者の能力活用，次世代育成がきわめて重要であることを考えれば，ワーク・ライフ・バランスのとりやすい働き方で生計維持可能な賃金を稼得できる雇用慣行を日本社会に創出していくことは日本の課題である。そこで「同一労働」の定義にあまり古い形の正社員

にとらわれないことが重要である。

　また，最近は，大企業も優秀な労働者を中途で採用することも視野に入れ始めているようだ。転職市場が発達すれば，「同一労働」の基準が企業を超えて作られやすくなるであろう。

　同一労働同一賃金という考え方のほかに，同一価値労働同一賃金という考え方がある。ここでは，work of equal value（同一価値労働）という概念が用いられており，同一の労働でなくとも，同一の価値の労働であれば，同一の賃金にするという考え方であり，より幅広いものである。

差であれば，当人は，当該産業や企業をやめて，当人の能力を評価してくれる別企業に転職することができる。こうした行動が活発に行われれば，非合理的な格差は縮小していく。それは労働市場の機能そのものである。しかし日本のように，長期雇用に対してのみ法的な保護が厚く，逆に転職市場が十分に発展していない状況においては，非合理的な格差は労働市場の機能だけでは十分に解消されない可能性があった。

　非合理的な賃金格差が蔓延しているような状況では，（上記のような危険性はあるものの）同一労働同一賃金に基づく市場介入政策は，非合理的な賃金格差を縮小できる可能性がある。それは，非合理的な賃金格差のもたらす非効率が同一労働同一賃金政策のもたらす非効率を上回ると考えられる状況である。その判断は国民が行うしかない。

　現在の日本においては長期計画の労働者としての採用が，男女で，また（学校卒業時の経済状況等により）コーホート（世代）で大きく異なり，その影響が長期に続いている。このようなもとでは，長期労働者とそれ以外の労働者に対する異なる社会的保護のルールそのものを問い直すことも求められる。社会的保護とは，採用，解雇，退職，育児休業等の権利，社会保険加入資格などの労働者保護を指す。

(3)　ポジティブ・アクション

　ポジティブ・アクション（**アファーマティブ・アクション**：affirmative action と呼ばれることもある）とは，平等な機会に恵まれなかった少数集団に対してこれを是正するよう積極的な取り組みを行うことをいう。日本のポジティブ・アクションについては，厚生労働省は「固定的な男女の役割分担意識や過去の経緯から，管理職に女性はほとんどいない，課長以上の管理職は男性が大半を占めている等の差が男女労働者に生じている場合，このような差を解消しようと，

個々の企業が行う自主的かつ積極的な取り組み」であるとホームページで解説している。このような自主的な取り組みではなく、そうした集団に対して、一定の雇用の割り当て（quota）を課している国もある。このような政策についても同じことがいえる。非合理的な雇用格差が蔓延しているような状況では、ポジティブ・アクションにより、非合理的な雇用格差を縮小できる可能性がある。

● 注

1) 2020年より「賃金構造基本統計調査」の職種分類は大幅に変更された。

要　約 ——————————————————————————————

　賃金格差には、測定可能な要因による格差と測定不可能な要因による格差がある。前者には、需要・供給要因による賃金格差、補償賃金格差、教育・訓練による賃金格差、企業特殊訓練への投資や怠業防止のための後払い賃金、ジョブ・サーチによる賃金格差などが含まれる。後者には、偏見・嗜好による差別、統計的差別、アンコンシャス・バイアスが含まれる。

確 認 問 題 ————————————————————————————————

□　*Check 1*　以下の空欄に枠内から適切な用語を選んで入れなさい。ただし、同じ用語を複数回用いてもかまわない。また、すべての用語を使用するとはかぎらない。

　　他の条件を一定として、若い女性労働者の提供するサービスと比べ高齢の男性労働者の提供するサービスを顧客が嫌う場合は、（　①　）が、財やサービスを購入する際に、価格のみならず、高齢の男性労働者によって提供されたサービスを消費する（　②　）を支払っていると考えると理解しやすい。高齢の男性の賃金が若い女性と比べ十分（　③　）なければ、雇用主は（　④　）を雇わない。したがって、雇用主が（　⑤　）であっても、顧客が（　⑥　）であるならば、若い女性よりも（　⑦　）賃金で高齢の男性を雇えることになる。

　　人は自身が差別をしていることを認識しないまま差別的な行動をとり、これが採用差別や、昇進差別を引き起こす可能性がある。こうした差別は、意識的な差別でないだけに（　⑧　）と呼ばれる。

> 低い、低く、心理的費用、差別的、非差別的、高齢の男性、顧客、アンコンシャス・バイアス（無意識の差別）

163

グループ間の賃金格差

unit 13 では，賃金格差を生む測定可能な要因と測定不可能な要因について学んだ。以下では，まず，多くの国で見られるさまざまなグループ間の賃金格差を見ていく。そのうえで日本の特徴を見ていく。グループ間格差は，測定可能な要因，測定不可能な要因がグループ間で異なるために生じると考えられる。

さまざまなグループ間の賃金格差

(1) 学歴間賃金格差

学歴が高い労働者の賃金が高い傾向はどの国にも共通して見られる。第4章 unit 7 の図7-3 は，日本の性別，年齢階級別の学歴間賃金格差を図示したものであるので，改めて見てほしい。

（賃金を決める「要因」としての教育，学歴ではなく）「グループ」としての学歴間に見られる賃金格差は，（人的資本投資としての）教育の因果的影響，（高い能力のシグナルとしての）学歴の因果的影響だけでなく，学歴間で異なる，訓練，ジョブ・サーチの差，後払い賃金制度下で働く傾向の差，需要と供給のバランスの差などをも部分的に反映していると考えられる。たとえば，高学歴の労働者ほど，受ける訓練が多く，全国規模の労働市場でジョブ・サーチを行い，後払い賃金制度を採用する企業への就職が多いなどの差がある。

(2) 経験年数・勤続年数間賃金格差

経験年数間，勤続年数間の賃金格差は，教育，学歴，訓練，ジョブ・サーチなどの差を反映していると考えられる。第4章では，一般的訓練の理論は，異なる企業間で汎用性のある人的資本が経験年数とともに蓄積されていくことを，また企業特殊訓練の理論は，企業に特殊な人的資本が勤続年数とともに蓄積されていくことを予測することを学んだ。また第6章では，ジョブ・サーチの理論は，賃金が高い仕事に就いている労働者の経験年数，勤続年数が長くなると予測することも見た。

(3) 職種間賃金格差

職種間の賃金格差もどの国でも見られる。すでに述べたように，unit 13 の表 13-1 は日本の職業別の賃金を政府統計から示したものである。

職種間賃金格差は，職種間の人的資本格差や補償賃金格差を部分的に反映していると考えられる。高い訓練が要求され，仕事に就く機会が試験の合格等で制約されているような仕事の方が一般的には高い賃金となっている。逆に仕事内容が平易で，容易に就けるような仕事は低い賃金である。もっとも，同表に示されているのはあくまでも平均である。たとえば，デザイナーの平均は表から約 27 万円とあるが，なかにはきわめて高給を得る知名度の高いデザイナーもおり，逆に自称デザイナーであるが低賃金の者もいるだろうことは容易に想像できる。

3K の仕事の多くは，賃金が低く，逆に企業からの付加給付，たとえば快適なオフィス，社宅の供給，人間ドックへの補助などが多い仕事は，賃金が高い傾向がある。一見，補償賃金格差理論の予測に反するように見えるこの現象は，他の条件が一定ではないからと考えられる。たとえば，3K の仕事が，他の仕事と比べ高度な人的資本を必要としない仕事であれば，賃金は他の仕事より低くなるだろう。また，他の仕事と比べ高度な人的資本を要求する仕事は，賃金が他の仕事より高くなり，また付加給付が多くなることもある。

(4) 企業規模間賃金格差

日本では企業規模間賃金格差は大きい。これは，大企業，中小企業間での人的資本格差や後払い賃金制度採用の格差を部分的に反映していると考えられるが，賃金格差の原因については労働経済学者の間でも数々の仮説があり，必ずしもよく理解されていない。たとえば，大企業には中小企業と比べて多様な仕事の機会があり，労働者と仕事の間のジョブ・マッチングが容易に行えるので，賃金成長率が高いのかもしれない。あるいは，大企業は，中小企業と比べて内部労働市場が発達しており，正社員を新卒採用し，企業特殊訓練を与える傾向が強いので，賃金成長率が高いのかもしれない。または，大企業は，中小企業と比べて財・サービス市場での価格支配力が強く，高い利潤を得ることができるので，賃金が高いのかもしれない。

しかし，同じ人を追跡した調査を見ると[1]，日本の場合，正社員とパート間の転職は賃金を 2 割弱引き下げるが，企業規模間の転職が賃金に与える影響は 1 割にも達しない。他方で，横断面調査（第 1 章 unit 1 参照）を用いて個人間の

賃金を比較すると，企業規模の差が賃金に与える影響は他の要因と比べてはるかに大きい。このことから，同じ個人について勤務先の企業規模のみが変わっても賃金はあまり変化しないと考えられる。つまり，日本における企業規模間の賃金格差は，大企業への就職がより競争的である結果として，個人間の能力差もかなり含まれると思われる。

(5) 産業間賃金格差

同じ大卒であっても，従事する産業によって平均賃金が異なる傾向を見ることができる。産業間賃金格差は，産業間での財・サービスに対する需給格差，人的資本格差や後払い賃金制度採用の格差を部分的に反映していると考えられる。また，産業による資本装備率（1人当たりの労働者に対する資本設備の量）の差もあるだろう。たとえば，大型の機械装置のある製造業で働く労働者と，簡便な設備の製造業で働く労働者とを比べれば，1人当たりの生産性が異なり，また訓練も異なり，賃金格差に反映されるだろう。

(6) 雇用形態間賃金格差

今日，日本を含め多くの先進国で有期雇用や短時間雇用など，不安定な雇用や，多様な働き方が広がってきている。雇用期間に定めがない雇用（たとえば，日本では正社員など）との間には賃金差がある場合が少なくなく，今日，注目されている賃金格差の項目である。

雇用形態間賃金格差は，雇用形態間での就職における競争と選抜の差や，期待される雇用期間の差，採用後の企業内訓練の差，仕事内容や責任の差などを部分的に反映していると考えられる。また，法定の社会保険料負担義務が異なることから，法定コストを回避する目的で，雇用主が有期雇用労働者の採用を拡大している側面もある。いったん有期雇用になると，雇用期間の定めのない雇用に移りにくいといわれる。社会的保護のルールの差が両者の格差を歪みとして拡大しているとすれば，ルールのあり方の再検討が必要である。

(7) 男女間賃金格差

男女間の賃金格差である。第4章 unit 7 の図 7-3 の折れ線グラフの高さを比べることで，大卒男女，高卒男女等の賃金構造の差を見ることができる。

男女間賃金格差は，男女間の人的資本格差，後払い賃金制度採用の格差，補償賃金格差，女性差別を一部は反映していると考えられる。出産・育児による制約を受けやすいような働き方のルールや雇用慣行があるとすると，典型的な女性労働者は，典型的な男性労働者と比べ，生涯の間に労働市場に参加する年

数が少なくなる。このため，典型的な女性労働者は，典型的な男性労働者と比べ，教育と訓練のような人的資本投資やジョブ・サーチのインセンティブが小さくなり，男女間賃金格差が生じてきたものと考えられる。しかし，男女の学歴差は大幅に縮小している。それでも出産・育児の影響が大きい雇用慣行が続くならば，女性が子どもを持つことのコストが高まることになる。もし今後さらに出産が抑制されるならば，20年後，30年後の日本社会はいっそう高齢化が進む。日本社会の今後を見据えれば，働き方のルールの再考が必要であろう。人的資本，後払い賃金制度採用，補償賃金などにおける男女間の格差を考慮しても残る賃金格差は，女性差別を反映している可能性がある。たとえば，同じ学歴の男女が同じ会社に入社し，同じ経験を積み，勤続年数が同じであるにもかかわらず賃金が異なる場合などは，女性差別が疑われる。

📖 日本の賃金格差の特徴

　以上のようにさまざまな賃金格差が見られるが，日本で特徴的に格差が大きいとされているのは，(1) 男女間の賃金格差，(2) 企業規模間の賃金格差，(3) 正社員と非正社員間の賃金格差，(4) 年齢間の賃金格差，であるだろう。

　これらの賃金格差が注目されるのは，賃金格差が大きいというだけでなく，賃金格差が妥当で納得できるものなのかどうかについて議論が多いからでもあろう。

(1) 男女間の賃金格差の特徴

　男女間の賃金格差は，縮小傾向にはある。しかし欧米と比べて縮小のスピードは遅く，大きい格差がある。第4章 unit 7 の図 7-4 は，アメリカ，ドイツの学歴別および性別の賃金格差を日本と比較したものである。大卒女性の賃金はとくに日本では，大卒男性に比べて低いだけでなく，高卒男性よりも低い。この日本の大きな特徴の詳細な説明は第9章 unit 17 に譲る。

(2) 企業規模間の賃金格差の特徴

　日本では，大企業に比べて中小企業の賃金が低いことが戦後の労働研究のなかで長く指摘されてきた。そのため賃金統計も，日本においては，企業規模別集計が当然のように戦後，統計をとりはじめて間もなく重要な集計項目として実施されている。

　中小企業に雇用される者は労働者の大きい割合を占めている。『中小企業白書』（2020年版）は総務省「労働力調査」を用いて，非正社員等を含めて中小

企業と大企業との労働者数を比較している。2019年を見ると，99人以下企業の労働者数の合計は2424万人（うち1〜29人規模の企業に雇用されている者が1523万人），100〜499人の企業に雇用されている者は1108万人，500人以上の企業の労働者は1809万人である。

中小企業と大企業の平均給与の差は，好景気には縮小し，景気後退期には拡大する傾向があったが，「賃金構造基本統計調査」の一般労働者の賃金の推移を見ると，最近は時系列的な一定の傾向は見られない。これは，一般雇用者が，短時間労働者を除くものの，フルタイムの正社員と非正社員双方を含むものであって，とくに大企業でフルタイム非正社員構成が景気に対応しつつ増えているためなのかもしれない。

なお，2019年における10〜99人規模の企業の男性一般労働者の平均給与額は32.3万円であり，1000人超の大企業では38.0万円である。また一般労働者について，正社員，非正社員別に男性の所定内給与の平均を見ると，10〜99人規模の企業で正社員は30.3万円，非正社員は22.6万円であり，1000人超の大企業ではそれぞれ40.0万円，24.1万円である。非正社員については企業規模間の給与格差は小さいが，正社員との差は大きい。

この平均給与の格差には，労働者構成の差（学歴構成や勤続年数，年齢構成の差異）などが含まれている。労働者構成の変化を加味した賃金格差の推計を行っている労働政策研究・研修機構『ユースフル労働統計2019：労働統計加工指標集』によれば，2018年の1000人以上企業の産業計の平均給与を100とすると，100〜999人の構成調整済みの平均給与は91.2（調整なしで83.9），10〜99人は86.6（調整なしで76.9）である。

(3) 正社員と非正社員間の賃金格差の特徴

正社員と非正社員の大きい賃金格差は，今日，大きな社会問題となりつつある。かつては，非正社員は女性に圧倒的に多く，男女間賃金格差の問題とも重なっていた。主婦が自ら望んで短時間の仕事をしているのだから，同じような仕事をしていたとしても，短時間性の代償として低賃金を選んでいるなら，それは個人の選択であるから問題はない，という見方は1990年代には根強くあり，また，実際に短時間で軽い仕事に満足して働く層も見出されていた。

しかし，1997年，98年の金融経済危機を経て，若者の一定の割合が，望むと望まないとにかかわらず，正社員の仕事に就けないようになる大きい変化が起きた。このため，当然，生計をたてる必要があるであろう未婚の若年男女が，

初職としてパートやアルバイトに従事するようになっていった。また労働者派遣法の 1999 年の改正による原則自由化（派遣をしてはならない業務リストを法令で定め，リストにない業務は派遣を自由化），2003 年改正での製造業への派遣の解禁により，派遣労働に就く若年男女，あるいは契約社員として有期で働く若年男女が急速に増えている。また正社員の数が絞られるなか，正社員の仕事負担が重くなっていることも問題視されている。

　正社員と非正社員とでは労働条件も異なっているだろう。前者は月給で支払われ，高いボーナスや退職金を期待できる代わりに，残業や休日出勤も多いかもしれない。後者は時間単位で賃金が支払われているであろうし，仕事内容もより平易かもしれない。しかし，若者の少なからぬ割合が，有期雇用で，訓練機会も少ない非正社員という働き方に閉じこめられてしまうとすれば，日本経済の将来としても問題が多いことになる。

　正社員と非正社員の賃金格差を説明しうる仮説にはさまざまなものがある。第 1 に，企業が，優秀な労働者を正社員採用し，彼らの勤勉を奨励し，離職を抑制するために，非正社員よりも高い賃金を払っている可能性がある。経済学ではこれを効率賃金（第 8 章 unit 15 参照）と呼ぶ。

　第 2 に，以下の①から③のように，解雇規制が正社員・非正社員間の賃金格差を生んでいる可能性がある。前述したように，①企業は，非正社員と比べ正社員により多くの企業特殊訓練を与えるインセンティブを持つであろう。解雇規制（正社員の解雇を難しくする政策）は，企業が採用する正社員の雇用不安に起因するジョブ・サーチへのインセンティブを減らし，正社員を他の企業に奪われるリスクを軽減する。一方，企業が採用する非正社員を他企業に奪われるリスクは，正社員のそれよりも高い。さらに，法律による派遣労働者の雇用期間の上限が賃金格差を生んでいる可能性がある。雇用期間の上限があることにより，派遣労働者の訓練は，彼らを常用雇用する派遣会社と派遣労働者自らによる一般的訓練投資にほぼ限られる。

　また，②解雇規制による高い準固定費用は，少ない正社員しか採用しないインセンティブを企業に与えるので，非自発的な非正社員が生じ，非正社員労働市場の供給が増え，非正社員の賃金を押し下げる。

　③能力の違いによっても正社員の賃金は非正社員の賃金よりも高くなる。潜在的能力の高い労働者への企業特殊訓練のリターンが，他の労働者のそれよりも高ければ，潜在的な能力の高い労働者を正規雇用するインセンティブを企業

賃金はどのように決まるのか？ 女性差別の証拠を見出せるか？：賃金関数

賃金がどのようなような要因によって規定されるかを示すのが賃金関数である。今日，標準的に用いられる式は，労働経済学者のジョイコブ・ミンサーによる賃金方程式をベースにしている。

$$\ln wage = \beta_0 + \beta_1 educ + \beta_2 exp + \beta_3 ten + \cdots + u$$

この式は，賃金の対数値は，測定できる教育年数（$educ$），経験年数（exp），勤続年数（ten）などのさまざまな説明変数と分析者には測定できない要因によって決まると述べている。β 係数は，対応する変数が 1 単位変化したときの賃金の % 変化量を表している。たとえば，β_1 は，教育年数が 1 年増えたときに賃金が何 % 高くなるかを表している。こうしたモデルを回帰モデルと呼ぶ。回帰モデルの β 係数をデータからできるかぎり正確に推定するのが，回帰分析の目的である。

賃金の回帰分析では，賃金に影響を与える多くの説明変数を考慮することが β 係数を正確に推定するうえで重要である。上の議論から明らかなように，多くの要因が賃金に影響を与える。したがって，それらの要因を同時に考慮しなければ，ある要因の賃金への影響を正確に推定することは困難になる。

近年では，分析者に測定できない要因の重要性に関心が高まっている。標準的な分析手法である最小二乗法は，分析者に測定できない要因は，測定できる説明変数と相関しないことを仮定している。その仮定が満たされなければ，β 係数の推定値は偏ることが知られている。通常，測定できない代表的な変数として考えられているのは，能力，やる気や努力である。能力，やる気，努力は，教育，経験，勤続など，多くの説明変数と相関すると考えられるので，問題は深刻である。近年，こうした相関を考慮に入れたさまざまな推定手法が提案され，分析に役立てられている。とくに女性は同じような属性を持っていても，非就業になる者も少なくない。それだけに，測定できない要因を考慮することが重要である。

女性差別（女性であることが賃金をどれだけ下げるか）を推定したければ，賃金の男女差を見るだけでは不十分である。性別だけでなく，教育，経験，勤続，産業，職業など，さまざまな要因を回帰モデルで同時に考慮する必要がある。賃金方程式（各 β 係数）を男女別に推定すれば，平均的男性と同じ測定可能な要因（属性）を持つ女性が得る賃金を予測できる。それが，もし平均的な男性の実際の賃金よりも低ければ，平均して見れば女性が賃金差別を受けている証拠になりうるように考えるかもしれない。

しかし，差別の実証的証拠を見出すのは容易ではないことも知られている。労働市場において，女性差別があれば，それは労働市場に参入する以前の女性の教育投資，すなわち女性の大学進学を下げる可能性がある。さらに参入後の訓練投資も低

くなる可能性があり，ジョブ・サーチを男性のそれよりも少なくする可能性がある。また，既存の労働市場を前提として，報酬の高い職業に就く女性を男性よりも少なくしたり，離職を促したりする可能性がある。教育，経験，勤続年数，産業，職業といった，賃金格差の測定可能な要因の男女差は，差別を前提として，男女が合理的に異なる選択をしたことを反映しているにすぎない可能性がある。つまり，もし仮に，教育，経験年数，勤続年数，産業，職業などが同じ男女が同じ賃金を得ているとしても，そもそもの属性の男女差の背景に差別があるとすれば，女性差別がないとはいいがたい。

　次に，労働市場での女性差別は，労働市場に参加する女性について，測定不可能な女性の属性（とくに能力）を男性のそれよりも高める可能性がある。女性の測定不可能な能力が男性のそれよりも高ければ，女性差別を過小評価する可能性がある。

は持つ。

　正社員・非正社員間には労働時間の格差もある。正社員の雇用を保護する法政策や，社会保障による正社員の高い準固定費用は，企業が正社員として採用する労働者数を減らし，正社員に要求する労働時間を増やす効果がある（固定費用が高いのであれば，長時間働いてもらった方が時間当たりの固定費用の単価が下がるからである）。さらに法律的にも，企業が労働組合と 36 協定を結び，労働組合から支持されれば，正社員に長時間残業を命じることが可能な法体系があった。なおこの点については，2019・20 年に大きい法改正の施行があり，残業時間に上限が課されるようになった（コラム「働き方改革」127 頁参照）。

　一方，非正社員の雇用を保護しない政策は，非正社員の雇用を安価なものとする。その結果，企業が非正社員として採用する労働者数を増やす効果がある。このように，正社員の長い労働時間によるワーク・ファミリー・コンフリクト（仕事と家庭の両立の困難）や非正社員の低賃金によるワーク・ファミリー・コンフリクトは，雇用保護や社会保障適用の正社員・非正社員間格差から生じている一面がある。

⑷　年齢間の賃金格差

　日本の正社員の賃金を見ると，若い時点では欧米に比べて学歴間賃金格差が小さいこと，年齢とともに，大卒者の賃金上昇が，高卒者等に比べて高い角度で上昇することが知られている。

　とくに大卒層の賃金水準は，欧米に比べると，20 歳代，30 歳代で相対的に低く，高卒正社員層との差はさほど大きくない。しかし 40 歳，50 歳代の大卒

男性の賃金上昇は欧米に比べて大きい。

● **注**

1) 永瀬伸子（2018）「非正規雇用と正規雇用の格差──女性・若年の人的資本拡充のための施策について」『日本労働研究雑誌』第 60 巻第 691 号，19-38 頁。

要 約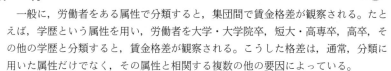

　一般に，労働者をある属性で分類すると，集団間で賃金格差が観察される。たとえば，学歴という属性を用い，労働者を大学・大学院卒，短大・高専卒，高卒，その他の学歴と分類すると，賃金格差が観察される。こうした格差は，通常，分類に用いた属性だけでなく，その属性と相関する複数の他の要因によっている。

確 認 問 題

　□ *Check 1* 次の経済を考えなさい。

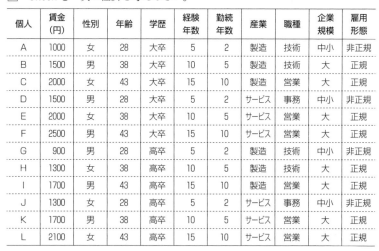

個人	賃金(円)	性別	年齢	学歴	経験年数	勤続年数	産業	職種	企業規模	雇用形態
A	1000	女	28	大卒	5	2	製造	技術	中小	非正規
B	1500	男	38	大卒	10	5	製造	技術	大	正規
C	2000	女	43	大卒	15	10	製造	営業	大	正規
D	1500	男	28	大卒	5	2	サービス	事務	中小	非正規
E	2000	男	38	大卒	10	5	サービス	営業	大	正規
F	2500	男	43	大卒	15	10	サービス	営業	大	正規
G	900	男	28	高卒	5	2	製造	技術	中小	非正規
H	1300	男	38	高卒	10	5	製造	技術	大	正規
I	1700	男	43	高卒	15	10	製造	営業	大	正規
J	1300	女	28	高卒	5	2	サービス	事務	中小	非正規
K	1700	男	38	高卒	10	5	サービス	営業	大	正規
L	2100	女	43	高卒	15	10	サービス	営業	大	正規

(1) 正規・非正規間の賃金格差を求めなさい。

(2) 男性の正規・非正規間の賃金格差を求めなさい。

(3) 高卒男性の正規・非正規間の賃金格差を求めなさい。

(4) 新たな条件を加えて比較するたびに格差は大きくなるか，小さくなるか，答えなさい。（ヒント：(1), (2), (3)を比べなさい）

第 **8** 章

失業と不安定雇用

　ナオキは，昨年，20年近く勤めていた会社が倒産し，現在も失業中だ。大学生の当時，就活生の間で人気の高い企業であったが，いまはもう存在すらしない。以前から，会社の主力商品の使用中に怪我をしたというクレームがあったのだが，使用法に誤りがあると会社は説明してきた。ところが，いまから3年前，会社が商品に構造上の欠陥があることを知りながらリコールをしなかったことが発覚し，世界中の消費者から訴えを起こされ，さらには，他の商品も売れなくなり，業績が急速に悪化したのだ。会社は早期退職希望者を募って費用削減に努めていたが，その努力もむなしく倒産に追い込まれたのだった。早期退職を希望して早い段階から転職活動を始めておけばよかったとナオキは悔やんでいる。

　本章では，失業と不安定雇用について学ぶ。失業はどのような原因から生じているのか，失業者が再就職するまでにどのくらいの時間が経過するのか，不安定雇用はなぜ増えているのか，不安定雇用から安定雇用へ移るにはどうしたらよいのかなどを見ていく。

失業のストックとフロー

Keywords
失業率，労働力のフロー分析，フィリップス曲線，*UV*曲線，構造的・摩擦的失業，効率賃金

失業率とは

失業者という言葉を聞いたことがあるだろうか。これは，現在仕事に就いていないが，仕事に就くことを希望しており，すぐに仕事に就ける者を指す。**失業率**は，**労働力**（labor force：仕事に就いている者，および仕事探しをしている者，15歳以上），すなわち，働いている者と失業者の合計に占める割合である。日本では総務省統計局「労働力調査」という全国で約10万人に対して毎月行われる調査から算出されている。具体的には，調査員が調査票を持って個別の家庭を訪問し，月末1週間の状況について調査する。その調査週に仕事に就いておらず，仕事探しをしており，仕事があればすぐに就くことができる者を**完全失業者**と定義する。そして，これが労働力に占める割合を**完全失業率**という。この数値は，働くことを希望する者に対して，どのくらい仕事に就けていないかを示す指標として継続的に発表されてきた。

なお，仕事に就くことを希望せず，仕事に就いていない者は，**非労働力**（out of labor force）と呼ばれ，労働力には含まれない。たとえば引退した高齢者，仕事を希望していない学生，仕事をせず家事育児に専念している者などは，非労働力にカウントされる。

図15-1に，日本の男女別の完全失業率の推移を示した。1994年までは3%を超えず，他の国々と比べると日本は失業率が低い国であった。しかし，1990年にバブルが崩壊し，不動産価格が大きく下落する。当時，不動産を担保に銀行貸出が行われていたが，不動産価格が急落すると，不動産を担保とする貸出

図 15-1　男女の完全失業率の推移

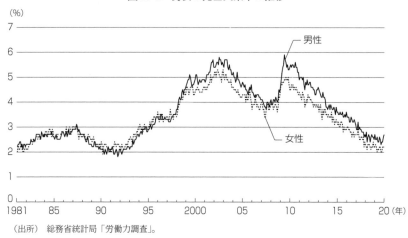

（出所）　総務省統計局「労働力調査」。

の多くは不良債権となった。こうしたなかで 1997 年から 98 年にかけて銀行や証券会社が破綻するなど大きい金融危機が起きた。仕事を失う者が増え，1998 年に完全失業率は 4% 台へ，さらに，2002〜03 年には男性の完全失業率が 5.6% から 5.8% 台のピークをつける。その後の景気回復で，失業率は 2007 年に 4% 台にまで低下したが，2008 年リーマン・ショック後の世界規模での不況により上昇に転じ，2009 年には再び完全失業率は 5% 台となる。

　1980 年代後半から 90 年代前半までは完全失業率は女性がわずかに高い傾向であったが，99 年から 2005 年，09 年以降など，不況が深刻な時期ほど男性の失業率が女性の完全失業率を大きく上回るようになった。

　また，図 15-1 には示していないが，年齢別の特徴もある。多くの国で若年層の失業率は高いのだが，日本も近年の若年層の失業率の上昇は著しい。リーマン・ショック後の 2009 年の 15〜24 歳の男性の完全失業率は 10.4%，女性の完全失業率は 8.4% となった。一方 45〜54 歳は，男性は同じ暦年に 4.1%，女性は 3.6% である。ただし，景気回復によって，15〜24 歳の完全失業率も 2019 年には男女計で 3.8% にまで下がった。しかし，その後はコロナ禍で再び上昇している。

　失業というと読者は深刻なイメージを持つだろう。ただし，上記の失業という概念では，失業の深刻さについて十分にとらえられない点もある。週 2 日程度の短時間の仕事を希望して仕事に就けば，その者は就業者である。しかし，

週2日の仕事ではとても食べていけないと思い，求職活動を続ければ失業者である。逆に明日の食費にも事欠き，不十分でも週2日の仕事に就くと，失業者には入らなくなる。また思うような仕事がなく，とうとうあきらめて仕事探しをやめてしまえば，こうした者も「失業」状態に近いのだが，仕事探しをしていないので非労働力となり失業統計からは外れてしまう。

このように失業の深刻度の差を少しでも示すべく，多様な指標を発表する国もある。たとえば，アメリカの労働統計局は，失業統計としてU1からU6までを発表している。U3が通常発表される失業率であるが，U1は15週間以上の長めの失業者が労働力に占める割合，U2は解雇された者ないし雇用契約期間が終了した者など，仕事を失ってしまった者が労働力に占める割合，U4は通常の失業者に加えて，就業希望があり仕事にすぐ就くことができ，過去1年間を振り返れば仕事探しをした経験はあるものの適当な仕事がないので求職をあきらめている者を加えた指標，U5は，通常の失業者に加えて，就業希望があり仕事にすぐ就くことができ，過去1年間に仕事探しをした経験のある者を加えたもの，U6はU5に，短時間就業を希望してはいないが，職場の都合で短時間の仕事しか得られていない者を加えた指標である。

日本においても2018年から失業統計について，より詳細な発表がなされるようになった。「未活用労働指標」と呼ばれる（コラム参照）。

労働力のフロー分析

(1) フローによる労働者の分類

日本では不況期に，男性の失業率が女性を上回る特徴が見られることを指摘した。これはなぜだろうか。失業率というのは，失業という状態に陥っている**ストック**の人口が労働力に占める割合である。

失業率の上昇や，失業率の下落に影響するのは，いったん失業状態に陥った人がどれくらい早く失業から抜け出すことができるのか，また，どのくらいの人が新たに失業に陥るかといった失業者プールへの人の流入や流出である。このように，失業という状態，労働力という状態，あるいは非労働力という状態に陥る人々の状況の変化を分析するのが**労働力のフロー分析**である。

個人の就業状態は，就業（E），失業（U），非労働力（N）として分類される。失業率はある時点の失業者数Uの労働力人口（$U+E$）に占める割合を示すストックの数字であるが，フロー分析とは，前の期から今期へのU，E，Nへの

> **コ ラ ム**

未活用労働指標

　失業率の国際比較には注意が必要であるが，未活用労働指標を利用すると，海外と一定程度失業の概念を合わせることができる。求職活動の期間を1週間ではなく，1カ月としたものを「失業者」とし，これが労働力に占める割合を見たものが「未活用労働指標1（LU1）」である。アメリカの失業統計は，過去1カ月に仕事探しをしていたかを尋ねるものであるので，アメリカの失業率とほぼ同じ定義となる。

　また，EU諸国では調査週に仕事に就いておらず，過去1カ月の間に仕事探しをしており，かつ2週間以内に就業可能である者を失業と定義づけてきた。2018年から発表されるようになった「未活用労働補助指標2」は，EUの定義にほぼ沿うものとなっている。

　このほかにも，35時間未満で就業をしているものの，もっと働きたいという希望がある**追加就労希望就業者**を失業者に加えて分子に入れたものが「未活用労働指標2（LU2）」である。

　また，**潜在労働力人口**（就業者でも失業者でもないが，「1カ月以内に求職活動を行っており，かつ2週間以内に仕事に就ける者」，あるいは，「1カ月以内に求職活動を行っていないが，就業を希望しており，すぐに仕事に就ける者」）を失業者に加え，労働力人口と潜在労働力人口に占める比率を見たものが「未活用労働指標3（LU3）」である。LU3の分子に，追加就業希望就業者を加えたものが「未活用労働指標4（LU4）」である。一方で，深刻な失業をとらえたものとしては，「未活用労働補助指標1」も発表されるようになった。これは労働力に占める非自発的失業者（定年，雇用期間の満了や，勤め先や事業の都合で仕事を失った者）を示したものである。

　2020年初頭の新型コロナウイルス感染症の影響は，こうした未活用労働指標からより多面的にとらえることができる。2020年3月2日の小中学校の一斉臨時休校と4月7日から5月にかけての緊急事態宣言によって，雇用への影響が本格化した。しかし失業率は，アメリカでは1月の3.6%から4月には14.7%へと急激に高まったのに対して，日本の上昇は小幅であり，1月の2.4%に対して6月（月次季節調整値）で2.8%である。しかし，事業主都合の休業の影響は女性，若手など非正社員を中心に大きい。実際に働いているよりも長い時間働きたいという希望を示すLU2を見れば2018・19年は男女計で5%台だったが，2020年4〜6月には男性で6%台，女性で8%台に上昇し，とくに15〜24歳層は男女計で12.3%に上昇した。新型コロナ禍で休業が増えたが，LU2指標はこうした影響をとらえて示している。

表 15-1　フローの分類（日本）

前月（または前年 $t-1$）の状態	今月（t）の状態		
	E_t	U_t	N_t
E_{t-1}	EE	EU	EN
U_{t-1}	UE	UU	UN
N_{t-1}	NE	NU	NN

流入および U, E, N からの流出に注目し，その変動要因を分析する方法である。

　1 つの状態から他の状態への移行を，2 つの記号の組み合わせで表現する。たとえば，表 15-1 の UE は失業から就業化した者である。今期 t の失業者数 U_t は，前期 $t-1$ の失業者 U_{t-1} から，就業化した者，すなわち UE，また非労働力化することで失業者プールから抜け出た者 UN を除き，また新たに今期に失業プールに流入する離職失業者 EU，および求職活動を今期開始した非労働力 NU を加えたものである。

　推移確率とは，前期から今期にかけて失業者が失業から就業へ移動した確率，あるいは就業者が就業から非労働力へ移動した確率など，表 15-1 のような変化について，その各期のフロー量を前期のストック量で除したものである。こうしたフロー分析は，男女，学歴，年齢階級などの属性別にも行うことができる。t を今期（調査時点）とすると，就業 E から失業 U への推移確率 eu は，下記の(1)式のとおり，$t-1$ 期に就業状態にあった者の度数に占める，失業状態に移行した者の度数の比率として表される。推移確率を出すことで，ある属性の労働者の失業状態からの離脱のしやすさ，あるいは失業状態への陥りやすさを示すことができる。

$$eu = \frac{EU_t}{E_{t-1}} = \frac{EU_t}{EU_t + EE_t + EN_t} \tag{1}$$

　同様の方法で，各属性の労働者に対して，表 15-1 に対応する $ee, eu, en,$ ue, uu, un, ne, nu, nn の 9 種類の推移確率を計算することができる。

　前期の失業者からの流出と新たな失業者への流入で，今期の失業者数が決まることになる。フローの概念図は図 15-2 のとおりである。フローによる就業状態移動の組み合わせは表 15-1 のように 9 種類となる。

(2)　日本とアメリカの労働者のフロー

　以下では，日米で，労働者のフローを見てみよう。アメリカでの 2019 年の

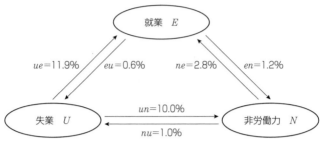

図 15-2　概念図および分析対象期間マッチデータの推移確率

（出所）　永瀬伸子（2011）「2000 年以後の男女の失業構造の分析——労働力調査のパネル構造を用いて構造変化を分析する」『統計と日本経済』第 1 巻第 1 号，91-111 頁。

表 15-2　フローの分類（アメリカ，単位：1000 人）

前月 $(t-1)$ の状態	今月 (t) の状態				
	E_t	U_t	N_t	他 $_t$ [注2]	計 $_t$
E_{t-1}	150,589	1,424	4,687	41	156,741
U_{t-1}	1,573	2,851	1,569	2	5,995
N_{t-1}	4,655	1,688	89,405	209	95,957
他 $_{t-1}$ [注1]	66	2	353	0	421
計 $_{t-1}$	156,883	5,965	96,013	252	259,114

（注1）　16 歳になった人口と推定人口との差の調整を含む。
（注2）　死亡と推定人口との差の調整を含む。
（出所）　Bureau of Labor Statistics, *Research series from the Current Population Survey*, 2019.（https://www.bls.gov/webapps/legacy/cpsflowstab.htm，2021 年 2 月 16 日最終閲覧）

5 月の *Current Population Survey* から労働者のフローを見たものが，表 15-2 である。(1) 式のとおり，*eu*（就業から失業する推移確率）を計算すれば，1424/156741 であるから，0.901% である。また，*ue*（失業から就業する推移確率）は，1573/5995 であるから 26.2% である。

　日本については 2002〜08 年の労働力調査データを利用した結果を図 15-2 に示した。

　図 15-2 からは，日本の就業から失業への推移確率 *eu* は 0.6% である。2002〜08 年は必ずしも経済が良くない状況であったにもかかわらず，好況期であるアメリカの 2019 年 5 月よりも低い。つまり日本は，アメリカよりも失業に陥りにくいことがわかる。しかし，いったん失業に陥ると，失業から就業

への推移確率 *ue* は 11.9% であって，アメリカの 2019 年 5 月の 26.2% に比べて，失業からの仕事探しはなかなか容易ではないこともわかる。また，非労働力から就業への推移確率 *ne* は 2.8% である。アメリカの *ne* は，4.9%（4655/95957）であり，日本の 2.8% と比べて 1.8 倍高い。つまりアメリカでは，いったん非労働力になっても就業化しやすいが，日本は就業化しにくいこともわかる。つまり，日本においては多くの者は，就業者は就業のまま *E* に，非労働力の者は非労働力のまま *N* にとどまっている安定的な社会といえる。さらに，いったん *U* に陥った者もそこにとどまりやすい。一方，アメリカを見ると，*N*，*U*，*E* のいずれについても日本よりも移行が大きく，変動も大きいが，いったん *U* に陥っても比較的早く *U* から抜け出る国であるという特徴があることがわかる。

　1997 年，98 年の金融不況以降，日本では，*eu* 確率（就業から失業に陥る確率）が上昇した。しかし，*ue* 確率（失業から仕事に就く確率）はそれほど上がっていない。このために，長期失業者が急増している。このように日本ではいったん失業した人が戻ってきにくい。逆にいえば，アメリカの方が敗者復活ルートが広めであるという見方ができる。

(3) 長期失業者

　日本について，失業期間が 1 年以上の長期失業者の割合は，男性は，失業者の 4 割程度，女性は 2 割程度であり，表 15-3 のとおり女性よりも男性に多い。これは，女性の方が，*ue*（失業から仕事に就く確率）が高く，また *un*（仕事探しをやめて非労働力になる確率）が高いからである。ただし，*ue* でどのような仕事に就いたかを見ると，女性は非正規雇用の仕事に就く者が多い。男性は，正規雇用の仕事を探し職選びをしていて，長期失業になる者が多い。また，*un* が高いということは，女性は非労働力化することで失業を解消する者の割合も高いことを示している。つまり男性と比べて，女性の方が，事業主に好まれてい

表 15-3　失業者に占める長期失業者の割合の男女別推移

		1990 年 2 月	2000 年 2 月	2005 年 1〜3 月	2010 年 1〜3 月	2015 年 1〜3 月	2018 年 1〜3 月
失業者に占める 割合（%）	男性	26.2	30.4	39.7	41.6	43.3	39.0
	女性	10.2	16.3	22.2	24.2	25.0	24.6
長期失業者数 （万人）	男性	22	62	75	87	61	39
	女性	6	20	26	30	22	17

（出所）　総務省統計局「労働力調査特別調査」および「労働力調査詳細集計」。

る，というよりは，女性の方が，賃金率が低く雇用期間が短いようなより不安定な仕事でも受け入れているということだろう。

　長期失業者の数は2003年4～6月期に男性で89万人，女性で38万人とピークをつけた。また，リーマン・ショック後の2010年に再びピークとなったが，その後は労働需給の逼迫(ひっぱく)を受け，減少した。ただし，それでも男性の長期失業者の割合は失業者全体の4割という高さである。

(4) 失業率と推移確率の関係

　失業率は，ある時点での失業者が労働力（＝就業者＋失業者）に占める比率である。これは，いわばストックの概念である。上の議論からもわかるように，ストックとしての失業率は，フローとしての失業する者の数と，やはりフローとしての失業を抜け出す者の数によって決まる。以下では，失業のフローとストックの関係について詳しく見ていく。

　失業率は，ある一時点で失業している人が労働力に占める割合である。たとえば，時点 t の失業率は，次のようになる。

$$u_t = \frac{U_t}{E_t + U_t}$$

ここで，u_t は失業率，U_t は失業者数，E_t は就業者数である。

　実は，この失業率と推移確率の間には一定の関係があることが知られている。ここでは，技術的な詳細に立ち入らない。ただし，U_t への流入と E_t からの流出を増やす要因と，U_t からの流出と E_t への流入を減らす要因が u_t を高めるのは容易に理解できるであろう。eu, nu, en の上昇と ue, un, ne の低下は u_t を高めるであろう。具体的には，失業から容易に仕事に就けることは ue を高める。日本では有配偶女性の多くはパートであれば仕事の機会が多い。このため男性以上に ue が高い可能性がある。また仕事がなければ家事をしようという意識も高い。その結果，日本では女性の un が高い。

　労働力のフロー分析は，個々の労働者が就業，失業，非労働力の各状態から他の状態への移行に要する時間をモデル化することによって，すべての労働者の間での労働力率や失業率を説明する。したがって，ある属性を持った労働者，たとえば高齢者が増えると，その属性を持つ労働者の就業，失業，非労働力から他の状態への移行に要する時間が，他の属性を持つ労働者の移行に要する時間と異なるために，労働者全体の労働力率や失業率を変化させる。

このアプローチは，個人の属性，社会環境，個人の行動に影響を与える政策，たとえば職探しに影響を与える失業手当などが，各状態への移行に要する時間にどのように影響し，最終的に労働力率や失業率にどのような影響を与えるかを分析するのに適している。

🔲 マクロ経済と失業率の関係

一方，これから紹介するマクロ経済学のアプローチは，GDP（国内総生産），失業率，物価上昇率などのマクロ経済変数の間に見られる安定的な関係に注目する。このアプローチは，金融政策，財政政策，為替政策，貿易政策といったマクロ経済政策が，失業率，物価上昇率などのマクロ経済変数に与える影響を分析するのに適している。以下では，フィリップス曲線と UV 曲線を紹介する。

短期においては，硬直的な賃金，硬直的な価格，物価変動の誤認が経済を支配する。長期においては，これらは消滅し，労働市場はほぼ均衡すると考えられている。

(1) フィリップス曲線

短期においては，物価上昇率と失業率との間にトレードオフが存在する。このトレードオフは，①名目賃金が硬直的である事実，②一部の財の価格が硬直的である事実，③企業が物価上昇を相対価格の上昇と誤認する可能性から説明できる。

いま，なんらかの理由で財に対する需要が増え，物価が予想していたよりも速いペースで上昇するとしよう。たとえば，政府が財政支出を増やせば，財に対する需要は増える。また，中央銀行（日本では日本銀行）が貨幣供給を増やせば，金融市場で利子率が下がり，民間企業による（実物）投資が増える。

まず，名目賃金が硬直的であると，企業は生産拡大によって利潤を増やせるので，労働需要が増え，失業率が低下する。名目賃金は，労使間の交渉で決められ，効力が一定期間及ぶため調整に時間を要することが多い。

また，一部の財の価格が硬直的であると，他の財の価格と比べ，価格が硬直的な財が相対的に安くなり，それらに対する需要が増える。企業は生産拡大によって利潤を増やせるので，労働需要が増え，失業率が低下する。一部の財・サービスの価格が硬直的になるのは，価格改定には費用（メニュー・コストと呼ばれる）を要するからである。

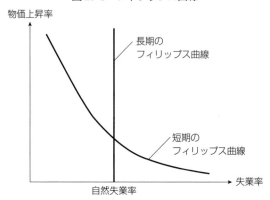

図 15-3　フィリップス曲線

物価上昇率

長期の
フィリップス曲線

短期の
フィリップス曲線

失業率

自然失業率

　最後に，企業が一般的な物価上昇を自らが生産する財の（他の財に対する）相対価格の上昇と誤認すると，生産拡大によって利潤を増やせると誤って考えるかもしれない。そのために，誤認に気づくまでの間は労働需要が増え，失業率が低下する可能性がある。

　短期の**フィリップス曲線**は，横軸に失業率，縦軸に物価上昇率をとり，このような物価上昇率と失業率のトレードオフを右下がりの曲線で表したものである（図15-3）。短期においては，政府は失業を減らすには，物価上昇を許容せざるをえないことを表している。

　長期においては，物価上昇率と失業率との間のトレードオフは消滅し，長期のフィリップス曲線は垂直になる。これは，長期においては，硬直的な賃金，硬直的な価格，物価変動の誤認は消滅し，労働市場はほぼ均衡すると考えられるからである。ここで「ほぼ」と述べるのは，以下の理由から失業が完全になくなるとは考えにくいからである。

　長期における失業率を**自然失業率**と呼ぶ。長期においても失業が消滅しないのは，労働移動に時間を要するからである。第6章 unit 11 で見たように，失業者はジョブ・サーチを行うが，最初の仕事のオファーを受諾することは，一般に失業者にとって最適ではない。ジョブ・サーチを続けることにより，最初の仕事のオファーよりも失業者にとって魅力的な仕事のオファーが得られる可能性が十分に高ければ，あるいは最初の仕事のオファーが十分に低ければ，ジョブ・サーチを続ける（したがって，失業を続ける）ことが失業者にとって望ましいからである。

　失業を減らすためには，短期ではマクロの経済政策が重要である。日本経済は，1990年代末から10年以上もの間，物価が下落する異常なデフレーションを経験した。2013年に中央銀行である日本銀行は，初めて物価上昇率の目標を掲げ，目標達成のために貨幣供給（マネーサプライ）を増やすという強い意志（コミットメント）を示すことにより，金融政策の大転換（レジーム・チェンジ）を行った。これにより，円安，株高が生じ，失業率が低下した。

　自然失業率は，さまざまなミクロ的な要因によって決まる。たとえば，他の条件を一定として，職業紹介が政府によって独占されている経済では，ジョブ・マッチングの効率性が低くなる。この結果，失業期間が長引き，失業率は高くなるであろう。失業手当が高額である経済では，ジョブ・サーチへのインセンティブが弱くなるので，同様に失業期間が長引き，失業率は高くなる可能性が高い。失業者に対する公的訓練が整っていない経済では，衰退産業で失業した者が成長産業で再雇用されるのに必要となる人的資本投資が行われにくいので，失業期間が長引き，失業率は高くなるであろう。労働者の雇用が強く保護されている経済では，失業する者は少ないが，採用される者も少ないので，前者の効果が後者の効果を上回れば失業率は低くなるが，逆であれば失業率は高くなるであろう。

(2)　UV 曲線

　最後に，労働者を探し求める企業と仕事を探し求める労働者の関係を見てみよう。横軸に欠員率（求人を出しているが，それが満たされない企業の割合），縦軸に失業率（仕事探しをしているが，仕事を得られない個人の割合）をとり，欠員率と失業率の組み合わせをプロットしたグラフを UV 曲線と呼ぶ（図15-4）。UV曲線は，企業側の求人がうまく満たされない，個人側の働く意志がうまく満たされない状況を示している。つまり，UV曲線が原点から遠いほど，仕事の需要と供給のミスマッチが起きていることを示す。また，UV曲線は右下がりである。これは欠員が増えると（つまり労働需要が増えると）失業が減るからである。

　企業側が需要する求人数（労働需要）と個人側の求職人数（労働供給）が一致していても，通常，労働者側の失業と企業側の欠員はなくならない。それは，企業側が求人に見合った求職者を，求職者が自分の求める求人を探すというジョブ・サーチのためである。これによる失業を**構造的・摩擦的失業**と呼ぶ。原点を通る45度線と UV 曲線が交わる点は，欠員率と失業率が一致する点であ

図 15-4　*U V* 曲線

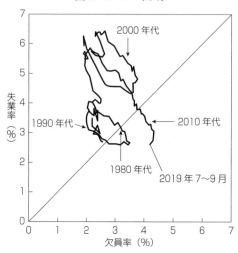

（出所）　内閣府ウェブサイト。

る。この点では，労働需要と労働供給が等しいとみなせる。この点上の失業率を構造的・摩擦的失業率と呼ぶ。日本経済では，近年，*UV* 曲線が右上方にシフトしている。このことは，構造的・摩擦的失業率（ジョブ・マッチが良くないために起こる失業）が高まっていることを示している。

　これに対し，労働供給に対して労働需要が不足することによる失業を**需要不足による失業**と呼ぶ。この失業はなんらかの理由によって，賃金が需要と供給を一致させる水準よりも高く設定されてしまっていることから生じる。たとえば，最低賃金や労働組合による賃金交渉は，賃金を均衡賃金より高くしてしまう可能性がある。

　また，企業は，訓練費用や採用費用を節約したり，労働生産性を高めるために均衡賃金を上回る賃金を支払う可能性がある。このような賃金を**効率賃金**と呼ぶ。たとえば，企業は，高い賃金を支払うことで，労働者の離職を減らし，訓練費用を節約したいと考えるかもしれない。あるいは，高い賃金を支払うことは，労働者にとっては怠けと解雇の機会費用を上げることになるから，真面目に働く労働者を増やせるかもしれない。

コラム

最低賃金法

　最低賃金法が制定されているとき，それ未満の賃金は，原則，違法となる。最低賃金は，労働者に最低限の生活水準を保障するために導入されることが多い。その水準は，実際に最低限の生活水準を保障できるほどのものか（たとえばヨーロッパのいくつかの国々），時給払いの労働者の賃金の下支えできる程度の水準か（たとえば日本やアメリカ）など，賃金水準も思想も国によって異なるといえよう。日本では最低賃金規制が実際に規制として有効であるのは主婦や若年を中心とする時給払いのパート労働者やアルバイト労働者に対してである。最低賃金の水準が低いため，正社員の賃金に対しては有効な規制とはなっていない。経済学者の間では長年にわたって最低賃金に副作用があるかないかについて議論が繰り広げられている。近年の実証研究[1] に，最低賃金は，実際に賃金の下支えの役割を果たす一方で，理論どおり，パート女性の労働需要を減らし，雇用を減らすことを示している分析がある。さらなる実証研究の積み重ねが望まれる。

　最低賃金は，毎年度改定される。その際，厚生労働省の中央最低賃金審議会で議論され，引き上げの目安が答申として出されたのち，各地の地方審議会が県別に額を決める。

● 注

1) Kawaguchi, D. and K. Yamada（2007）"The Impact of Minimum Wage of Female Employment in Japan," *Contemporary Economic Policy*, 25（1），107–118.

要　約

　完全失業率とは，ある一時点で労働力（賃金労働に就いている者，および仕事探しをしている者，15歳以上）に占める完全失業者（仕事に就いておらず，仕事があればすぐに就くことができ，仕事探しをしている者）の割合である。

　労働のフロー分析は，労働者による就業，失業，非労働力の状態間の移行に要する時間（あるいは同じことであるが移行確率）を分析する。移行確率と失業率との間には密接な関係がある。

　フィリップス曲線は，マクロ経済における物価上昇率と失業率の間の関係を示す。短期では，物価上昇率と失業率の間にはトレードオフがある。しかし，長期では，失業率は物価上昇率の影響を受けない。

　UV曲線は，企業における欠員率と労働者の失業率の間の負の相関関係を示す。

原点から北東方向に引かれた 45 度線が UV 曲線と交わる点では，（労働需要の尺度である）欠員率と（労働供給の尺度である）失業率が等しく，この失業率を構造的・摩擦的失業率と呼ぶ。

賃金が均衡賃金より高いと，労働需要量が労働供給量に足らず，失業が生じる。最低賃金，労働組合，効率賃金が原因となる。

確 認 問 題

☐ **Check 1** 次の問いに答えなさい。

単純化のために，労働者が状態間を移行する推移確率 eu, en, ue, un, ne, nu は，労働者の間で共通であり，また，時点 t によらず一定であると仮定する。具体的には，$eu=0.1$, $en=0.2$, $ue=0.5$, $un=0.2$, $ne=0.2$, $nu=0.1$ であるとする。

いま，100 人の労働者からなる経済の初期状態（$t=0$）において $E_0=50$, $U_0=0$, $N_0=50$ であるとする。以下の表の空欄を穴埋めすることによって，この経済の E, U, N の人数を $t=1, 2, 3$ について予想しなさい。ただし，人数の予想は整数である必要はなく，小数点 2 位を四捨五入し，小数点第 1 位まで答えなさい。電卓，あるいは表計算ソフトを用いるとよい。

t	E	$E{\to}U$	$E{\to}N$	U	$U{\to}E$	$U{\to}N$	N	$N{\to}E$	$N{\to}U$
0	50.0	5.0	10.0	0.0	0.0	0.0	50.0	10.0	5.0
1	45.0			10.0			45.0		
2									
3									

☐ **Check 2** $t=4$ 以降について計算を続けると，$t=8$ 以降は $E=47.5$, $U=12.5$, $N=40.0$ に落ち着くことがわかる。これらの値が安定的な値であることを，$E{\to}U$, $E{\to}N$, $U{\to}E$, $U{\to}N$, $N{\to}E$, $N{\to}U$ の各値，および次期の E, U, N の値を計算し，確認しなさい。また，このときの失業率を求めなさい。

unit 16

不本意な非正規雇用

Keywords
temp to perm，無期転換ルール，フレクセキュリティ，訓練税

非正規雇用の拡大

非正規雇用は，1990年代から2000年代以降，多くの国々で広がった。第3次産業の割合が拡大し，仕事は，工場での雇用が中心であったころのように操業中に同じ時間続けるという性格のものから，サービスを求める人々の需要に応じて，1日の中でも，また，季節的にも需給の波がより大きいものになっていった。また企業は，コスト削減のために，労働者の雇用を「必要なときだけ」行うために，あるいは仕事を分けて，可能な仕事は「なるべく低賃金で」行うために，毎日定時で雇われる安定的な雇用から，雇用契約が有期であったり，雇われる時間もより不規則であったりする労働者を増やしていった[1]。さらに法定社会保険料負担を節約するために，非正規雇用を拡大する動きも日本だけでなくヨーロッパでも顕著である。

グローバル化やコンピュータやネットワーク等の技術革新の影響もある。コンピュータ技術は，高学歴の労働サービスに対する需要を増やした。またコンピュータ技術の発達によって，海外のどこでもつながることができるようになり，勤務場所にとらわれないで仕事ができるという正の影響ももたらした。

他方で，逆に，先進国の労働者は，新興国を含む海外の優秀な労働者との競争にさらされるようになった。自国内でないと供給できない対人サービスの比較的低賃金の仕事は国内に残ったが，中間層の仕事が海外との競争にさらされ賃金が下落したことを多くの研究は指摘している。

非正規雇用の拡大により，雇用が不安定となり，就業生活が脅かされるようになる者が増えている。しかしこれを単に規制することだけでは問題が解決し

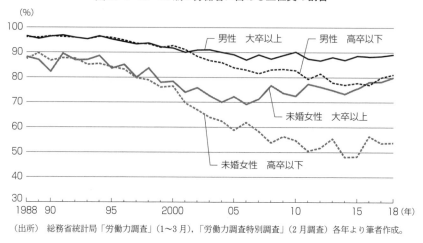

図16-1　23〜34歳の労働者に占める正社員の割合

（出所）　総務省統計局「労働力調査」（1〜3月），「労働力調査特別調査」（2月調査）各年より筆者作成。

ない。より柔軟な雇用を求める企業ニーズに応えなければ，企業の求人が減り，国内の雇用が減り，失業が増える。そうなれば結局は良いことにはならない。非正規雇用の現状は国によって異なる。それは1つには，どのように法規制をかけているのかの差である。また，もう1つは，転職が比較的容易であるような労働市場であるか（職業がはっきりしており，職種別賃金が明確な国に多いであろうが），あるいは，企業内で昇進していく場合が多いような労働市場であるかにもよる。

　日本は，とくに不良債権問題から金融危機が起きた1997・98年以降，企業は新規採用を絞り，若者を非正社員として雇うことが増えた。すでに採用した正社員についても，希望退職者を募る，分社化を進め本社人員を削減するなど，雇用構造の変化に着手した。

　図16-1は，「労働力調査」や「労働力調査特別調査」を用いて若年労働者に占める正社員の推移を1988年から2018年まで見たものである。女性は結婚・出産による正社員からの自発的な離職があるため，未婚者に限定して示した。1988年においては，女性も23歳以上34歳以下の若年労働者のほぼ9割は正社員であり，男性は100％近い割合が正社員であった。しかし，近年では大卒以上男性も正社員は9割に，高卒以下男性は8割に下がっている。また，未婚大卒以上女性は2006年ごろをボトムに正社員割合は上がってきているが，正社員は約8割にとどまる。未婚高卒以下女性は，正社員雇用が急速に縮小して

おり，現在はおおよそ5割へと大幅に下落している。

日本の非正社員を見ると，パート，アルバイトと呼ばれる非正社員の割合が7割程度と最も多い（第1章 unit 1 参照）。これらの労働者の多くは，時給払いである。労働時間は本人や会社の都合に合わせて比較的自由に決めらる。大企業のパートやアルバイトは有期労働者が多い。一方，中小企業においては，書面で規定されていないなどの理由で，無期雇用のパート労働者もおり，また，雇用期間が自分はわからないと回答する労働者も一定数存在する。

2000年代に入って増えているのが，フルタイム就業だが，有期雇用の契約社員や派遣社員という働き方である。契約社員は原則3年までの有期雇用契約である。派遣社員は，雇用契約は派遣元と結び，賃金も派遣元からもらうが，仕事場は，派遣先企業であるような働き方である。このような働き方が，非正規雇用に占める割合は，契約社員が14%，派遣社員が6%程度（2018年）だが，2000年代以降，若年層にも増えてきた。

🗐 安定雇用への入口？

非正規雇用が増えても，それが安定雇用の入口になっていれば（**temp to perm**, temporary to permanent employment などといわれる），失業が増えるよりもずっと良いだろう。また，非正社員として自立生計が立てられる賃金水準かどうかも重要である。しかし，はたして非正規雇用が安定雇用への入口になっているだろうか。日本は1980年代，90年代と失業率が3%以下の時代が長く，当時は非正社員は，学生か主婦が多かった。その賃金は家計補助や一時しのぎの収入であるという見方が少なくなかった。それゆえ，パート，アルバイトなどの非正社員は，労働者のための事業主負担つきの社会保険への加入資格もなく，雇用保険への加入さえ少なかった。2009年までは「引き続き1年以上雇用される見込みがある」というのが日本の雇用保険の加入条件であったため，アルバイトの多くは雇用保険に入っていなかったのである。

この状況下で，2008年にリーマン・ショックが起こった。2003年に製造業で派遣労働が解禁され，多くの若い男性が製造業で派遣労働者として働くようになっていたが，その多くが，需要の急落とともに契約が終了したのである。このときに派遣労働元が提供していた宿舎からも出されたため，仕事と家を同時に失う事態となりこれが社会問題となった。これをきっかけに，2009年から「引き続き1年以上雇用される見込み」という条件はなくなり，臨時労働者

も雇用保険に入れるようになった。

しかし，臨時の仕事を自分でやめて，雇用保険から金銭給付を受けられるような仕組みがあれば，臨時の仕事を一定期間行って，その後は失業手当でしばらく無職で過ごすことを繰り返す人が出るおそれもある。そのような働き方では，職業能力が蓄積されないから，一生，低賃金状態から抜け出せないことになってしまう。

重要なのは，仕事を失ってしまった場合には，所得補償を受けられるが，同時にしっかりとした職業訓練も受けられるような仕組みであり，また，失業者が仕事探しを熱心にすることを奨励するような仕組みである。また，受ける職業訓練は就職に役立つものでなければ意味をなさない。

アメリカは，自己都合の失業には雇用保険からの給付は出ないが，会社都合による失業については，事業主負担だけの雇用保険から，低い金額だが給付が出るような失業保険の仕組みを持っている。これは，失業に比較的陥りやすい社会であるからこその仕組みだろう。

日本については，雇用安定化政策のなかで非正社員をどう位置づけるのかが大きな政策課題である。長期雇用という採用・人材育成・賃金支払いの仕組みがあることを前提としてきた日本の雇用ルールのなかで，長期雇用の外にいる労働者の人材育成や雇用安定をどう考えるか，という問題に対して，その対応が強く問われている。パートやアルバイトは高卒層に多い。また，とくにシングルマザーなど生計維持が必要な者にも非正社員の割合が高い。さらに，高校を出て非正規雇用に就いた若者の多くは十分に企業内訓練を受けられていない。さらにフルタイムで働いても生計維持が難しい賃金水準であることも問題である。

2013年に施行された労働契約法改正により，同一の企業との間で，有期労働契約が5年を超えて反復更新された場合，労働者本人の申し出により，無期雇用契約に転換されるルール（**無期転換ルール**）が成立した。企業の中には無期転換しないで済むよう，5年未満で雇用をやめるところもある。しかし，少子高齢化により労働力不足が予想されるなかで，無期雇用に転換される労働者も増えてくるだろう。ただし，給料などの条件は従前どおりのままとすることは合法である。だから給料が低い水準のままという問題は残る。それでも，無期契約の労働者になれば，企業からの人的資本投資が増えるかもしれない。2019年からは「働き方改革法」のなかで雇用形態にかかわらず，同一労働同一賃金

フレクセキュリティ

フレクセキュリティ（Flexsecurity）というのは，ヨーロッパで語られる1つの考え方である。すなわち，解雇や採用が容易であるような企業側にとって重要な柔軟性（flexibility）を付与する一方で，労働者にとって重要な安心・安全（security）を提供しているという意味合いである。デンマークやオランダの制度が例示されることが多い。

企業側が求める柔軟性の中味としては，雇用期間，派遣労働，残業を含めた労働時間の柔軟性，仕事内容の柔軟性，賃金の柔軟性などがありうる。一方で労働者側が求める安定性としては，解雇されることからの保護，教育訓練の充実によるエンプロイアビリティ（雇用されうる能力）の向上，失業給付や社会保険加入の継続による所得補償，ワーク・ライフ・バランスをとることが可能で仕事と家庭を両立できることから仕事を失わない安定性などが考えうる。

いったん仕事を失ったのちに雇用保険を通じた訓練を受けられる広範な仕組みを持つとして関心を持たれている国として，デンマークが知られている。

が模索されている（第7章 unit 13 のコラム「同一労働同一賃金，同一価値労働，同一賃金」161 頁参照）。

🗗 不安定な非正規労働

正社員は，訓練，社会保険，フリンジ・ベネフィット，解雇，早期退職勧告などの準固定費用が高いが，非正社員はこれらが低い。第3章 unit 5 で紹介した準固定費用モデルは1種類の労働（正社員）を仮定しているが，実際には，企業は準固定費用の高い正社員だけでなく，準固定費用の低い非正社員も使うことができる。2種類の労働（正社員，非正社員）を含む拡張モデルを考えると，正社員・非正社員間の準固定費用の差は，少ない正社員に長時間労働をさせ，多くの非正社員に短時間労働をさせるインセンティブを企業に与えることがわかるであろう。

非正社員と比べ正社員の雇用は法的に手厚く保護されており，正社員の雇用調整は高い調整費用を要する。第3章 unit 6 で学んだ調整費用モデルでは企業は1種類の労働のみを雇用することが仮定されているが，2種類の労働を雇用する場合へとモデルを拡張することができる。そのような拡張モデルは，正社員と非正社員の雇用調整の相違を理解するのに役立つ。

調整費用の正社員・非正社員間の差は，企業の正社員・非正社員の雇用調整

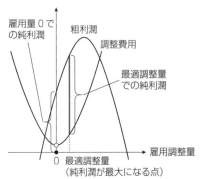

図 16-2　非正社員の低い雇用調整費用

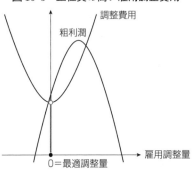

図 16-3　正社員の高い雇用調整費用

に非対称的な影響を与える。図 16-2 は，正社員の雇用調整量を 0 とし，非正社員の雇用調整量と調整費用の関係を示している。一方，図 16-3 は，非正社員の雇用調整量を 0 とし，正社員の雇用調整量と調整費用の関係を示している。ただし，いずれの場合も雇用調整量が 0 のときは調整費用も 0 である。

　正社員に対する保護が強いときに，政府による非正社員に対する保護が弱ければ，景気回復期には非正社員を増やし，景気後退期には非正社員を減らすというように，非正社員による雇用調整を行うインセンティブを企業は持つと考えられる。図 16-2 と 16-3 が示すように，非正社員の雇用調整費用が正社員の雇用調整費用と比べ低いので，雇用調整は主に非正社員に対して行われる。非正社員の雇用調整費用が正社員の雇用調整費用と比べ低いので，非正社員の雇用調整を速やかに行うのが純利潤を最も高くするからである。製造業への派遣労働が自由化され，製造業で雇われた多くの労働者が，2008 年に始まった景気後退期に派遣契約を打ち切られたのはこのためである。

　正社員に対する保護が強いときに，非正社員に対する保護を強めれば，非正社員の雇用が増えたり，正社員化が進むであろうか。まず，派遣労働者など，一部の非正社員の保護の強化は，雇用調整の対象を（保護を強化される非正社員から）パート，アルバイトなど，他の非正社員へと変えるインセンティブを企業に与えると考えられる。非正社員の労働サービスは，互いに代替的であると考えられるからである。

　また，すべての非正社員に対する保護の強化は，短期的には非正社員の雇用調整を減らし，長期的には非正社員の雇用量を減らすインセンティブを企業に与えるであろう。短期的に正社員の雇用調整を増やすか，また，長期的に正社

員の雇用を増やすかは，正社員と非正社員の労働サービスの代替・補完関係に依存するであろう。

🔲 非正社員の安定性を確保するための政策

⑴　非正社員に対する訓練を行うインセンティブ

　非正社員の長期的な安定性を確保するには，教育や一般的訓練によるエンプロイアビリティ（雇用されうる能力）の向上と賃金の上昇がなによりも重要である。企業が非正社員に対し企業特殊訓練を行うインセンティブは弱い。なぜならば，投資の収益を回収できる期間や期間当たりの労働時間数が短いからである。また，企業特殊訓練を行うインセンティブが弱いので非正社員を雇用するとも解釈できる。その一方で，企業が一般的訓練を行うインセンティブは雇用期間に依存しない。なぜならば，一般的訓練の場合には，労働者が費用を全額負担するが，収益も労働者に全額支払われるからである。

　しかし，市場に任せていたのでは，非正社員に対する一般的訓練でさえ過小になる可能性がある。景気が悪いときには，非正社員は雇用されず，企業による訓練が与えられないからである。それでは，景気が悪いときに雇用されない非正社員に対して訓練を与えるにはどのようにしたらよいのであろうか。

　2015年に廃止されることになった特定労働者派遣事業の制度は，この問題の1つの潜在的解決策であった。特定労働者派遣事業とは，派遣元会社が常時雇用する自社の労働者を他社（派遣先会社）に派遣するものであり，日本では「常用型」の派遣事業として知られている。日本ではコンピュータ，IT，エレクトロニクス，機械設計関連などの専門的技術者を特定の事業所に対し派遣する業者が多く，訓練が充実している。派遣元会社は，派遣労働者を厳選採用し，訓練し，派遣することで利潤を上げるインセンティブを持つ。さらに，景気が悪く派遣先が少ないときにこそ，訓練の機会費用が低いので，派遣労働者の訓練をするインセンティブが派遣元会社にある。

　これに対し，一般労働者派遣事業は問題の解決策とはなりにくい。一般労働者派遣事業とは，派遣元会社が常時雇用しない労働者を他社（派遣先会社）に派遣するものであり，日本では「登録型」の派遣事業として知られている。派遣元会社には労働者の厳選採用や訓練を行うインセンティブが乏しい。

　残念ながら，2015年に特定労働者派遣事業は廃止された。一般労働者派遣事業を行うには政府の許可が必要であったのに対して，特定労働者派遣事業を

行うには政府への届出のみが必要であったので，悪徳な特定労働者派遣事業主が少なからず存在することとなったからである。

(2) 非正社員の訓練に対する補助金

非正社員の訓練に対する補助金は，もう1つの解決策である。派遣会社の制度は1つの解決策であるが，先に述べたように，派遣元会社が訓練を行うことができる職業，産業は限られている。たとえば，自動車工場に派遣する労働者の訓練を（自動車工場を持たない）派遣元会社が行うことは難しい。しかし，訓練補助金は，非正社員に対する訓練を行うインセンティブを自動車会社そのものに与えるであろう。

補助金は税源が確保されないと長期的継続が難しい。フランスで導入されているような**訓練税**は，この問題の部分的解決策である。企業は訓練税を課されるが，訓練を行えば訓練補助金が支払われることにするのである。ただし，訓練の量は職業，産業によって大きなばらつきがあるので，経済全体で1つの制度を作ってしまうと，職業や産業によっては，補助金の受取額が訓練税の支払額を超過するといった，フリーライダー問題が生じてしまうであろう。また，欧米のように職業，産業単位で労働者が組織されている経済と比べ，日本経済への制度導入には工夫が要るであろう。

また，有期雇用契約が一定期間以上続いた場合には，無期雇用契約に移るという法政策をとることで，無期雇用への移行を進めようとする国はヨーロッパには多い。雇用契約には，期限の定めのない雇用（いわゆる正規雇用）か期限の定めのある雇用（いわゆる有期雇用）があり，日本では2004年から原則3年（専門技術者や高齢者など一定の者については5年）を超えない範囲で，有期雇用契約を締結してもよいことになっている。また，先ほど見たように2013年から労働契約法が改正され，有期労働契約が繰り返し更新されて5年を超えたときには，労働者の申し込みにより，期間の定めのない労働契約に転換できることになった。有期雇用と比べ企業側の訓練投資のインセンティブは高くなるであろう。

● 注

1) 非正規雇用は，英語では，non-standard employment, atypical employment, contingent employment などと呼ばれる。

要　約 ──────────────────────────────

　　1990年代以降，先進諸国では，安定的な正規雇用が減り，不安定な非正規雇用
が増えていった。輸入の自由化とサービス産業化によってもたらされた生産財・サー
ビスに対する需要の大きな変動が，労働サービスに対する需要を大きく変動させ，
非正規雇用を拡大したと考えられている。

　　非正規化の実情は国によって異なる。日本では，1997年以降，若者の正社員採
用が減り，パートやアルバイト等の非正社員としての採用が増え，2000年代にな
ると，有期雇用である契約社員，および派遣社員（常用型・登録型）が増えた。

　　非正社員は，常用型の派遣社員を除き，雇用が不安定であるため，企業による訓
練投資の対象となりにくい。社会保険，雇用保護の面でも正社員・非正社員間の格
差は大きい。非正社員に対する訓練を増やし，賃金を高める政策が模索され続けて
いる。

 ──────────────────────────────

確認問題 ──────────────────────────────

□　*Check 1*　2013年に施行された労働契約法改正により，同一企業との間で
　有期雇用契約が5年を超えて反復更新された場合，本人の申し出により，無期
　雇用契約に転換されるルールが成立した。法律施行前は，5年を超えて反復更
　新しても無期雇用契約に転換する必要がなかった。

　　この法律は有期労働者の雇用の安定にどのような影響を与えたと考えられる
　か。次の文章の空欄に枠内から適切な語句を選んで入れなさい。

　　　法律施行前には，企業は，5年ごとに　(a)「無期雇用契約に転換する」，
　　(b)「雇い止めをする」，(c)「契約を更新する」の3つの選択肢から望ま
　　しいものを選んでいた。法律施行後には，企業は，5年が経ったら，(a)「無
　　期雇用契約に転換する」，(b)「雇い止めをする」の2つの選択肢から望ま
　　しいものを選ぶようになった。法律施行前に選択肢(c)を選んでいた企業が，
　　選択肢(a)(b)のいずれを選ぶようになったかは，労働市場の需給の状況に
　　よるだろう。労働市場が（　①　）であれば，(c)が増え，（　②　）であ
　　れば(a)が増えると，予想される。

　　┌───┐
　　│（企業の交渉力が強い）買い手市場，（労働者の交渉力が強い）売り手市場│
　　└───┘

□　*Check 2*　（発展問題）コロナ禍は，日本においては，日本に向かったイギ
　リス船籍のダイヤモンド・プリンセス号において，2月に新型コロナ感染患者
　が出て横浜に停泊したことに始まった。新型コロナの広がりを受けて2020年
　3月2日からすべての公立小中学校が臨時休校となり，4月7日に緊急事態宣
　言が東京と大阪を含む7都道府県に対して発令され，4月17日に全都道府県
　に拡大された。その後，5月14日に39県で，5月21日に京都，大阪，兵庫で，

そして 25 日に全国で解除された。この間，企業は休業をしたり，在宅ワーク
に変えたところが多かった。産業で見れば，飲食業や観光業，運輸業などには
とくに大きい打撃があった。このような経済上のショックは雇用にどのような
影響を及ぼしたであろうか。日本の労働市場の特徴を踏まえて考えてみよう。

第 **9** 章

女 性 労 働

　派遣社員夫婦のヨーコとマコトには，この秋，子どもが生まれる。ヨーコとマコトの望みは子どもの成長である。2人は今後の育児について考えてみた。育児には時間とお金が必要である。子どもの衣食住，保健衛生，医療，安全，運動，遊び，生活習慣，言語，躾や教育，社会生活など，育児の内容は多岐にわたる。提供方法もさまざまである。保健衛生，安全，運動，遊び，生活習慣，言語，躾，社会生活など，主として親が時間を費やす必要のあるものもあれば，医療など，主として市場から購入する必要のあるものもある。また，衣食住，教育など，市場から購入する財と親の時間の双方を必要とする，あるいは，市場から購入するか親が時間をかけるかを選択できるものもある。このように，育児は家計が時間と市場財を投入し子どもを成長させる一種の生産活動と考えることができる。

　本章では，まず，第2章 unit 4 で学んだ単身の家庭内生産のモデルを拡張し，労働所得で購入する財を消費するのではなく，家庭内生産に投入する状況を考える。次に，unit 4 で学んだ単身の家庭内生産のモデルを夫婦の家庭内生産モデルへと拡張する。このモデルはウェブ補論で詳細に紹介する。このモデルでは，夫婦の好みが一致していると仮定している。最後に，紹介するコレクティブ・モデルでは，夫婦の好みが異なる状況へとこのモデルを拡張する。

　続いて unit 18 では，男女格差が大きい日本の女性労働の現状とその要因について学ぶ。

出産，家族形成と女性の就業

Keywords
家庭内生産，ユニタリー・モデル，分業，コレクティブ・モデル，配分要因

女性の働き方の変化

女性労働は，家族の形や家事・育児労働と深く関わっている。

欧米では，1960年代までは，男性が外で働き，女性が家庭内のこと全般を担うというような家族が多かったので，女性の労働力率は低いものであった。しかし，その後大きく変化している。離婚の増加，緩いパートナーシップ（法律上の婚姻だけでなく，法律上の婚姻はしていないが生活をともにするカップルを含む概念）の増加など，結婚制度そのものがゆらいでいく。そうしたなかで1980年代には，子どもを持ってもいったん無職にならず働き続ける女性が増えていく。このように働き続ける人生を見越して，2000年代以降になると多くの国々で男性以上に女性の教育投資が増え，女性の大学進学率が男性を上回って高まっている。

一方，日本では1960年代当時は，農家や中小商店などの自営業という形で生計を立てる世帯が多く，三世代同居世帯も多かった。そのような生産構造の中において，有配偶女性は，家族従業者として働く者が多かった。そのため，日本女性の当時の労働力率は欧米に比べても高いものであった。しかし，高度成長と産業構造の変化のなかでサラリーマン世帯が増加し，職場と家庭の分離が進み，1973〜74年まで日本の女性の労働力率は低下していく。

その後は，サラリーマン世帯においても雇用労働に携わる有配偶女性が年々増えていく。第2章unit4で見たように，省力化を可能にする家電製品の普及，冷凍食品や加工食品の価格の低下，子ども数の減少，家族規模の縮小，同時に女性労働力に対する需要が増加するなかで，家庭内生産時間を減らし市場

図 17-1　有配偶女性（35〜59 歳）の働き方
　　　　の変化

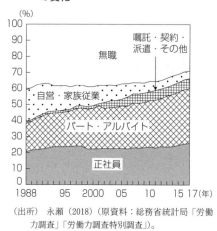

（出所）　永瀬（2018）（原資料：総務省統計局「労働
　　　力調査」「労働力調査特別調査」）。

労働時間を増やす女性が増えてい
ったのである。

　図 17-1 [1] は中年女性の労働力
率の上昇が進む 1988 年から 2017
年までについて，中年期（35 歳〜
59 歳層）の有配偶女性の働き方の
変化を見たものである。白い部分
は無職の有配偶女性，いわゆる
「専業主婦」である。1988 年当時
は 4 割を占めていたが，2017 年
には 3 割に縮小している。

　また，産業構造の変化とともに
かつて多かった家族従業者や自営

業主といった主婦の働き方が急速に縮小していった。代わりに増加したのはパ
ートやアルバイトとして働く有配偶女性である。正社員として働く有配偶女性
はこの年齢層では約 2 割強にとどまる。

　これは日本では，第 1 子出産時にはいったん無職になる女性が 1990 年代か
ら 2000 年代半ばまで，7 割から 8 割と高水準で続いたからである。この間，
増えたのは子どもが一定年齢になってから，パートに出るような働き方だった。
しかし，パートの時給は最低賃金の近傍であり，仕事経験を通じた賃金上昇も
少ない。このため有配偶女性の多くが市場労働に出るようになったとはいえ，
夫と妻との年収格差は諸外国と比べてもきわめて大きいのである。第 1 子出産
が離職のきっかけとなっていることから，出産をすることの機会費用が日本女
性にとってとくに高いものであるといえよう。

　少子化への強い課題認識から，2003 年の次世代育成支援対策推進法による
301 人以上の企業に対する行動計画の義務づけによって職場の風土改革が進ん
だ。それだけでなく，2010 年，12 年に 3 歳未満児のいる労働者に対する育児
短時間勤務の義務化が施行された。この結果，2010 年前後から育児休業制度
や育児短時間勤務の制度を利用しながら正社員を続ける女性も大卒女性を中心
に大きく増えだしている。育児休業制度が施行されたのは 1992 年である。当
初は育児休業制度の導入は出産後も働き続けられるかもしれないという期待を
高めて結婚離職を減らしはしたが，この制度だけでは出産後の勤務継続は難し

く，出産に伴う離職を減らしはし
なかった[2]。職場風土の改革と同
時に，正社員で働き続けることが
できる育児短時間勤務の義務化に
よって，就業女性の結婚や第1子
出産も統計的に有意に増えた[3]。
さらに，2013年以降，ウーマノ
ミクス政策と呼ばれる保育供給の
増加や残業の削減，女性の管理職
昇進の奨励を含む一連の政策によ
って，幼い子どもを持つ女性の正
社員就業は統計的に有意に増加し
ている[4]。

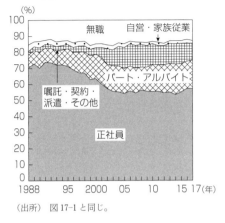

図17-2　未婚女性（23〜34歳）の働き方の
変化

(出所)　図17-1と同じ。

　一方，図17-2は，23〜34歳の未婚女性の働き方の変化を見たものである。
第8章unit 16，図16-1で示したように，1988年当時は，若年者は学校卒業
後に正社員で働くというのが通例であったから，男女ともに正社員という働き
方が労働者の9割を占めていた。しかし，1997年，98年の金融危機とその後
の景気の悪化とともに，雇用に関する規制が緩和され，2000年代前半から，
図17-2のとおり，契約社員や派遣社員といった働き方が増えていく。このよ
うな働き方は有期雇用であるから，フルタイムで働く若者の雇用はより不安定
化した。また，正社員採用が絞られたために，学校を卒業した未婚女性でパー
ト・アルバイトで働く者も大きく増えた。しかし，その時給は最低賃金に近く，
仕事での訓練も少ないため，独立生計を立てられない者が増えているというこ
とを意味する。将来の貧困の種がまかれているともいえる。

🔲 「家族の形」はどう変化したのか？

　生産技術の変化により，肉体労働が減少し，男女の生産性の格差が縮小した。
また，多くの先進国で婚姻の継続がより不安定になるなかで，女性が自身の仕
事を通じた稼得能力の重要性を認識するようになった。欧米諸国では，女性の
大学進学率が男性を超えて高まっている。また，欧米諸国では結婚しないパー
トナーシップが増え，離婚も増えるという形で，家族が変化している。

　日本はどうだろうか。日本でも離婚が増加している。しかし，日本で最も大

きい家族の変化は，晩婚化・非婚化である。また親と同居する中高年未婚者は増加したが，同時に孫と祖父母と親との三世代が同居する家族は大きく減少した。

　1990年代後半から2010年代にかけて，日本では晩婚化・非婚化が進んだ。晩婚化・非婚化が進むと，家族を形成することで得られる経済的な機能を持つことができない。誰にも起きうる出産，病気，怪我，失業，災害，高齢など生活面で脆弱な時期のリスクに対して家族は保険機能を提供する。複数で暮らすことには規模の経済もある。すなわち，生活に必要な設備は1人でも使用できるが，複数が使用したからといって風呂やトイレや鍋が人数分必要というわけではないから，規模の経済の利益を受けられる。このような保険機能は，親と成人した子どもとの同居によっても達成できるが，親との同居は親の死亡による終了が運命づけられている。親密なパートナーシップの形成や子どもの生育に自分の時間を投資していくことは，仕事能力の形成や，蓄財，広い人的ネットワークの形成とは別に，有効な投資行動といえるだろう。

　ピーター・マクドナルドは，少子化の原因として，市場労働や教育における男女平等が進んだのに対して，家庭内の男女平等は文化的なものもあり，変化が遅い場合に婚姻が敬遠され少子化が起こると，イタリアやスペインなどを例としてあげている[5]。東アジアもそうした事例ともいえるであろう。

家庭内生産時間・労働時間の夫婦間分業

　子育てや看護，介護等は家族の持つ重要な生産活動である。生まれたばかりの子どもは3時間おきの授乳を要求する。また，親密なケアを必要とする。ケアについて安心できる人材を雇うコストは高く，幼い子どものケアは親や親族が行う国は多い。

　ただし，その時期に，もし男性が市場労働に特化し，女性が家庭内生産に特化するとしよう。すると，仕事を続ける活動そのものが，男性の市場労働における人的資本を増やす。一方，女性のみが離職したり，仕事と子育てを両立したりするとしよう。その行動が，女性の家庭内労働の人的資本を蓄積させる一方で，市場労働の人的資本を減耗させるため，市場で得られる賃金は下落する。婚姻した女性を保護する法律が多かったのは，性別役割分業においては，女性の交渉力がやがて下落していくと考えられたからといえる。

　しかし，近年では，出産によっても職業能力を失わないことの長期的な重要

性を国も認識し，これを可能にするような法改正も行われている。長期間，離職していた者が，容易に良い仕事機会に出会えないのは，どの国でも共通の事情である。また，父親1人で家計を支えることが難しくなる家計が増えており，子ども数の減少と長寿化により女性の収入が生活の安定に資するのも先進国共通の事象である。

　出産しても仕事を失わないための1つの社会的な制度的工夫が「産前産後休暇」や「育児休業制度」である。すなわち，出産後，一定期間，休職しても仕事を失わないという制度である。休職中には給料を得られないため，雇用保険や国の他の制度を通じて手当を支払う国が多い。日本では原則14週の産前産後休暇の後，原則子どもが1歳になるまで育児休業が取れ，産休中は健康保険から，また，その後の育児休業期間中の半年は雇用保険から給料の67%を，それ以後の育児休業期間は雇用保険から給料の50%の手当が支給される（2020年12月時点）。

　母親だけでなく父親の子育て分担がないと，結局のところ母親のキャリアの継続もキャリア形成も難しい。また，父親の子育て分担は親子関係にも良い影響を及ぼす。このことから，父親も育児休業をとることを奨励する工夫（たとえば，母親だけでなく父親も育児休業をとれば，子どもが1歳ではなく1歳2カ月まで育児休業を延ばすことができるなど）が2009年より日本でも育児休業制度の中に導入されている。しかし，父親の育児休業取得率は1割を下回るなど，制度の利用はまだまだである。

　質の高い保育園が供給されるよう，またこれが利用できるよう，公的助成のある保育園の供給も別の社会的な工夫である。

　第4章で扱ったが，働くことで技能が形成され，それに伴って賃金も高くなっていくことから，現在どう働くかの選択は将来を見据えた決定でもある。その一方で，キャリアを形成する時期は，女性の妊孕力や男性の精子の活動などの点で，子育てにも適した時期でもある。キャリアの形成だけでなく，男女ともに子育てにも時間が配分できる職場風土の形成が望まれる。

▣ 夫婦の労働・家庭内生産・余暇選択の理論モデル

⑴　家庭内生産のユニタリー・モデル

　以下では，経済学では家族を理論的にどのようにとらえているかを見る。まず，夫婦の労働や家庭内生産，余暇の選択モデルは，第2章 unit 4 の大学4

年生のアヤカの就業・家庭内生産・余暇選択のモデルの拡張として考えるモデルがある。この際，夫婦の効用関数は，家計全体として1つに集約できるものと仮定する。そのようなモデルなので，これを**ユニタリー・モデル**（unitary model）と呼ぶ。

　もっとも，unit 4のモデルと異なり，働き手は2人となるから，労働時間，家庭内生産時間や余暇時間について，最適な選択を夫と妻の2人について考えることが必要となる。賃金が夫と妻とで異なるとすれば，unit 4で示した予算制約線の傾きは，夫と妻とで異なることになる。さらに新たに考慮すべき点がいくつかある。まず，家庭内生産活動の生産性も妻と夫の間で異なるだろう。また，夫婦は財布を共有するとも仮定する。

　もし夫が妻と比べ相対的に家庭内生産よりも市場労働の生産性が高く，妻が夫と比べ相対的に市場労働よりも家庭内生産の生産性が高ければ（「夫は市場労働に比較優位を持つ」，「妻は家庭内生産活動に比較優位を持つ」ならば），夫は妻よりも相対的に多くの時間を市場労働に費やし，妻は夫よりも相対的に多くの時間を家庭内生産活動に費やすことが世帯にとっての最適となる。また，夫が家庭内生産活動に比較優位を持ち，妻が市場労働に比較優位を持つ場合には，逆に，夫は妻よりも相対的に多くの時間を家庭内生産活動に費やし，妻は夫よりも相対的に多くの時間を市場労働に費やすことが最適である。

　ただし，夫婦が一心同体の効用関数を持つものとして，時間選択を説明するユニタリー・モデルは，性別役割分業的な家族を説明できても，その後の労働市場と夫婦の変化をうまく説明できないと指摘されるようになった。まずユニタリー・モデルでは，夫婦は財布を共有すると仮定する。つまり，誰が稼得者なのかによって消費行動が変わらないという仮定である。しかし現実には，同じ世帯収入であっても，収入を多く稼得するのが，夫なのか，妻なのかによって，消費行動が変わることを多くの実証研究が示してきた。有名な研究に，イギリスの子ども手当を対象とした研究がある[6]。1970年代当時，イギリス政府は，子ども手当の支払い先を，世帯主から子どものケア者（主に母親）に変更した。すると，興味深いことに，世帯が受け取る金額は同一であるのに，子どものための支出が増えたことが明らかになった。子どものケア者に対して子ども手当を出すと，そうでない場合と比べて，実際に子どものためにお金が使われることがわかったのである。また日本において，女性の社会進出が進んでも女性の家庭内生産活動時間は男性のそれよりも大幅に長く，女性の余暇時間

が男性のそれよりも短い。これも，ユニタリー・モデルによれば，夫婦が合意している（効用関数が1つである）ので「まったく問題ない」ことになってしまう。

　男性は市場労働に比較優位を持ち，女性は家庭内生産活動に比較優位を持つと信じ，このモデルが示唆するように，夫は市場労働に，また妻は家庭内生産活動に相対的により多くの時間を配分すべきと考える男性は，夫婦間問題を引き起こしやすい。第1に，男女間賃金格差の縮小，家庭内生産における技術の進歩や市場が提供する財・サービスの拡大によって，比較優位そのものが消失する傾向にある。市場労働と家庭内生産活動の夫婦間格差を縮小するのが効率的である。第2に，このわずかな比較優位は，家庭内生産における技術進歩と市場財・サービスの利用だけでなく，教育・訓練によっても容易に逆転しうる。たとえば，家庭内生産活動が苦手という夫は，そもそも経験が不足している可能性がある。第3に，家庭内生産活動に比較優位を持つとされる者がそれらの活動を嫌いである可能性がある。上のモデルでは，市場労働と家庭内生産活動そのものは，効用も負の効用も生まないと仮定してしまっている。第4に，貿易とは異なり，家事・育児・介護・子どもは家庭内公共財の性格を持つために，フリーライダー（ただ乗り）問題が生じがちである。家庭内公共財とは，夫婦がともに消費でき，一方が消費しても他方の消費が減らないような財を指す。たとえば，掃除分担を考えてみよう。夫が担当である浴室の掃除をきちんとしなかったとしても，妻がきちんと掃除した玄関を夫に使わせないようにさせることは技術的に難しい。妻は玄関を通る夫に対して使用料金を課すこともできるが，困難を伴うであろう。日々，生じるフリーライダー問題は，家庭内生産活動を縮小し，夫婦喧嘩の原因となりやすい。第5に，市場労働に特化した者は，経験を通じて賃金が上がっていくのに対して，家庭内生産に特化した者は，市場労働における賃金は，人的資本の減耗により下落していく。このことは，婚姻を解消した場合の経済力を下げるものであり，家庭内生産に特化した者の交渉力を下げていくことになる。

　また，投資としての子どもについても，夫と妻の時間が完全に代替的ではなく，夫と妻それぞれが子どもに関わった方がより質の高い育児ができる，といったことも考えられる。実際に，母親だけでなく父親も関わることが子どもの発達に重要であることは，発達心理学領域ではよく知られている。ユニタリー・モデルのより詳しい説明については，ウェブ補論を参照してほしい。

(2) その他のモデル

前述のように，ユニタリー・モデルは，夫婦は1つの（一心同体の）効用関数を持つと仮定するため，夫婦間の「葛藤」はそもそもないものと仮定している。しかし，これでは，夫婦喧嘩，ドメスティック・バイオレンス（DV），別居，離婚など，現実に観察される夫婦間の問題を説明できない。また，比較優位が縮小しているにもかかわらず，家事，育児，看護，介護などの家庭内生産労働時間の大半を妻が担っている事実も，これでは説明できない。男女間の教育格差，賃金格差は縮小している。また，家事の効率化に資する家電製品や市場サービスが登場し，家事労働の生産性の格差も縮小している。

ユニタリー・モデルでは家族の行動を十分に説明できないため，新しいモデルが検討されている。この新しいモデルでは，夫，妻は，それぞれ独自の選好を持つことが仮定されている。財布が共有されることもあれば，そうではないこともある。

たとえば，ゲーム理論を応用し，夫婦の葛藤をバーゲニング（交渉）モデルで表現するのは，その1つである。しかし，そのようなモデルは，効用関数等の関数形，ゲームのルール，解の定義など，さまざまな仮定を要し，解がこれらの仮定に強く依存するという問題がある。

これらの問題を克服する1つの試みとして**コレクティブ・モデル**（collective model）が考案された。コレクティブ・モデルとは，夫と妻がたとえ双方がお互いを思いやるとしても，市場財，家庭内生産財の消費や余暇について，夫と妻とで異なる選好（異なる効用を持つこと）を認め，消費や時間の使い方を効率的に決めるというモデルである。

コレクティブ・モデルがゲーム・モデルと異なる大きな点は，ゲームを想定するのではなく，したがってゲームのルールも採用する解の定義も仮定せず，解が満たすべき性質について仮定を設ける点である。具体的には，夫婦は**パレート効率的な配分**を行うという仮定を設ける。パレート効率的な配分とは，たとえば時間や財の夫婦間の配分において，配分を変更すれば必ず夫，または，妻の効用が下がるという意味である。つまり，解においては，夫の効用を下げることなく妻の効用を上げることはできず，また妻の効用を下げることなく夫の効用を上げることはできない（配分の改善の余地がもはやない）ということである。

コレクティブ・モデルのもう1つの特徴は，パレート効率的な複数の解があ

るとき，その中のどれが選ばれるかを決める**配分要因**（distributional factor）という概念の導入である。パレート効率的な配分は一般に複数あるので，解が1つに定まらないという問題がある。そこで，コレクティブ・モデルは，配分要因が解を1つに決めると仮定するのである。配分要因は，夫婦間の交渉力や社会規範などを表すと考えられている。

　このモデルでは，ユニタリー・モデルと異って，夫と妻の余暇時間，消費財の配分は，配分要因の影響も受ける。たとえば，賃金率と効用が夫と妻の間で同じであったとしても，配分要因を決めるような諸条件（たとえば社会規範など）が夫に有利であれば，夫は妻よりも多くの財と余暇を消費することになる。

　時間の流れを考慮すると，さらに現実的なモデルを得ることができる。夫婦の現時点での意思決定は，夫婦の将来に影響を及ぼす。たとえば，母親が出産と育児のために離職するとすれば，その間は市場労働に役立つ人的資本投資ができないばかりか，すでに投資した人的資本が磨耗する。他方で子どもに対してより多くの時間を投資できる。その結果，夫婦間の市場労働における人的資本の差が拡大し，妻の稼得賃金は夫と比べて低下し，夫と妻の市場賃金の差が配分要因として夫婦の家庭内格差を生み，それが長期にわたる影響を及ぼすことになってしまう可能性がありうる。一方，もし妻が離職せず育児休業をとってから仕事に復帰し，夫も育児休業をとり育児を分担すれば，妻だけでなく，夫も子どもに対して時間を投資できる。さらに，人的資本減耗は夫婦間で分担できる。このように将来への影響をも考慮に入れて，夫婦は意思決定を行うことになる。

　コレクティブ・モデルは，家族の形成（同棲，結婚）と崩壊（別居，離婚）を説明する理論へと拡張することもできる。独身で最適な時間配分をしたときに達成できる自らの最大効用と比べ，家族の一員として最適な時間配分をしたときに達成できる自らの最大効用が十分に高ければ，家族を形成するインセンティブを持つ。また，出会った2人双方にそのようなインセンティブがあれば家族が形成されると考える。

　また，家庭内で夫婦がともに消費する家庭内公共財を考慮すると，さらに現実的なモデルを得ることができる。これまで家事労働や子どもを家庭内公共財の事例としてあげたが，土地，住宅，耐久消費財なども，夫，妻の一方が消費しても他方が消費できる量が減るわけではないという意味で，公園や図書館のような公共財としての性質を持つ。このため家庭内公共財といってよいだろう。

さらに，夫婦で一緒に消費することで，互いの効用を増すような選好の考慮もモデルの現実性を増す。

　家庭内公共財や共同消費に対する選好は，男女間の比較優位の縮小が必ずしも結婚を減らすことにならないことを示唆している。実際に，特性の異なる男女の結婚と比べ，似通った男女の結婚（たとえば，高学歴同士，低学歴同士）が多い。

　コレクティブ・モデルは，複数の解の候補から1つの解を決める未知の要因を配分要因と呼んでいることに注意したい。配分要因が何によって決まるのかを仮定するのは分析者であり，仮定によって異なる分析結果が得られても不思議ではないことに注意したい。

　家族の意思決定を分析するためのモデルは，いまだ発展途上にある。長い間，家族の中の意思決定は，理論的にはブラックボックスの状態であった。このため，実証研究から見出される結果を解釈する分析的枠組みも確立されていなかった。今後の研究が最も期待される分野の1つである。コレクティブ・モデルのより詳しい説明については，ウェブ補論を参照してほしい。

🔲 家庭内生産モデルの応用：夫婦間の選択

　家庭内生産モデルは，育児や家事だけでなく，さまざまな家庭内生産活動に応用できる。また，賃金の変化，市場財価格の変化，非労働所得の変化，失業率の変化が労働供給，家庭内生産活動，余暇に及ぼす影響だけでなく，これらの変化が出生率に及ぼす影響，政府のさまざまな政策や企業の施策が労働供給や出生率に及ぼす影響，労働供給や出生率の時系列的変化，国際比較，学歴間，地域間などの差，労働供給の男女間，年齢間，産業間，職業間などの差を理解するのにも役立つ。ここでは，夫婦間の選択の時系列的変化と国際比較，育児休業，保育園，介護保険といった社会的な仕組みを例として，家庭内生産モデルを用い現実を理解する方法について説明する。

　すでに述べたように，1960年代ごろまでは，夫が賃金労働を担い，妻は家事・育児・介護をするという夫婦分業の家庭が多くの先進国で一般的であった。日本は当時，先進国と比べると，夫婦ともに自営業に従事する世帯が多かった。しかし，サラリーマン世帯の増加とともに妻が専業主婦である世帯が増える。その後，先進諸国の多くでいったん離職した妻が，子育てがひと段落する中年期に仕事に戻るというM字型労働が見られるようになるが，1980年代後半以

図 17-3　末子が 3 歳以下のときの妻の働き方

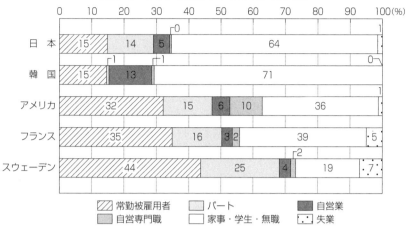

（出所）　内閣府『平成 17 年度　少子化社会に関する国際意識調査報告書』。

降になると，先進諸国の多くで，出産育児期も多少雇用時間を短いものとするにしても，離職せずに仕事を持ち続ける妻が増えていく。つまり，一生の時間配分として，継続的に仕事を続ける夫婦が増えていったのである。日本では最近になってそうした動きが出始めている。とはいえ，日本と韓国はいまだに出産期の離職が多い点も 1 つの特徴となっている（第 1 章 unit 1 も参照）。

　内閣府が，20〜49 歳層を対象に 5 カ国で調査した「少子化社会に関する国際意識調査」（2005 年）を見てみよう。サンプル数は 1000 人程度と大きくはないが，国別の特徴は十分に出ている。図 17-3 は，末子が 3 歳以下のときの夫婦の就業選択である。子どもが幼いときは，集中的にケア時間が必要とされる時期である。日本，韓国では，6 割から 7 割の母親が専業主婦となり，フルタイムで子育てを行っている。一方，アメリカ，フランスでは母親の 4 割程度，スウェーデンでは 2 割程度にとどまる。また，末子が 3 歳以下でも妻が常用雇用である者が，スウェーデン，フランス，アメリカでは 3 割から 4 割を占めている。つまり，これらの国々では，幼い子どもがいる時期にも，妻がフルタイムで，あるいは短時間で市場労働を続けるという時間配分選択が増えているのである。

　このような夫婦の選択の変動やばらつきの原因はなんだろうか。そもそも夫婦は，一生のうち，夫と妻の誰がどの時期にどの程度の時間を仕事にあて，誰

がどの時期にどの程度の時間を家事やケア活動にあて，また，誰がどの時期に
どの程度の時間を余暇時間にあてるのだろうか。

　夫婦の家庭内生産モデルは，夫婦の一生の間の時間配分を理解するのに役立
つ。まず，一生のうち，どの時期にどのくらいの時間を仕事にあて，どの時期
にどのくらいの時間を家事やケア活動にあて，またどの時期にどのくらいの時
間を余暇時間にあてるかという，一生の間の時間配分を考えるには，モデルに
おける総時間を一生の総年数，労働供給時間を一生の間の就業年数，ケア活動
時間を一生の間に育児のために労働市場から退出する年数，余暇時間を老後の
引退年数，賃金を年間労働所得，非労働所得を一生の間の非労働所得と置き換
えて考えればよい。

　夫婦は，労働，ケア活動の時間を自由に選ぶことができると仮定されている
が，現実には，家計内の育児や介護などのケア活動には，相当数の時間数が費
やされねばならないかもしれない。ケア活動の時間数にそのような最低限必要
な時間数の制約が課されるときに，夫婦は，たとえば夫が労働，妻がケア活動
といったように，夫婦間で偏った選択をすることが予想される。保育園や介護
保険は，従来，家計が行ってきたケア活動を市場が供給するものであり，その
ような制約を緩和すると考えることができる。実際，育児休業制度，保育園，
介護保険等の社会的な仕組みには国際間で大きな格差がある。

　夫婦世帯の家庭内生産モデルは，夫婦が1つの効用関数を持つと仮定したユ
ニタリー・モデルのもとでの分析が多かったが，現実には，夫の効用関数と妻
の効用関数が同じであるとは限らない。効用関数の差が大きい国では，夫婦間
分業が困難になると考えればよい。

🔲 社会的な仕組み

(1)　育児休業と休業給付

　上では，スウェーデン，フランス，アメリカでは，末子が3歳以下でも妻の
3割から4割が常用雇用であることを示した。しかし，それは，子育てに特別
の技術革新が起こり，ケア時間が短くできるようになったためではない。たと
えば，電子レンジや冷凍庫の発明と普及は，明らかに調理時間や買い物時間を
減らしたが，子育て分野におけるそのような画期的な技術革新を筆者らは知ら
ない。あったとすれば，社会的な制度の革新と拡充，雇用慣行の形成だろう。

　子どもが生まれた直後の夫婦の生活変化はきわめて大きい。体調が回復しな

い母親もいれば，特別のケアを必要とする乳児もいる。そもそも育児という活動そのものに右往左往する。この時期に，育児時間をとっても，仕事を失わないこと，休業の間，保険から安定した相当の収入を得られること，さらに育児時間を柔軟にとれることの制度化が進んでいる。代表的なのがスウェーデンの例である。育児休業時間の総量は決められているが，子どもが8歳になるまでについては，たとえば1日1時間といった単位でも，あるいは，今月は夫が，来月は妻が，といった頻度でも，カップルが比較的自由に選択できるよう工夫がされている。EU諸国の多くは，多かれ少なかれ，この方向での拡充が進んでいる。

　なお，日本の育児・介護休業法については，年々拡充が進んでいるものの，女性が半数を占める非正社員の多くが育児休業制度の権利を実質的に付与されていないことや，分割して使えないなど使いにくさの問題がある。このように，非正規雇用の者の多くが対象からはずれてしまうこと，出産を期に無職化する者に対して給付がないことから，育児休業給付を得られる子どもは，2010〜14年の第1子出産の3割にすぎない点（「出生動向基本調査　2015年」）は課題である。

(2) 保 育 園

　保育園がもう1つの社会的な工夫だろう。保育園が子どもの発達に資する安心・安全なものであり，かつ負担可能な保育料であるかどうかは重要な視点である。フランスの例をあげれば，3歳からは無料の保育学校があるが，3歳までについては，自治体による保育園，認定保育ママ，自宅で雇用するベビーシッター，育児休業による親自身の手によるケア，このどれに対しても，負担率の差はあるものの，一定の補助が出るようになっている。保育の税額控除の仕組みもある。つまり，利用者が多様性のある保育を自分で選べるよう，多様な保育が供給される状況を作ること，また保育料が世帯にとって負担可能な金額であること，さらに保育が安全であるかについて政府機関が監督機能を果たすことについて，社会的な仕組みが工夫されてきたのである。日本でも2012年の子ども子育て関連3法の成立後，ようやく都市部でも保育園の拡充が進み出している[7]。

(3) 介 護 保 険

　日本について，特筆されるべきなのは，2000年に導入された介護保険であろう。同居家族が行ってきた介護労働が介護保険を通じて有償で供給されるよ

コラム

男性の家事・育児分業

図17-4 は，6 歳未満児を持つ夫と妻の 1 日当たりの家事・育児時間である。日本の父親は 1 時間 7 分である。欧米諸国が 3 時間前後であるのに対して大幅に短い。逆に女性の家事・育児時間は 7 時間 41 分と他の国々に比べても長い。政府は，男性の育児分担が少子化の緩和に効果があると見て，その奨励を政策の 1 つに入れているが，現在のところ，男女差は依然として大きい。そうした分業がなぜ起こるのか，あるいは解消されていくのかも，本書を読み進めるなかで，労働経済学を使って分析することができるだろう。

図17-4　6 歳未満児を持つ夫と妻の家事・育児時間の国際比較

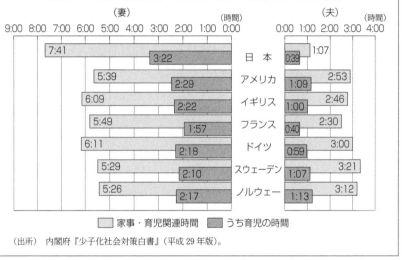

（出所）　内閣府『少子化社会対策白書』（平成 29 年版）。

うになり，高齢者が独立して過ごす期間が大幅に延びる効果があった。もっとも，従来，家庭内で行われていた労働が，介護保険を通じて有償で行われるようになったとすれば，無償労働の担い手であった者が有償労働の供給に，すなわち介護保険の金銭的な支え手として，あるいは，介護労働の供給者として，働くことを奨励する政策も必要であろう。

● **注**

1)　永瀬伸子（2018）「非正規雇用と正規雇用の格差——女性・若年の人的資本拡充のための施策について」『日本労働研究雑誌』第 60 巻第 691 号，19-38 頁。

2) 永瀬伸子（1999）「少子化の要因：就業環境か価値観の変化か——既婚者の就業形態選択と出産時期の選択」『人口問題研究』第55巻2号，1–18頁。

3) 永瀬伸子（2014）「育児短時間の義務化が第1子出産と就業継続，出産意欲に与える影響——法改正を自然実験とした実証分析」『人口学研究』第50巻，29–53頁。

4) Nagase, N. (2018) "Has Abe's Womanomics Worked?" *Asian Economic Policy Review*, 13 (1), 68–101.

5) McDonald, P. (2000) "Gender Equity, Social Institutions and the Future of Fertility," *Journal of Population Research*, 17 (1), 1–16.

6) Lundberg, S. J., R. A. Pollak, and T. J. Wales (1997) "Do Husbands and Wives Pool Their Resources? Evidence from United Kingdom Child Benefit," *Journal of Human Resources*, 32 (3), 463–480.

7) 注4)の Nagase (2018) 参照。

要　約

　夫婦世帯の家庭内生産モデルでは，夫婦間の時間配分の新たな意思決定問題が発生する。比較優位を活かし，協力することによって，夫婦には，単身でいるときよりも高い生産性と効用を達成できる可能性がある。その一方で，比較優位の縮小，家事やケア活動の好き嫌い，フリーライダー問題などが，夫婦間分業のメリットを小さくする。

　コレクティブ・モデルは，夫婦間の効用の違い，夫婦間の力関係を示す配分要因を明示的に考慮する点で夫婦世帯の家庭内生産モデルよりも現実説明力が高い。法律，社会的規範，独身を保つ場合に得られる効用，他の人と結婚した場合の効用などが夫婦間の力関係に影響すると想定されている。

確 認 問 題

□ *Check 1*　一心同体の夫婦世帯の家庭内生産モデルに従って男女が行動する世界を考えなさい。以下の空欄に枠内から適切な用語を選んで入れなさい。同じ用語を繰り返し使ってもよい。また，使わない用語があってもよい。

　　市場賃金の男女間格差が縮小すると，男性の市場労働での比較優位は（　①　）なり，女性の家庭内生産労働での比較優位も（　②　）なる。このため，独身と比べた結婚の生産面の効率性は相対的に（　③　）なり，男女ともに結婚へのインセンティブが（　④　）なる。

> 大きく，小さく，高く，低く，強く，弱く

□ *Check 2*　コレクティブ・モデルに従って男女が行動する世界を考えなさい。

以下の空欄に枠内から適切な用語を選んで入れなさい。同じ用語を繰り返し使ってもよい。また、使わない用語があってもよい。

　人口に占める女性の割合が小さくなると、配分要因は、男性にとって（　⑤　）となり、女性にとって（　⑥　）となる。これは、夫婦の間では、財・サービス・時間の配分において夫よりも妻に対して（　⑦　）に作用する。これを予期し、未婚男性の結婚へのインセンティブは（　⑧　）なり、未婚女性の結婚へのインセンティブは（　⑨　）なる。こうして、当初の女性の割合の縮小がもたらす結婚市場への影響が部分的に和らげられる。いわば、配分要因が結婚市場における価格のような役割を果たしている。

> 有利, 不利, 強く, 弱く

職場における女性労働

Keywords

昇進格差，間接差別，男女雇用機会均等法

この unit では，職場の中の女性を見てみよう。たとえば，日本の大企業の職場を訪問すると容易に気づくのは，部長，課長は男性がほとんどであること，また男性は正社員が多いことである。もちろん，職場には女性の姿も見られる。しかし，声をかけてみると，女性社員の中には，正社員だけでなく，契約社員，派遣社員，パート社員，アルバイト社員なども少なからずいることがわかる。このように性差によって職位や就業形態の差が見られるのが，日本の職場の特徴といえる。この点については，この章で紹介するように，男女格差の縮小に向けて政府の取り組みも行われている。職場というコミュニティの中で働き，給与を得て生活しているという点は男女ともに変わらない。

🔲 男女間の大きい賃金格差

日本の男女間賃金格差は国際的に見ても大きい。第 7 章で述べたように，男女間賃金格差の説明できる要因として，学歴，勤続年数，他の企業での就業経験年数，あるいは，無職期間の男女差など人的資本の差がある。男女間の職業分布や，産業分布の差も，男女間の賃金格差を説明できる要因だろう。人的資本を考慮した賃金格差を，測定された賃金格差（measured wage gap）と呼ぶ。また，測定された要因で生じる賃金格差は，説明できる賃金格差（explained wage gap）とも呼ばれる。それでも残る賃金格差，すなわち，たとえば同じ学歴であっても，男性と女性とで，学歴が賃金を上げる度合いが違うことなどは，説明できない賃金格差（unexplained wage gap）と呼ばれる。

日本の男女間の賃金格差については，学歴差，就業期間の差など，測定でき

る賃金格差も大きい。

　日本で，測定できる男女間賃金格差が大きいのは，母親ペナルティ（mother-hood penalty）が大きいからという可能性がある。出産は，休職を通じて人的資本を減耗させるが，それ以上に，母親であるということが，就職を難しくしたり，雇用契約の終了をもたらしたりすることがある。また，逆に男性は妻子がいることで賃金プレミアム[1]を受け取ることがある。もし男女の扱いが大きく異なる雇用市場があるならば，夫婦は，合理的な選択として，妻ではなく，夫に熱心に人的資本投資をするだろう。つまり，男女間賃金格差が大きい労働市場のもとでは，性別役割分業が推進され，男女間の測定できる変数差が大きくなる。しかし，男女とも寿命が伸び，子ども数が減り，就業可能年数の男女差が縮小するなかで，女性の人的資本投資が活用される雇用慣行への変化は，社会的に期待される変化である。

　また，男女間賃金格差の別の要因として，女性と男性との心理特性の差も注目されている。女性は男性と比べて上司に対して「交渉」をしたがらないこと，競争を好まないこと，男性よりもリスク回避的であることなどが実証研究で男女差の要因として指摘されている。しかしまた，女性が男性と同様に上司に交渉した場合に，男性同様に評価を勝ち取れるかといえば，女性らしくないとしてむしろ負の評価を得る可能性が高いことも指摘されている。つまり男女に関する社会的なジェンダー規範は，男女間賃金格差に影響を及ぼしている。

　また，以前から形成されてきた雇用慣行が女性に不利なものであることもありうるだろう。以下では，日本の具体的な制度について見ていく。

🔲 採用方法における格差と勤続年数の格差

(1) 仕事の入口の変化，非正規化の進展

　すでに述べたように，1990年代の半ばまでは大多数の女性が初職では正社員として仕事に就いていた。ところが，1997年，98年の金融危機以降，さらに2000年代に入り，初職で正社員に就ける女性は大幅に減少している。とくに高卒女性は，パートやアルバイトとして初職を始める者が年々増加している。正社員と非正社員とで，企業の職場訓練に対する姿勢が異なるので，非正社員の増加は，人的資本の蓄積という点でおおいに懸念される変化である。高卒層は正社員の仕事に就きにくくなっている。

　しかし，近年では将来の労働力不足が懸念されるなか，2014年をボトムに

女性正社員数は増加傾向に転じ，とくに大卒層の正社員就業はより容易になっ
ている。ただし，高卒女性層ではそうした反転はまだ見られない。

(2) 正社員の中における「コース別」人事

正社員に採用される場合にも，日本の大卒者に特徴的な「新卒採用」が，男
女の賃金格差や**昇進格差**を生み出す1つの要因となっている。1986年に施行
された男女雇用機会均等法以降，男女別採用が法的に禁止されると，それまで
の男性大卒のみを採用していた職を「総合職」，女性のみを採用していた職を
「一般職」と呼ぶ「コース別人事」という雇用区分を導入する大企業が増えた。

「総合職」とは幹部候補生採用の意味で使うことにしよう。大企業では一般
には転勤を受け入れることを前提とする。しかし，将来の家族形成なども考え
ると，企業の命令で居住する場所を決められたくないという若い女性は少なく
ない。最高裁判決では，通常の家庭の事情では転勤命令は受け入れるのが妥当
という判例が出されている。このため，女性の中には，「地域限定総合職」と
いう転勤が限定されたコースや，採用が減りつつある「一般職」といったコー
スへの応募を考える大卒女性も少なくない。

しかし，コースが異なれば，与えられる仕事も入社直後から総合職と異なる
場合が多い。その結果，昇進見通しも初めから劣る場合が少なくないのである。

都道府県労働局雇用均等室による「コース別雇用管理制度の実施・指導状
況」（2015年）によれば，コース別雇用管理をしている企業の総合職採用に占
める女性の割合は年々上昇しているとはいえ，2014年で22%である。一方，
一般職に占める女性の採用割合は82%である。また，調査された118社の総
合職に占める女性割合は9%にすぎなかった。

これまで，上記の小規模な調査以外は調査がなかったが，厚生労働省「雇用
均等基本調査」は，最近になって企業内の男女の総合職・一般職割合を設問と
して立ててこれを集計するようになった。この統計では，呼称ではなく実態に
即して，たとえば総合職は「基幹的な業務や総合的な判断を行う業務に属し，
勤務地の制限がない職種」として定義し，企業に判断してもらって人数の調査
をしている。

この2018年調査によれば，30人以上の企業全体で，女性の常用労働者（定
義では期間を定めずに，または1カ月以上の期間を定めて雇用されている者，他企業か
らの出向者なども含む）に占める内訳を見ると，「総合職」的な正社員が14.5%,
「限定総合職」的な正社員が4.9%,「一般職」的な正社員が18.2%で，

59.1％ は非正社員だという。男性について見ると，「総合職」的な正社員が 41.1％，「限定総合職」が 6.3％，「一般職」が 21.5％ で，非正社員は 24.6％ だという。

　この調査に見る「総合職」女性は，全体の約 15％ であり，「限定総合職」を合わせると約 20％ となり，一般職約 18％ を上回ることになっている。この数字は意外かもしれないが，一般職の仕事が非正社員に移っていて，一般職だった者が総合職的な仕事をするようになっているのかもしれない。ただし，かつての正社員の仕事が有期雇用の仕事となっている有期雇用が増えれば育児休業をとりにくくなる。さらに，有期雇用の場合，ボーナス，退職金，職能給，定期昇給など「日本的雇用」といわれる制度の対象ではなくなる点も課題である。

　また，5000 人以上の企業の常用労働者に占める正社員の割合を見ると，女性に限定すると，3 割のみが正社員（男性は 64.2％）であり，7 割の女性は非正社員である。企業規模 1000〜4999 人でも女性は 36.4％（男性は 74.9％）が正社員であり，3 人に 2 人は非正社員である。

　非正社員とされてきた人材の育成と能力発揮を日本全体でしっかり考えていくことが必要になっている。さもなければ，大企業で働く女性の多くは，人的資本投資がされない労働者となりかねない。

　「コース別人事」制度は，企業規模 5000 人以上では現在も約半数の企業が採用している。

　全国転勤を受け入れるかどうかという採用基準を昇進の条件として敷くことは，女性を直接的に差別したものではない。しかし，子どものケア負担を主に担う女性が排除されやすいことから，女性への**間接差別**であるとする法学者の議論がある。

　内部労働市場への入口は，新卒採用時が最も大きく，中年期には狭められていること，企業内で人材養成がされており，企業を超えた「職」の標準化が進んでいないことは，女性が自発的にキャリアを形成することを難しくしている。もちろん離職・転職の可能性が高い労働者は，企業特殊訓練ではなく，一般的訓練や職業特殊訓練に投資することにより，企業からの離職・転職に伴う人的資本の損失を少なくできる。しかし，日本では職業別労働市場が未発達であることが離職予定者の賃金成長を妨げる要因になっている。

　最近は，生涯仕事を持つことを望む女性が増えている。しかし，もし企業がオファーするのが，転勤や残業はあるが幹部候補として訓練される雇用コース

コラム

職業別労働市場を育てるための政策

　日本ではこれまで職業別労働市場が十分に育ってこなかった。これは日本をリードする大企業が，新卒でその企業に入り，その企業にコミットしつつ能力形成をしていくという働き方を，日本的雇用に中核的で不可欠な働き方として位置づけて，自社内での人材養成を主眼としてきたため，そもそも職種に関心を持ってこなかったためだろう。正社員の解雇にきわめて抑制的な判例が1960年代に形成され，現在も持続していることも大きい。長期間には技術革新，国際競争をはじめ，さまざまな要因により，必要とされる職は変化していくから，職種採用にはリスクがあると考えられたことにもよるだろう。

　日本の職業別労働市場の実態をとらえようにも，実はデータそのものがあまり蓄積されていない。派遣労働市場といった狭い市場や医療資格職などにおいては，職種による募集や採用のデータが一定程度蓄積されている。しかし労働市場全体については，職種という幅と，同じ職種の中での上位職と下位職の分布を知ることができるような統計は，少なくとも政府統計にはなかった。政府の中核的な賃金統計である厚生労働省「賃金構造基本統計調査」においても，重要な変数は，企業規模，性別，年齢階級，勤続年数階級であり続けてきた。この中に職種の調査はあったが，職種の分類も公表もきわめて限定されていた。しかし2020年度から，初めてすべての労働者について，職種，学歴，その職種での経験年数と給与が調べられるようになった。ただし現在，設定されている職種では職の中での上位下位関係がわからず，事務職の分類も大雑把であり，まだ十分とはいいがたい。しかし，労働市場をとらえるためのデータ整備とその公表は，若い労働者がその技能形成のためにどこを目指せばよいのかを理解するために必要であり，その方向に政府統計も動き始めた。

　職種別労働市場を育てるためには，職の標準化，職の中での（企業を横断しての）上方移動が見えるようになることが必要となる。職種別労働市場の形成のためには，学校教育機関や，ハローワークや民間を含めた職業紹介機関も，企業人事部とともに，その創出に向けて統合的に動き出す必要がある。

　そもそも職種別労働市場の活性化が必要なのか，という点について国民の合意も必要であろう。しかし，長寿化と現役人口の縮小が見込まれる未来を考えれば，高齢者もいっそう長く働き続けることが求められるようになる。また，これからは，男女ともに，家族形成もでき，かつ，キャリアも持続することが必要となるだろう。このような条件のもとでは，従来型の，年功的な処遇の正社員とその被扶養配偶者，低賃金で不安定な非正規雇用からなる労働市場は，社会の持続的な発展に資するとはいえないであろう。職種別の労働市場の形成は重要であるということに，総論としては落ち着くと考えられる。

と，仕事は定型的で決められた内容にとどまるが定時退社が可能な雇用コースに限定されるのであれば，十分な能力がある女性が，家庭との両立可能性が高い後者を自ら選ぶことによって，企業で受ける人的資本投資の種類も量も限定的となる可能性が高い。この結果，採用された時点では能力差がない男女でも，雇用コースの選択の差によって，長期的な賃金格差が想定されることになる。均等法，育児・介護休業法の施行と強化から20年以上たつにもかかわらず，このようなサイクルから抜け出せていない。

(3) 女性正社員の勤続年数の変化

大卒男女の勤続年数格差はなかなか縮まらない。2000年に大卒男性の平均勤続年数は12.1年，大卒女性は6.1年，それが2010年には12.5年，女性は6.4年であった。また2015年には，それぞれ13.1年，7.3年である。女性の勤続が伸びない要因は2つある。1つの要因は大卒女性が急速に増えているので，女性は若年層に大卒が多いということである。しかし，別の要因は，学歴にかかわらず，大卒女性の離職率が高かったことである。しかし，2010年から15年にかけては女性の勤続はかなり伸びた。背景には，職場風土が改善され，育児休業制度の利用が増え，就業継続が増加したことがあると見られる。男性の勤続の延びの背景には，60〜64歳までの雇用が義務化されたこともあると考えられる。

🔲 女性の管理職比率の低さ

今日，政府が政策の1つのターゲットとしているのは，女性の管理職割合の上昇である。「202030」とは2003年に内閣府男女共同参画推進本部が政府の目標とした数字である。2020年までに日本のリーダー的な職位にいる女性を3割にしようという目標である。この中には，管理職に占める女性の割合を3割にしようという目標も含まれる。

しかし，民間企業の管理職に占める女性割合を見ると，「賃金構造基本統計調査」は100人以上の企業についての統計が把握可能だが，係長職の女性割合は約15年前の2005年の10.4%から19年には18.9%に上昇したとはいえ，いまだに5人に1人にとどまる（図18-1）。課長職についても上昇しつつあるが，2005年の5.1%に対して，2019年で11.4%である。部長職となるといっそう低く，部長職の女性割合は2005年の2.8%から2019年に6.9%に上昇したのにとどまる。日本の正社員のコース別人事と内部昇進制は女性管理職比率

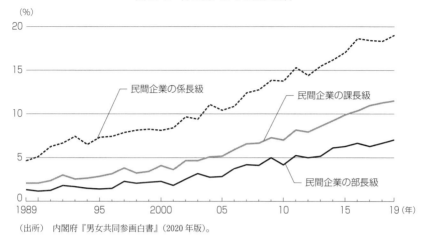

図 18-1　管理職における女性割合

（出所）　内閣府『男女共同参画白書』（2020 年版）。

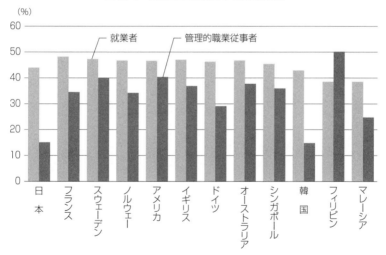

図 18-2　女性の管理職比率の国際比較

（出所）　図 18-1 と同じ。

の低さをもたらしていると考えられる。

　国際比較で見ても，日本のように女性の管理職比率が低い国は，調査対象の国の中では，日本以外では韓国のみである（図 18-2）。

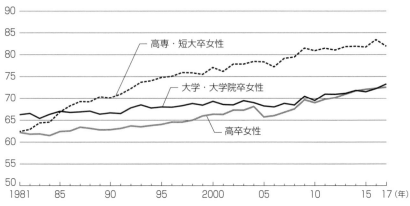

図 18-3　男女間賃金格差の推移

高専・短大卒女性

大学・大学院卒女性

高卒女性

（注）　1.　男性一般労働者の所定内給与額を 100 としたときの，女性一般労働者の所定内給与額の値。
　　　　2.　一般労働者とは，短時間労働者以外の労働者をいう。
（出所）　厚生労働省「賃金構造基本統計調査」。

🔲 大きい男女間賃金格差

(1)　男女間賃金格差の推移

このような雇用慣行，また家庭内規範，さらには，サラリーマンの配偶者の場合，年収が一定以下であれば社会保険料を免除されるという社会保障制度の結果として，雇用労働市場における男女間賃金格差は依然として大きい。

男女間賃金格差の縮小を目指した法律が多くの国々で制定されている。日本では 1986 年に**男女雇用機会均等法**が施行され，97 年改正（99 年施行），2006年改正（07 年施行），その後もたびたび改正された。雇用機会の改善を背景に，自分自身の収入を持つことを望む女性も増えているものと思われる。

図 18-3 のとおり，1986 年の大卒男女間の所定内給与の賃金格差は，男性を100 とすると女性は 66.8 であった。2009 年以降改善に向かい，2017 年に 73.3にまで改善している。しかし，図からは，大学・大学院卒の男女間賃金格差の縮小が遅いこともわかる。

なお，この図では賃金として「所定内給与」を取り上げているが，「決まって支給する給与」を使うと，男性は扶養手当などを得る者も多く，また，「特別賞与を含めた給与」なども含めると，男女の賃金格差はいっそう大きいものとなる。また，女性が男性に比べてパート，アルバイトが多く賃金が低いことが，この図では反映されていない。この図は，短時間労働者を除く一般労働者

の所定内給与の平均の格差を示したものにすぎないからである。パートなどを含めれば，男女の賃金格差はより大きいものとなる。

なお，統計の調査方法の変更により，2005年以降は，フルタイムの非正社員もこの図の比較に含まれるようになった。2005年に男女間賃金格差が拡大したのは，フルタイムの非正社員が男性より女性に多いこと，そしてその賃金が低いことによる。とくに高卒層ではそうした状況が多い。

(2) 男女間賃金格差の国際比較

たびたびの雇用機会均等法の改正，強化により，女性正社員も男性同様の働き方が法的に可能になったはずである。しかし，正社員を中心とするフルタイム労働者で比べても，女性は，男性と比べて初めから明示的に，あるいは暗黙裡に，昇進スピードが遅い正社員として採用されることが少なくない。その結果，女性の管理職比率は，海外と比べて突出して低い。

多くの国で男女間賃金格差は全般に縮小傾向にある。この男女差の縮小は，高学歴化により稼得能力の高い多くの女性が労働市場に参入したことと，女性がより長く働くようになったこと，そして大きい変化としては，育児期に離職する女性が大きく減少したこと，そもそも学校卒業時に自分は仕事を持ち続けるだろうと予想する女性が増えたこと，などで説明できることがわかっている。

先進国の中では，日本の男女間賃金格差の縮小の進み方は遅い。これは日本では2000年代半ばまで，第1子出産後に数年間無職になる女性が大半を占め，このときに正社員から離職すると，しばらく無職を続け，その後は非正規雇用で雇われる場合がほとんどであることも大きい。また未婚期においても将来の離職を予想し，昇進の可能性の低いコースに女性が就職しやすいことや非正規雇用から抜け出しにくいことも大きい。女性の管理職比率が著しく低いことも男女間賃金格差を大きいものとしている。そのうえ，生涯仕事を持つだろうという予想をしっかり持たない女性が，高校生という若い時代を見ても少なくないことがPISA（「OECD 生徒の学習到達度調査」）の国際比較から示されている。将来なりたい職業として15歳時に「専業主婦」が上位10位内に入るのは日本だけと指摘されている[2]。実際に，PISAによれば，四年制大学への進学希望も日本の女性は男性と比べて低い。また高専，短大，大学などに進学した場合にも，女性が男性以上に人文科学分野を専攻することも，男女間賃金格差の要因となっている。賃金格差を縮小するためには，社会科学系や自然科学系への進学が望まれる。それも理学だけでなく，工学分野への女性の進出が期待され

図18-4 大企業（1000人以上）における各年齢階級で見た管理職割合（男女別，出生コーホート別に見た状況）

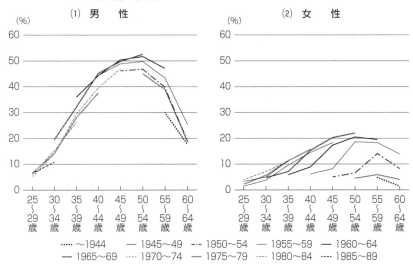

（出所）Nagase (2021) "Abe's economic policy, did it reduce the gender gap in management?" T. Hoshi and P. Lipscy eds., *The Political Economy of the Abe Government and Abenomics Reforms*, Cambridge University Press.（厚生労働省「賃金構造基本統計調査」の個票を用いた特別集計）ここで管理職には，部長，課長，係長，職長，その他を含む。

る。そのためには，学校や親の女子に対する進学・キャリア指導のあり方が問われるといえよう。

⑶ 「ガラスの天井」か，「粘着的な床」か

女性が管理職になりにくい状況について，「ガラスの天井」（glass ceiling）という表現がある。たとえ女性が管理職昇進をできるとしても，トップへの昇進については見えない壁があることを指し，「ガラスの天井」という。一方，女性の昇進は「床にベタベタした粘着性があって，上に上がっていけない」という見方もあり，「粘着的な床」（sticky floor）と呼ばれる。これは，低い職位においてさえ，女性が男性と比べて昇進しにくい状況を指す。

その現実はどうだろうか。図18-4は，大企業において，男女が年齢階級別に，なんらかの管理職についていたかどうかを，出生コーホート別に見たものである。

図の右側に女性の状況を，左側に男性の状況を示した。男性と比べて，女性の昇進確率はかなり低い。古い出生コーホートほど，明らかに男性と比べて昇

> **コ ラ ム**
>
> **女性活躍推進法**
>
> 　日本の女性の管理職比率は驚くべき低さである。ワーク・ライフ・バランスがとれる働き方の普及と同時に，女性が管理職になれる働き方の拡大は，日本の将来社会の重要な課題である。
>
> 　こうした背景のなかで，2015 年 8 月に「女性の職業生活における活躍の推進に関する法律」（女性活躍推進法）が成立した。常時 300 人以上を雇用する企業は義務として，300 人未満の企業は努力義務として，女性の採用，育成，就業継続，働き方，評価・登用などについて，企業の状況を把握し，2〜5 年の行動計画を策定する。また，女性活用の現状についてのデータ公表も求められており，厚生労働省のデータベースとして公表されているので，就職前にぜひ閲覧されたい。
>
> 　優良企業は，えるぼしマーク（3 段階）を付与され，公共調達におけるプラス点として評価される（参考：厚生労働省ウェブサイト「女性活躍推進法への取組状況」）。

進時期が大幅に遅れる。一方，若い出生コーホートでは，昇進が男性なみに若い年齢層へと早まっている。しかし，男性と比較し，同じ出生コーホートの同じ年齢階級における昇進確率を見ると，女性は男性の半分程度と著しく低い。

　図を見れば，日本の現状は，かなり女性に特有の粘着的な床があるように見え，大きい課題といえよう。

● **注**

1)　ここでの賃金プレミアムとは，結婚している男性と独身の男性の賃金を比べた場合，学歴や勤続年数などの条件が同じであっても，結婚している男性の賃金の方が高く，結婚することで得る賃金の上乗せ分を意味する。

2)　宮本香織「高校生の職業アスピレーションの男女差——PISA を用いた国際比較」お茶の水女子大学『人間文化創成科学論叢』第 22 巻，225-234 頁。

要　約

　他の先進諸国と異なり，韓国と日本では，男女間賃金格差の縮小の進み方が遅れている。日本では，1997 年，98 年の金融危機以降，初職で正社員に就ける男性も女性も減っているが，女性にその下落はより大きい。

　女性の離職率の高さも女性の賃金を低くしている。企業特殊訓練ではなく，企業間移動による損失の少ない一般的訓練や職業特殊訓練への投資を重点的に行うことにより，賃金低下を抑制できる可能性がある。そのためには，今後は，内部労働市

場に依存する日本的雇用慣行を改めさせ，外部労働市場をスキルを評価するものとして育成していく必要がある。

管理職割合の低さも女性の賃金を低くしている。半数近くの大企業がコース別雇用管理を採用し，新卒段階で全国転勤を受け入れるか否かを昇進スピードの早さや昇進の天井を事実上規定する条件としているのは，子どものケア負担の主たる担い手である女性に対する間接差別であるという議論もある。

高等教育における女性の文系の学問分野への集中も女性の賃金を低くしている可能性がある。理学系のみならず，工学系の分野へも女性の進出を促す必要がある。

確認問題

☐ *Check 1* 情報技術や映像技術の進歩に伴い，遠く離れた同僚，取引先，顧客とも円滑な情報のやり取りや，リアリティ溢れるコミュニケーションが技術的に可能になりつつある。それに伴い，遠隔地への出張や転勤のニーズも減りつつある。

このような技術が低い価格で供給され，普及すると，企業のコース別雇用管理と女性のキャリアにどのような影響が出ると考えられるか。次の文章の空欄に枠内から適切な用語を選んで入れなさい。与えられたすべての用語を使うとはかぎらない。

技術が普及すると，（ ① ）は不要となり，（ ① ）を要求する（ ② ）は，徐々に消えていくと考えられる。このため，（ ① ）を要求することで，女性を（ ③ ）することは困難になり，男女間賃金格差は（ ④ ）すると考えられる。

全国転勤，一般職，総合職，差別，優遇，拡大，縮小

第 **10** 章

高齢者の就業と引退

　職場結婚してから30年，オサムとケイコは，あと2年で還暦となり，定年退職を迎えようとしている。先輩世代と比べると，退職金は半額程度しかもらえそうにない。退職金で教育ローンの残金を支払ったら何も残りそうにない。3人の子どもたちが，全員私立大学の理系に進学したのはまったくの想定外だった。子どもたちは，皆，家を離れたが，経済的に苦しいのか，しばしばお金の相談にやってくる。住宅ローンの支払いはまだ残っているし，医療費も相当な金額になっている。少子高齢化の影響から，年金の額は先輩世代と比べ減額され，もらえる年金だけでは暮らしていけそうにない。希望すれば会社は65歳まで再雇用をしてくれるが，再就職後の給料は以前の半額にも満たない。ほかで働こうにも高齢者を雇ってくれるのはブラックな仕事しかないという噂も聞く。10年前は，退職したら夫婦でクルーズ船に乗って海外旅行に行こうと夢を見ていたが，いまはそれどころではない。そもそも，なぜ60歳で会社を退職しなければならないことが多いのだろうか。自分たちはまだまだ働くことができる。年齢差別に当たるのではないだろうか。

　本章では，定年制度，退職，高齢者就業について学んでいく。なぜ定年制度があるのか，退職した高齢者の就業選択はどのようになっているのか，どのように年金制度が影響しているのかなどを考える。

定年制度と退職

Keywords
定年制度，年齢差別，後払い賃金の理論，高年齢者雇用安定法，公的年金
の支給開始年齢

🔲 定年制度の存在理由

高齢者の引退行動は，高齢化の進展とともに大きい関心を集めている。

正社員の就業継続に大きい影響を与えるのは「定年」である。日本において
は，雇用契約期間の定めのない契約（主に正社員）において，雇用契約期間の
終了は，就業規則に定められる定年年齢による。つまり，就業規則に書かれて
いる「定年」に達すれば，雇用契約は終了される。当人はこれを機に引退する
か，他企業での新しい雇用契約を探すか，あるいは企業からの再雇用契約の提
示を受けて再契約をするかの選択をしなければならなくなる。

もっとも，定年はどこの国でも当たり前の制度ではない。定年が違法という
国もある。たとえば，アメリカでは，年齢で契約を終了することは，「**年齢差
別**」として，違法なこととなっている。

しかし，日本においては，「定年」は広く受け入れられてきた。

なぜ定年制度があるのかについて，第5章 unit 9 で怠けの抑制の仕組みと
して説明した後払い賃金の理論は1つの見方を提示する。労働者は人間であり，
人間は，成長することができる。この側面を扱ったのが人的資本投資論である。
しかし，また人間は，怠けたりさぼったりする存在でもある。この側面に注目
したのが，後払い賃金の理論である。誰もが，定年を迎えると，もっと仕事を
したいと考え，定年は非人間的な制度だというが，この理論は「怠けを抑制」
する仕組みとして定年制度は必要なのだという見方を提示する。

そのメカニズムは以下のとおりである。労働の限界生産物の価値が W の労

働者が T 期までの雇用契約をしていたとしよう。怠けないように，上司の監視が必要だとする。監視する上司に対して，賃金を支払わなければならないため（モニタリング・コストと呼ぶ。m で表す），労働者が受け取れる賃金は，（$W-m$）$\times T$ となる。

　ここで，賃金を右上がりとすることで，若いうちには，労働の限界生産物の価値より低い賃金を受け取るとしよう。いわば企業に賃金を預けるような契約をしておく。そして，もし「怠け」がわかったら，この預け金は没収されてよいという契約を結んだとしよう。すなわち，右上がりの賃金であり，労働者は，雇用契約の前半では図 19-1 の三角形 ABC を企業に預け，雇用契約の後期で，三角形 ABC 分の資金を金利 r で運用した場合と同じだけ，すなわち三角形 $ABC \times (1+r)$＝三角形 BED の分が追加された賃金を得られる契約とする。そうであれば，個人は $W \times T$ と同じだけの賃金を得られるばかりでなく，この契約を結ぶことで，個人もモニタリング・コスト分（$m \times T$）を節約して，より多い賃金を受け取ることができる。企業が嘘の理由で解雇するという詐欺を働かない場合に限るものではあるが，それが可能であれば，この契約は，企業，個人双方にとってメリットがあるというのがこの理論である。このように右上がりの賃金プロファイルを得ている場合，定年年齢である T 期になると，個人は現実の労働の限界生産物の価値である E 点より高い D 点という賃金を得ている。そこで，その高い賃金であれば，多くの個人が「もっと働きたい」というであろうが，その賃金は現実の労働の限界生産物の価値を反映したものではない。だから「定年」で雇用契約を終了できるような契約をつくることが，

図 19-1　定年制度の存在理由

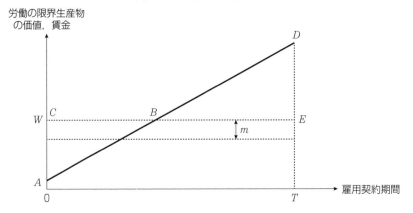

企業のみならず，個人にとっても良い契約なのだ，と説明するのがこの理論である。

この理論は，日本的雇用の一側面をよく説明していたように思われるために，多くの労働経済学のテキストはこの理論を説明している。同様に，第 4 章 unit 8 で紹介した企業特殊訓練の理論や，第 5 章 unit 9 で紹介した離職・転職性向の高い労働者を採用しないための後払い賃金の理論でも定年を説明できる。

🔲 日本企業の定年制度

ここで日本企業の定年制度を振り返る。1960 年代までは定年制がある企業は「55 歳定年」が多かった。ただし当時は，公的年金は十分ではなく，定年後もなにがしかの仕事に就くことを希望する男性は多かった。1980 年においても定年が 55 歳以下の企業は定年制のある企業の 4 割を占めていた（旧労働省「雇用管理調査」）。しかし，定年後に仕事探しをする高齢者の数に対して，求人数は相対的に少ない。高齢期の雇用環境の改善を求める声が高まるなかで政府は定年年齢の引き上げに取り組んだ。1986 年には**高年齢者雇用安定法**が成立し，60 歳定年が努力義務となった。その後，定年年齢を引き上げる企業が徐々に増加する。1994 年の年金法により，将来的に 60 歳代前半の年金が減少することが見通されるなかで，1998 年からは 60 歳定年が義務化されるようになる。当時は 60 歳以降の雇用継続は企業の努力義務であった。

その後，**公的年金の支給開始年齢**のさらなる引き上げを定める法が 2000 年に国会を通ったことから，2004 年の高年齢者雇用安定法の改正においては，65 歳になるまでの高齢者の雇用の確保が雇用主の努力義務から義務とする改正がなされた。しかし，当初は労使協定で定めれば企業は希望者全員を採用しなくてもよいという形で，継続雇用をする高齢者を企業側が選別することが可能であった。その後の 2012 年の高年齢者雇用安定法の改正（2013 年 4 月施行）では，希望者全員を 65 歳まで雇用することが企業に義務づけられた。現時点では，多くの企業は定年を 60 歳のままで退職金を支払い，その後は再雇用契約を結ぶ場合が多い。再雇用では，多くの場合，賃金はかなり下がる。しかし，希望すれば 65 歳になるまで雇用が継続することになった。

厚生労働省「高齢者の雇用状況」は 31 人以上の企業に対する調査であるが，2018 年の調査によれば，60 歳定年企業のうち，その後も継続雇用を希望した者は男性 82%，女性 84% であり，継続雇用を希望せず定年退職した者は男性

18%，女性 15% にすぎない。また，60 歳定年の割合が高いとはいえ，定年を 65 歳以上に引き上げた企業は，301 人以上企業では 8% であり，31〜300 人規模の企業では 19% である。定年制を廃止した企業も少数であるが出ている。

　政府は人口構造の高齢化のさらなる進展のなかで 65 歳から 70 歳までの雇用継続も政策課題として取り上げるようになった。

◫ 後払い賃金から見た日本の定年・再雇用制度

⑴ 後払い賃金と日本の長期雇用

　後払い賃金の理論は，「怠けを抑制する」，「離職しやすい労働者の採用を回避する」，または，「企業特殊訓練を施した労働者の離職を抑制する」ための雇用契約の仕組みとして，今日の日本の雇用関係をも有効に説明するだろうか。また，22 歳で就職した無期雇用の者を 65 歳まで雇用することが義務化されるなかで，たとえ「怠けの抑制」，「離職しやすい労働者の採用の回避」，または，「企業特殊訓練を施した労働者の離職の抑制」に有効であるとしても，企業はこの雇用契約にメリットを感じるであろうか。グローバル化が進展し，変動の激しい経済社会においては，企業にとって不都合に感じられる点も少なくないであろう。すでに雇用している労働者については，雇用継続義務を果たそうとする一方で，新規採用である若年者や再就職者については，企業は無期雇用契約である正社員の雇用の入口を絞ってきた。

　近年では，1 年，3 年といった有期雇用契約が増えている。ここでも「怠け」，「離職しやすい労働者の採用」，または，「企業特殊訓練を施した労働者の離職」を抑制する仕組みとして右上がりの賃金契約も理論的には考えうるだろうが，そのような契約はほとんど結ばれていない。むしろ，長期雇用契約を結ぶ労働者数を節約するための雇用契約という位置づけとなっている。

　中高年人口が大きく増え，若年人口が大きく減少するような人口構造変化が進むなかで，後払い賃金の長期雇用契約理論は，企業，個人双方にとってメリットのある雇用の仕組みであり続けているかどうかについては，考えてみる必要がある。

⑵ 定年退職後の再雇用賃金

　後払い賃金の理論は，定年退職後の労働者を再雇用する企業が支払う賃金が定年時の賃金よりも低くなることを予測する。後払い賃金の理論によれば，企業は勤続年数の短い労働者に対しては彼らの価値より低い賃金を支払い，勤続

年数の長い労働者に対しては彼らの価値よりも高い賃金を支払うことにより，労働者の怠けや離職を抑制する。言い換えれば，企業は，労働者が勤続年数の短いときに労働者から「借りた」借金を勤続年数の長いときに「返済」し続け，定年時に完済する。したがって，定年退職後に労働者を再雇用するときに企業が提示しうる賃金は，定年時に企業が支払っていた賃金よりも低くなる。

(3) 年齢差別

後払い賃金の理論では，労働者が退職すべき定年は勤続年数により定められるのに対して，現実には，定年は年齢により定められている。学卒時に一括採用され，長期雇用される労働者にとっては，この違いは重要ではない。勤続年数は，「年齢－学卒時の年齢」であり，勤続年数と年齢の間に 1 対 1 の関係があるからである。

労働者の解雇が法的に困難と見なされている日本では，定年退職制度を禁じるのは難しいであろう。日本では，定年制度が雇用調整の有効な手段として機能しているからである。長期の雇用期間中には，技術革新や国際競争によって労働者の生産性が想定外に低下し，企業が雇用調整をしたい局面があるであろう。企業は，法的に困難な解雇によらず，定年退職と新規採用の抑制によって，あるいは，希望退職を募ることによって，一定の雇用調整を行っている。一方，アメリカでは，定年退職制度が禁止されているが，解雇が可能になっている。

解雇規制の緩和を伴わない，単なる定年退職制度の禁止や定年の延長は，短期的には高齢者の雇用の維持に効果があるかもしれないが，長期的には企業に対して，正社員の雇用を減らし，非正社員の雇用を増やすインセンティブを与えることになるであろう。

1990 年代後半から 2010 年ごろまで新規採用を抑制することで雇用調整がなされてきた。そのため，この時期に学校を卒業した世代の比較的高い割合の者が長期雇用とはなれず，企業内訓練を十分受けられなかった。彼らは「氷河期世代」と呼ばれ，そうした経験が現在も年収の停滞を生んでいる。

要　約

　企業特殊訓練，労働者の離職・転職の回避，怠けの抑制のための後払い賃金制度は定年退職制度とペアで導入される。定年退職制度がなければ，企業は，勤続年数の長い労働者に対して限界生産物の価値を上回る賃金を支払い続けねばならず，損

失を被るからである。

確認問題

□ *Check 1* 企業の研究者が他企業に転職すると，企業の研究成果の一部が研究者とともに他企業に流出し，企業の研究への投資の一部が他企業によってフリーライド（ただ乗り）されてしまう。研究を通して研究者が得た知識やスキルを研究者から完全に切り離したうえで転職させることは困難であるからである。多くの研究は他企業への汎用性が高い。また，訓練投資による人的資本が労働者のみに蓄積されるのに対し，研究投資による成果の一部は，知識やスキルなどの形で研究に関わる研究者に蓄積されるだけでなく，特許や製品化などの形で企業にも蓄積される。以下では，企業特殊訓練のための後払い賃金と定年退職制度を企業の研究者に適用した場合に，どのような問題が生じるか考えよう。

次の文章の空欄に適切な言葉を下の枠内から選びなさい。同じ用語を繰り返し使ってもよい。また，必ずしも枠内のすべての言葉を使うとはかぎらない。

まず，研究投資の成果は，他企業への汎用性が（ ① ），（ ② ）的であるとはいいがたい。しかし，（ ③ ）的訓練とも異なり，投資の成果は（ ④ ）だけでなく，（ ⑤ ）にも蓄積する。したがって，（ ⑥ ）訓練の場合と同様に，投資の費用と収入を（ ⑦ ）と（ ⑧ ）の間で分かち合うのは，合理的であるかもしれない。つまり，研究者に対して（ ⑨ ）制度と（ ⑩ ）制度を適用する余地がある。

しかし，多くの課題が残る。第1に，後払い賃金制度が研究者の転職を抑止できなければ，研究成果が転職先の（ ⑪ ）に流出し，（ ⑫ ）が得るはずであった，特許収入や新製品の売上など，研究成果からの収入が想定を下回る可能性がある。第2に，通常，研究投資額は（ ⑬ ）であるから，その一部を勤続年数の短い（ ⑭ ）に対して（ ⑮ ）賃金の形で負担させるのは現実的ではない。第3に，研究投資の成果は不確実であるので，投資が想定を超える失敗や成功に終わった場合には，費用と収入の負担割合について研究者・企業間で事後的に争いが生じやすい。最後に，2つの制度だけでは，定年退職する研究者が研究成果を他企業に流出させ，収入を得ることを抑止するのは難しい。

> 高く，低く，高い，低い，短い，長い，多額，少額，企業特殊，一般，
> 研究者，企業，他企業，後払い賃金，定年退職

unit 20

高齢者雇用の経済分析

Keywords
ライフサイクル仮説，遺産動機，退職金，企業年金，在職老齢年金制度

🔲 高齢者の労働参加

　高齢期になると，フルタイムで仕事を続けている人，毎日ではないが仕事をする人，仕事はせずボランティア活動をする人，あるいは自宅でゆっくりと過ごす人など，個人差が大きくなる。何歳で人が引退するのか，これは，一国の労働力に大きい影響を与えるので，労働経済学上の大きい関心事でもある。

　日本の高齢者の労働力率の推移を見たものが図 20-1 である。男性について見ると，60 歳代前半，同後半と，どの年齢層も 1970 年代，80 年代は下がる傾向が続いた。これは定年のない自営業世帯が縮小し，雇用者世帯が増加したことが一因である。60〜64 歳層は，バブル景気により有効求人倍率が高まった 1988 年をボトムに 93 年まで労働力率が盛り上がった。しかし，その後再び下がっていくが，2005 年をボトムに 2006 年，07 年には上向き，その後も上昇している。65〜69 歳層についても，規模は小さいが同じような変動が見られる。一方，70 歳以上は図には示していないが，下がるだけで反転は見られない。女性についても，男性と同じころにより小規模ながら，労働力率の 2 つの上昇も見られると同時に，2008 年以降，大きく上昇する傾向が見られる。

🔲 引退の規定要因

　そもそも人はどのような場合に引退を決めるのだろうか。第 2 章 unit 3 で説明した労働供給モデルは，高齢者の労働市場からの引退年齢を理解するのに役立つ。高齢者の労働市場からの引退を考えるには，モデルにおける総時間数を人生の残りの年数と，余暇時間数を引退後の年数と，アルバイト時間数を引

図 20-1　高齢者の労働力率の推移

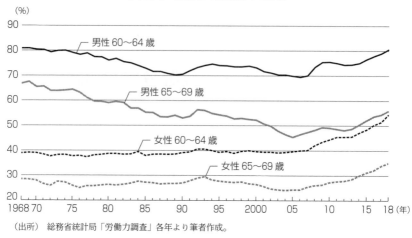

（出所）　総務省統計局「労働力調査」各年より筆者作成。

退までの年数と，総収入を人生の残りの間の総収入と，それぞれ置き換えて考えればよい。仕事から得られる賃金や，仕事の金銭面以外の報酬であるやりがいなどは，時給と考えればよい。公的年金や私的年金，貯金や株式，アパートなどからの資産収入，子どもからの仕送りなどは，親からの仕送りと考えればよい。医療の進歩による健康状態の改善や寿命の延びは，総時間数を増やすと考えればよい。

　大半の人は，現役期の前半には所得の増加を，後半には所得の減少を，そして引退後には所得の大きな減少を経験する。現役期に稼ぐ所得の一部を貯蓄として蓄え，引退後には貯蓄を取り崩して生活をすることによって，消費の極端な変動を避けることができる。人がこのように行動するという考え方を経済学では**ライフサイクル仮説**と呼ぶ。

　遺産動機は引退年齢を引き延ばす要因の1つである。遺産を残すつもりのない人は，純粋なライフサイクル仮説が予測するように，人生の終わりに向かって貯蓄を取り崩し，最終的に貯蓄をゼロにし，無駄が生じないようにしたい（現実には，予想よりも早く死んでしまい，不本意ながら遺産を残すこともあるだろう。また，予想より長く生きてしまうリスクに備え，多めに貯蓄をする人は，遺産を残す可能性が高いだろう）。しかし，遺産を残すつもりの人は，他の人よりも多めの貯蓄をし，また，そのために引退を遅らせる。遺産動機が重要であれば，晩婚化，少子化は，配偶者のいない人，子どものいない人，子どもの少ない人を増やす

結果として，貯蓄を減らし，引退を早めるだろう。

　以下では，高齢者が働くかどうかの選択と引退年齢について具体的に考えてみよう。

(1)　健 康 状 態

　高齢期の健康状態は就業選択に大きく影響するだろう。主観的健康状態が悪い高齢者は早く引退をするだろう。労働供給モデルは，医療の進歩による健康状態の改善や寿命の延びが高齢者の労働市場からの引退年齢に及ぼす影響を理解するのに役立つ。医療の進歩による健康状態の改善や寿命の延びは，第2章 unit 3 のモデルの総時間が増えたと考えることができる。これは，労働供給（モデルのアルバイト）を増やすから，退職希望年齢は遅くなる。実際に高齢者の歩行速度や主観的な健康観から見た健康状態は，大きく改善されていることが指摘されている。

(2)　働く機会，働き方の選択肢，賃金

　しかし，退職希望年齢まで働けるか否かは，定年後の雇用機会があるかどうかにもよる。労働供給モデルでは，アイはアルバイトの時間数を自由に決めることができると仮定したのを思い出してほしい。アルバイト時間数はあくまでもアイが希望する時間数であり，希望時間数だけアイを雇ってくれる雇用主がいるとは限らない。

　1970年代，80年代は農家など自営業主が多かったため，自分の判断で高齢になっても仕事を続けることができた。しかし，雇用者が増えるにつれて，定年退職による雇用契約の終了後，あるいは64歳までの雇用継続義務終了後については，新たに雇われる先を自分で探さなくてはならなくなっている。それまでの仕事経験のなかで得たスキルを，どう活かしながら高齢期に働けば，企業からの需要に合致するのか，また，どの程度の密度で自分の健康を保ちながら働くのか，中高年期までに高齢期について準備をすることが必要になるであろうし，仕事時間を選べるような働き方の選択肢の拡充も高齢者にとっては重要となるだろう。定年後にも継続雇用を義務づける，あるいは努力義務とするような法改正は，少なくとも現在，雇用先のある高齢者にとっては，高齢期の就業機会を拡大するものとなっているだろう。

　引退年齢は，賃金の影響をも受ける。まず，定年前と定年後の賃金が一定であるという，単純化された世界で賃金の変化の影響を考えてみよう。第2章 unit 3 の労働供給モデルにおける時給の変化の効果で見たように，その影響は

明らかではない。賃金の上昇は，代替効果を通して希望退職年齢を高める一方で，所得効果を通して希望退職年齢を低めるからである。

次に，定年前と比べ定年後の賃金が低下する，より現実的な状況を考えてみよう。ライフサイクル仮説によると，人生を通したこのような賃金の変動は，定年前に多くの時間を働き，定年後に短い時間を働く（極端な場合には働くのをやめる）というインセンティブを労働者に与える。定年時の賃金低下幅が大きくなるほど，定年直後に労働市場を引退するインセンティブが強まるであろう。

ライフサイクル仮説は，高齢期の乏しい就業機会が定年前と定年後の労働供給に与える影響を理解するのにも役立つ。高齢期の乏しい就業機会は，（定年前の）労働者が期待できる定年後の賃金が低い状況であると考えることができる。したがって，高齢期の乏しい就業機会は，定年前の労働供給時間を増やし，定年直後の引退を増やすであろう。

(3) 退職金・年金制度

また，仕事を見つけて働くかどうかは，働かないとしても得られる収入に依存する。株式等の金融資産や不動産からの収入があるかどうかにも依存するだろう。また，多くの高齢者に関わるのが年金収入である。すなわち，公的年金制度や企業の退職金や企業年金制度による収入がどの程度あるかにも依存する。

労働供給モデルは，退職金，年金受給額の削減が高齢者の労働市場からの引退年齢に及ぼす影響を理解するのに役立つ。退職金，年金受給額の削減は，退職希望年齢を高めるであろう。退職金，年金受給額の削減は，第2章 unit 3 のモデルで親からの仕送りが削減されたと考えることができる。これは，労働供給（モデルのアルバイト）を増やすから，退職希望年齢は高くなる。

日本は定年退職時に海外に比べても相対的に多くの**退職金**が支払われる点にも特徴がある。30人以上の企業に対する調査である厚生労働省「就労条件総合調査」(2018年) によれば，退職給付金制度がある企業に勤務し，勤続20年以上，年齢45歳以上の定年退職者に支給した退職給付金の平均は，大卒（管理・事務・技術職）で1983万円であった。これを一時退職金ではなく，**企業年金**として得ることを選ぶ高齢者もいる。もっとも，退職金は時系列では下落傾向にあり縮小している。

公的年金制度のあり方，すなわち年金をいつ受給できるのか，その金額はどのくらいなのか，働くことで得られる老齢年金の金額は増えるのか減るのか，といった国の制度のあり方も引退行動に大きい影響を与える。

表 20-1　サラリーマンの標準的な年金支給開始年齢の引き上げ（男性）

年度	生まれ年	定額部分の標準支給年齢	報酬比例部分の標準支給年齢
2001 年度〜	1941〜43 年生まれ	61 歳	60 歳
2004 年度〜	1943〜45 年生まれ	62 歳	60 歳
2007 年度〜	1945〜47 年生まれ	63 歳	60 歳
2010 年度〜	1947〜49 年生まれ	64 歳	60 歳
2013 年度〜	1949〜53 年生まれ	65 歳	60 歳
2013 年度〜	1953〜55 年生まれ	同上	61 歳
2016 年度〜	1955〜57 年生まれ	同上	62 歳
2019 年度〜	1957〜59 年生まれ	同上	63 歳
2022 年度〜	1959〜61 年生まれ	同上	64 歳
2025 年度〜	1961 年生まれ以降	同上	65 歳

（注）　女性は 5 年遅れで適用となる。生まれ年は 1941〜43 年を例にとると，1941 年 4 月 2 日〜43 年 4 月 1 日となる。

　図 20-1 のとおり，男性の 65〜69 歳層の労働力率が長期的に下落してきた理由の 1 つは，1980 年代から 90 年代の公的年金の拡充により，働かないで得られる収入が増えたことがあった。

　一方，2001 年以降，60 歳代前半の公的年金の給付の減額が決まっている。このことと合わせて，政府が 60 歳定年を義務化し，さらには，60〜64 歳の希望者の雇用を企業に義務化したことによって，図 20-1 に示される 60〜64 歳，65〜69 歳の現実の高齢者の最近の労働供給の増加をもたらしている。

　年金法改正により，サラリーマンの年金である厚生年金の支給が 60〜64 歳時には部分年金となったこと（1994 年，年金法改正），さらに 2025 年までにはサラリーマンの年金の支給開始年齢が報酬比例部分という 2 階部分を含めて 65 歳支給になったこと（2000 年，年金法改正）がある。

　表 20-1 のとおり，2001 年に 60 歳となる 1941 年 4 月 2 日生まれの男性（女性は 5 年遅れ）は，基礎年金にあたる定額部分の支給開始年齢が 1 歳ずつ引き上げられ，60〜64 歳の年金は徐々に基礎年金にあたる定額部分を除く厚生年金の報酬比例部分のみが支給される。定額部分の支給開始年齢の引き上げには 12 年の時間をかける。続いて 2000 年の年金法の改正により，13 年度からは，厚生年金の報酬比例部分の支給開始年齢の引き上げが始まった。すなわち，2013 年に 60 歳になる 1953 年 4 月 2 日生まれからは，部分年金として与えられていた老齢厚生年金の報酬比例部分についても支給開始年齢が順次引き上げ

られる。2025年度に65歳になる1961年4月2日生まれの男性（女性は5年遅れ）は，繰り上げ支給（その結果，年金額が下がることになるが）を請求しないかぎり，公的年金の支給は，2階部分も含めて自営業主等と同じく65歳からとなる。

また，標準の年金支給年齢を超えて，老齢期に長く働くことで，引退年齢にかかわらず公的年金の給付が増えるのか，それとも減るのかどうかという，公的年金制度の設計も，引退行動に影響を及ぼす。

日本では60歳以上でサラリーマンが社会保険に加入して働きながら公的年金を得る場合に，年金給付を調整する制度として，**在職老齢年金制度**がある。つまり，高齢者が，厚生年金に加入して勤務している場合，支給開始年齢を超えていても，賃金と老齢厚生年金の合計月額が一定以上となると賃金の増加額の半分にあたる年金額が停止され，さらに賃金が増えると公的年金が全額支給停止されるという制度である。このように年齢に依存して年金を減らすような制度は，引退を増やす誘因となっていると指摘されている。他方で，サラリーマンの厚生年金制度も，現役世代からの所得移転である部分が多く含まれ，十分な月給を得ているのならば，老齢厚生年金の支給を調整，停止する制度は妥当との考え方もありうる。

引退年齢を遅らせて年金受給の開始年齢が遅くなる分だけ，高齢期に得る年金が，引退時期に対して中立的に増えるような設計がより望ましいと考えられる。

🔲 日本の年金制度の課題と高齢者雇用

⑴ 人口構造の変化と将来の年金の見通し

日本の大企業では，新卒入社から始まり，同期入社を基準とした人事管理が行われることが少なくなかった。

一方，表20-2は，2015年の国勢調査から見た日本の人口分布である。また，2040年以降は，17年の国立社会保障・人口問題研究所の将来人口の中位予測による。ここからわかるのは，25年間で，労働力人口の中心となる20～59歳層が約1500万人減少することであり，一方で80歳以上が約600万人増加することである。また，19歳以下の若年層は，25年後のことであるから，まだ生まれていない人口であるが，もし現在の予測のまま，低出生率が続くとすれば，未来の労働力となる19歳以下の人口が現在よりも約600万人減少することが

表 20-2　日本の人口構造の変化

（単位：1000 人）

	2015 年	2040 年	2065 年	2015→2040 への変化
19 歳以下	22,001	16,287	12,373	−5,714
20〜39 歳	28,437	21,551	16,245	−6,886
40〜59 歳	34,238	25,896	20,054	−8,342
60〜79 歳	32,451	31,409	22,377	−1,042
80 歳以上	9,966	15,780	17,029	5,814
人口計	127,093	110,923	88,078	−16,170

（出所）「国勢調査」（2015 年）。2040 年，2065 年について
は国立社会保障・人口問題研究所「日本の将来推計人
口（中位予測）平成 29 年推計」。

予想されている。結果として人口全体で若年壮年層を中心に約 1600 万人が減
少する。

　このことは何を意味するだろうか。1 つは将来社会では現役の労働力が不足
するという点である。もう 1 つは高齢人口の増加により，1 人当たりについて
は，年金給付，医療，介護等の社会保障給付が削減されざるをえないだろうと
いうことである。さらに，若い世代が子育てを行いやすくする政策は，日本の
将来人口が大きく歪まないためにはとても重要な政策であるということである。

　公的年金の財源方式は，賦課方式（現役世代から高齢者世代への仕送り）の色彩
が強い。20 歳以上の学生やアルバイト，自営業主等が加入する公的年金であ
る**国民年金**は完全に賦課方式である。またサラリーマンが加入する公的年金で
ある**厚生年金**については，積立金はあるが積立不足であり，やはり現役世代か
ら高齢者世代への仕送りの色彩が強い。だから現役世代が減り，高齢者世代が
増えるほどに，1 人当たりの高齢者に仕送りできる年金額は下がらざるをえな
い。

　高齢人口が増加するだろうことは以前から予想されており，年金保険料は
年々引き上げられてきた。しかし，2004 年の年金法改正では，2017 年までは
年金保険料を引き上げるが（2017 年で 18.3%〔労使折半，つまり個人の給与からは
9.15% の負担〕），これ以降については，この年金保険料の範囲で給付を行い，
いっそうの長寿化やいっそうの少子化が進むとすれば，保険料を引き上げるの
ではなく年金額を下落させるとの方向で調整が行われることが決まった。

　これから先を見通すと，国から安定的に支給される公的年金は，依然として，高齢期の重要な収入源であり続けるであろう。しかし，その金額は減少していくと見込まれる。だから高齢者の就業は今後は増加していかざるをえないと思われる。また，労働力人口の減少が見込まれるため，高齢者の労働需要そのものも伸びていくと考えられる。

(2)　現在の年金給付

　現在の公的年金給付額を見ると，夫婦世帯では比較的安定的な給付が行われている。2012年の厚生労働省年金局「公的年金調査」によれば，夫婦世帯当たりの公的年金額が300〜400万円の世帯が34%，これ以上が9%である。夫婦で年間200万円以上の公的年金を得ている世帯は全体の71%である。公的年金だけで暮らすには不十分な面もあるかもしれないが，若い世代からの仕送りと考えれば，比較的妥当な水準ともいえる。

　しかし，一方で，シングル，とくに女性単身では，100万円に満たない年金額しか得られない者が半数を超える。男性も単身者の3人に1人は100万円に満たない。単身であって200万円以上の年金を得ている者は，男性の3人に1人に満たず，女性の6人に1人にも満たない。

　これからは夫婦世帯を含めて，1人当たりの年金額が減少していくことが政府が出している財政検証からも予測されている。

　年金が下落したときに，高齢者が仕事に就けるかどうかは，個人の生活の安心のためにも，また日本社会として超高齢化社会を乗り切っていくためにも重要となる。高齢者の雇用を見ると，加齢とともに労働参加が落ちる。しかし，働いていない者のうち就業希望がある者も一定数以上おり，無業の高齢者が仕事を希望する理由として最大のものが「健康のため」に働きたいというニーズであることも注視すべきだろう。高齢期に仕事を持つこと，また幅広く考えれば，なんらかのコミュニティに属し，役に立つ活動を行い，それがなにがしかの収入になる仕組みづくりを進めることが重要となっていく。

🔲　高齢者ケアを支える仕組み

(1)　家庭内生産活動やボランティア活動

　より手助けが必要となるような75歳以上人口が人口の1割（2010年）から2割（2030年）になることが見込まれている。介護に対する大きい税・社会保障支出についての，財政制約が増えることを考えれば，60歳代から70歳代の働

き方には，雇用延長だけでなく，一般には無償活動と思われがちな，ケア，地域活動，共助等で財政負担を減らすような活動も，生産活動として改めて再考し，高齢者参加を促すことがインセンティブにかなっている。ボランティアを行う者の比率は，人口全体で 2.5% にとどまるが，男性の 70〜74 歳層はボランティアの行動者率が 6.3% と最も高く，良い場をコミュニティに作れれば参加者が高まる潜在的な可能性が示唆される。

(2) 2 次 活 動

介護保険では，要介護 1 であれば，約 17 万円，要介護 5 であれば約 36 万円の居宅サービスの給付が 1 割（2020 年現在，現役並み所得であれば 3 割）の自己負担で行われている。残りの金額の半分は税金の補助で，あとの半分は社会保険料から出される形で国民全体が負担している。

家族も高齢者ケアに大きい役割を果たしてきた。しかし生涯シングルの増加，子どもとの近居の減少，一人暮らしの増加などによって高齢者ケアを無償で担ってきた家族資源は，近未来において減少すると見込まれている。家族ではない高齢者相互による共助的ケア活動を奨励する仕組みを考えていく必要がある。

生きがい，やりがい，という形での社会参加の形を創出していくこと（これにより健康を保持するとともに，個人の選択により社会保障負担を軽減できるような仕組みをつくること）が望ましい。

図 20-2 年齢階級別に見た 2 次活動時間（雇用，家事，育児，介護などを含む）

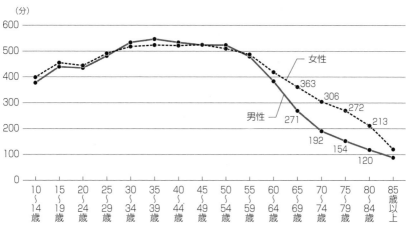

(注) 1 週間の平均時間（分）。
(出所) 総務省「社会生活基本調査」(2016 年)。

　仕事，家事など社会生活を営むうえで義務的な性格の強い活動を「2次活動」と呼ぶが，2次活動という視点で見ると，女性の方が引退時期が遅い（図20-2）。これは男性が定年とともに就業時間が大きく下落するのに対して女性は家事や介護，買い物等の活動を担い，一方で日本の男性は引退後もそうした活動をあまり増やさないからである。この点は海外の高齢男性と比べても際立っている。男性の引退後の期間が延びているなかで，男性も若いころから家事・育児等の技術を身につけることが望まれているといえよう。

　高齢者雇用については，雇用のシステム，さらには，社会保障のシステムの改革を視野に考えていくことが必要となるだろう。

要　　約

　高齢者の引退年齢と労働供給は，健康，就業機会，年金制度によって影響を受ける。健康寿命の延長は，希望引退年齢を高め，労働供給を増やす。就業機会の増加は労働供給を増やす。高齢者に寛大な年金制度は引退年齢を低め，労働供給を減らす。

確認問題

　次の文章の空欄に適切な言葉を下の枠内から選びなさい。同じ言葉を繰り返し使ってもよい。また，必ずしも枠内のすべての言葉を使うとはかぎらない。

　高齢者の希望引退年齢は，年金制度によって影響を受ける。年金の減額は希望引退年齢を（　①　）効果がある。年金支給開始年齢の引き上げは，希望引退年齢を（　②　）効果がある。年金額が年金支給開始年齢にかかわらず一定である制度と比べ，年金支給開始年齢の繰り下げによって年金額を加算する制度は，希望引退年齢を（　③　）効果がある。

　高齢者の希望引退年齢は，健康寿命の影響をも受ける。健康寿命の延長は，希望引退年齢を（　④　）効果がある。

　高齢者の希望引退年齢は，賃金の影響をも受ける。しかし，その効果は明らかではない。（　⑤　）効果は，希望退職年齢を（　⑥　）効果がある一方で，（　⑦　）効果は，希望退職年齢を（　⑧　）る効果があるからである。

> 高める，低める，代替，所得，総合

第 **11** 章

労 使 関 係

　製造メーカーに入社した新入社員のリクは，入社と同時に労働組合員となった。この会社では新入社員は全員，入社と同時に労働組合員となる。一方，アスカの会社では個人個人が任意で加入する。アスカは労働組合主催の歓迎会に来てみないかと会社の上司から誘いを受けた。上司に説明してもらった印象では，学生時代の自治会と雰囲気が似ている。しかし，経営側と「闘う」印象があって気乗りがしない。報酬をもらえるわけでもない。そもそも労働組合なんて自分にいったいなんのメリットがあるというのだろうか。

　本章では，労働組合について学ぶ。労働組合とは何か，どんなことをしているのか，企業や経済にどのような影響を及ぼすのか，法律や政策は組合組織率にどのような影響を及ぼすのか，なぜ組合組織率が低下しているのかなどを問う。

産業別労働組合，職業別労働組合と企業別労働組合

> Keywords
> 労働組合，参入制限モデル，Voice & Exit モデル

🔲 労働組合とは

　働き方のルールに対して，それが 1 つの職場であれ，1 つの工場であれ，さらには一国を見渡したものであれ，雇い主側と働く側の双方の意見交換の場があることは，きわめて重要なことである。国際労働機関（ILO）は，労使参加のもとで政策決定がされるべきとする。日本でも，厚生労働省に設置された労働に関する委員会の多くは，「使用者代表」と「労働者代表」がそれぞれ任命される仕組みがとられている。

　労働組合に対するイメージは国によって異なるだろうが，日本の学生であれば，組合と聞けば「ストライキ」などを連想し，自分とは関係ないものと考えるのではないだろうか。しかし，それにもかかわらず，大企業に雇用されると，採用されたその日から「労働組合員」になっていることが少なくない。また，労使関係の中でも，また，次の unit 22 で示すように，政策決定の場でも，労働者代表として，労働組合は重要な役割を与えられている。この unit 21 では，労働組合に関する理論を概観する。

🔲 労働組合組織の特徴

　労働組合組織の主な種類には，①職種別組合，②産業別組合，③産業をまたがって組織される一般組合，④企業別や事業所別の組合，⑤ 2 社以上で組織される合同労組，がある。

　歴史的に最も古く発生したのは，職種別組合（クラフト・ユニオン）である。産業革命後，熟練労働者を中心に，熟練労働者の利益を擁護することを目的に

つくられた。熟練労働者の労働供給を制限し雇用機会を広げかつ賃金水準を保つとともに、組合員と家族のための共済組合的な福利厚生組織でもあった。ただし、産業発展とともに技能も職種も変化していくなかで、特定熟練職の利益を守ろうとする行動がむしろあつれきを生む場合もあった。

産業別組合は、その後の産業発展とともに、職種や技能の区分を超えて、産業別のレベルで労働条件を交渉するものとして組織されていった。産業の発展とともに、産業ごとに労働組合を組織することで、労働条件の改善に、より強い交渉力を発揮しようとするものである。

一般組合は、職種別組合にも産業別組合にも属さなかった職業分野の労働者からなる場合が多い。

一方、日本では、職種別、産業別というよりも、企業別や事業所別の労働組合が多い。

労働組合への参加の仕方としては、①その企業で働く者は全員労働組合への参加が義務づけられているユニオン・ショップ制、②組合加入は自由とするオープン・ショップ制、③特定の労働組合の組合員以外の雇用を認めないクローズド・ショップ制、などがある。

経済モデルから見た労働組合

ここでは、アメリカの労働組合の状況を説明する基礎的モデルを紹介する。

(1) 労働供給モデルから見た組合に参加するインセンティブ

第2章 unit 3 の労働供給のモデルは、労働者が組合に参加すべきか否かをどのように決めるかを理解するのに役立つ。労働組合に参加すると、組合費などの組織に要する費用を支払い、組合と企業の交渉によって合意される（より高い）賃金とより長い余暇の条件のもとで働くことになると考えればよい。組合費などの支払いは、モデルの親からの仕送りの減少と考えればよい。具体的には、労働者の余暇時間は、交渉によって合意された労働時間を総時間から差し引いたものである。また、所得は、交渉によって合意された賃金×労働時間＋非労働所得（モデルの親からの仕送り）の合計額から組合費などを差し引いた額となる。図21-1では、組合に参加したときの余暇時間と総所得の組み合わせを点Aで示している。そのときに得られる効用 U^{**} と、組合のない世界の（より低い）賃金のもとで自由に選んだ余暇時間と総所得の組み合わせ（点B）から得られる効用 U^* とを比べ、図のように前者が高ければ組合に参加し、

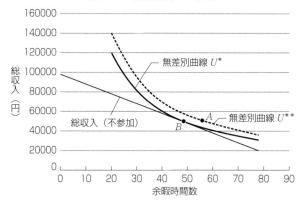

図 21-1　労働組合への参加

後者が高ければ組合に参加しないと考えるとよい。その他の条件を一定として，組合加入時の賃金が高く，組合加入時の労働時間が短く，組合費が低いと，組合参加へのインセンティブが高まることがわかる。

　労働者が組合を組織するインセンティブは組合に参加するインセンティブを持つ労働者の数に依存する。組合として企業から認められるには，労働者の過半数が組合に参加する必要がある。また，組合活動には費用を要する。したがって，組合に参加するインセンティブを持つ十分に多くの労働者がいる必要がある。

(2)　**参入制限モデル**

　労働組合は，企業，職業，産業に対して労働サービスを提供する労働者を組織し，その労働供給量を意図的に減らすことによって，賃金上昇への圧力を作り出すことができる。労働組合は，インフラ関連の交通産業など，労働需要の賃金弾力性[1] が小さい企業・職業・産業で組織される傾向がある。労働需要が賃金に対して弾力的でなければ，賃金上昇に伴う雇用の減少は相対的に小規模にとどまり，労働者全体の労働所得を上昇させることができる。労働需要が賃金に対して弾力的であれば，労働者全体の労働所得は減少してしまう。

　労働者の参入を制限する労働組合は，経済に非効率をもたらす。競争的な市場と比べ，雇用を制限し，賃金を上げる。その高い賃金ではより多くの働きたい労働者がいるが，働くことができない。労働という希少資源が無駄になっているのである。こうした状況を説明するのが，**参入制限モデル**である。

(3) Voice & Exit モデル

労働組合は，企業と労働者の間のコミュニケーションを円滑にし，労働者の離職を抑制し，企業特殊訓練の投資を増やし，労働生産性を上げる効果があるとも主張されている。報酬や労働環境について労働者が不満を抱えていても，個々の労働者は，企業に対して発言しにくいものである。労働組合は，そんな労働者の不満を個々の労働者に代わり，企業に発言（voice）し，解決に向け交渉することにより，労働者の不満を減らすことができる。その結果，労働者の離職（exit）が抑制され，企業は長期的展望に立った企業特殊訓練への投資がしやすくなり，労働生産性が上がると期待されるのである。これが **Voice & Exit モデル**に基づく説明である。

日本の企業別組合は，この生産性効果を持つだけでなく，就業規則の改訂等について，また集団的な雇用契約である賃金制度について企業と話し合う役割を担ってきた可能性がある。

● 注

1) 賃金弾力性とは，賃金が 1% 上昇するとき，労働需要量が何 % 変化するかを示すものである。

要　約 ――――――――――――――――――――――――――――●●●

労働供給モデルは，組合加入時の賃金の高さ，組合加入時の労働時間の短さ，組合費の低さが組合組織率を高めると予測する。参入制限モデルは，労働組合が，労働需要の賃金弾力性が小さい企業・職業・産業で組織される傾向があると予測する。Voice & Exit モデルは，労働組合は，企業と労働者の間のコミュニケーションを円滑にし，労働者の離職を抑制し，企業特殊訓練の投資を増やし，労働生産性を上げる効果があると主張する。

――●―●―――――――――――――――――――――――――――――

確認問題 ――――――――――――――――――――――――――――●●●

□ *Check 1*　次の主張は正しいか，あるいは，誤りか，アメリカの労働組合への参加を説明するモデルを用い，説明しなさい。単純化のために組合費は 0 であると仮定してよい。

「労働者が組合に参加する場合には，組合に参加しない場合と比べ，より高い労働所得を得ることができるとはかぎらない。」

――●―●――――――――――――――――――――――――――――――

unit 22

日本の労働市場と労働組合

Keywords
労働争議，春闘，ベア，定期昇給

日本の労働組合の戦後の歴史

日本の労働組合の特徴としては，労働組合が「企業別組合」であることや「労使協調」路線があげられる。しかし，今日ではすでに過去の歴史となっているが，戦後からしばらくは民間大企業で激しい労働争議が発生していた。戦後の労働組合の急速な組織化，ストライキ等の混乱期を経て，現在の姿ができた。その後は組織率が下落を続けているというのが現状である。この unit では日本の労働組合の歴史と現代の特徴を見る。そのうえで，現在でも政策決定において，労働組合の代表組織は，労働者代表の機関として，重要な役割を与えられていることも述べる。

(1) 労 働 争 議

歴史をたどると，明治期には，職種別組合として，1897 年には鍛冶工，鋳造工，電気工等を中心とする鉄工組合が，また，1899 年には活版工組合が結成された。しかし，治安警察法（1900 年），治安維持法（1925 年）などにより抑圧され，持続は難しかった。その後も，団結権，団体交渉権，争議権ともに厳しく制限され取り締まられていたため，労働組合組織率も 1923 年から 40 年の平均で 5% 前後，戦時中はいっそう低下していた。

戦後 1946 年に労働組合法，労働関係調整法が施行され，その後の 3 年に実に驚くスピードで労働組合組織率が急上昇し，49 年には労働組合組織率が 55.8% までに高まる。このような急激な組織率の高まりの背景には，戦前の弾圧的な立法の廃止，激しいインフレと生活防御，占領軍が民主化政策として労働組合の保護と育成を課題としたことなどがあるといわれている。

1947 年には 1 日 8 時間労働など労働の最低基準を定めた労働基準法が施行され，同年には労働省が発足，また，職業安定法が施行され，失業保険法が公布，戦後体制がつくられていった。

その後，1949 年のドッジ・ライン[1] による超緊縮財政のもとで，企業倒産，工場閉鎖，人員整理，賃下げが，中小企業からやがて中堅・大企業へ広がっていくなかで，激しい**労働争議**が起こっていく。労働省労働市場調査課の資料によれば，1949 年の 1 年に約 9000 の事業所で 44 万人の人員整理が起きたとされる。また，100 万人の人員整理が起きたという推計もある。この年に労働組合法が大きく改正される。現在もよく知られる大企業での労働争議は，たとえば東京芝浦電気（東芝，1949 年），日立製作所（1950 年），三越（1951 年），電産（日本電気産業労働組合，1952 年），日産自動車およびトヨタ自動車（1953 年）などであり，1950 年代前半まで続く。1954 年には労働組合の組織率は 36.3% までに下落している。

このような激しい労使紛争の経験があったが，1955 年に始まる生産性運動と，高度成長のなかで，今日知られるところになる労使協調路線が形づくられていく。すなわち，生産性の向上のために労使が協議し協力するが，同時に生産性が向上しても労働者を解雇せず雇用を維持すること，また生産性向上の成果は経営者だけでなく労働者にも分配することという考え方である。

その後 1970 年代前半までは，国鉄（JR の前身）のストライキなど，春闘（後述）のたびにストライキが行われていたが，こうしたストは国民に不人気で低調となっていく。1990 年代以降を見ると，1997・98 年以降，企業主導のリストラが増えていくにもかかわらず，争議行為（ストライキなど）はほとんどなくなっているというのが現状である（図 22-1）。日本労働研究・研修機構『データブック国際労働比較』によれば，労働争議による労働損失日数は，日本は 2015 年で英米より 1 桁少なく，ドイツよりは 2 桁少なく，労使協調的である。

(2) 日本の春闘

春闘は Shunto として英語としても使われる日本で成立した代表的な賃金交渉の仕組みである。1956 年にその萌芽が見られた賃金決定方式であり，各産業の労働組合が，春にいっせいに賃金引き上げ要求を提出し，産業別連合組織やナショナルセンター（労働組合の全国中央組織）の指導，調整のもとに，**ベア**と呼ばれる物価調整分の賃金のベース・アップ，**定期昇給**と呼ばれる生産性向

図 22-1　日本の労働争議の推移

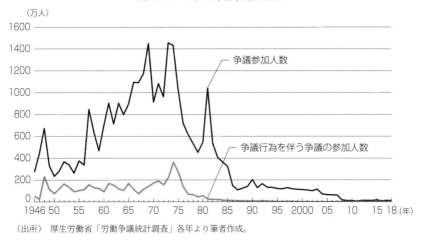

（万人）

（出所）　厚生労働省「労働争議統計調査」各年より筆者作成。

上部分に対する賃金アップについて，企業と交渉を行い回答を引き出す形とし
て成立していった。「パターンセッター」と呼ばれる産業別連合組織（個別の企
業別組合の上部組織）がまずは回答を引き出すが，それがその後，そうした組織
にとどまらず，主要民間企業，中小企業，末端組織にまで波及していった点で，
その影響力は大きかった。

　ただし，1990 年代後半に入ってから，デフレ傾向と経済停滞のもとで「春
闘」は形骸化した。この間，賃金交渉が難しかったために，たとえば育児休業
の期間延長など，制度の拡充といった形で労働条件の交渉が行われた。

(3)　労働組合の組織率の下落

　労使協調路線が定着するとともに，労働組合の組織率は下落の一途をたどる。
その推移を示したものが図 22-2 である。1960 年代，70 年代を通じて 30〜
35% 前後が続くが，1983 年に 3 割を切る。1980 年代は，イギリスではサッチ
ャー政権，アメリカではレーガン政権が，労働組合に対して厳しい政策をとり，
自由化を進めた時期である。日本の労働組合員組織率はその後も下落を続け，
2003 年に 2 割を切り，2019 年では 16.7% と低下の一途をたどっている。

　このような下落傾向は，アメリカ，イギリス，オーストラリアなどにも見ら
れる。1995 年と最近を比較すると，日本は，23.8%→16.7%（2019 年），アメ
リカは 14.9%→10.3%（2019 年），イギリスは 32.4%→23.5%（2019 年），オー
ストラリアは 32.4%→14%（2016 年），韓国は 13.8%→11.8%（2018 年）と低

図 22-2　日本の労働者の労働組合組織率の推移

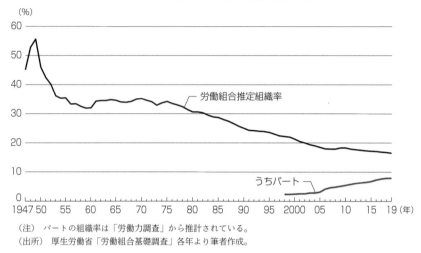

(注)　パートの組織率は「労働力調査」から推計されている。
(出所)　厚生労働省「労働組合基礎調査」各年より筆者作成。

下している。労働組合の組織率が高いままで推移しているのは，北欧諸国であり，ノルウェーは 73.3％→52％（2016 年）である。

　組織率の下落の背景には，基盤としては，同じような働き方をしているため労働組合を組織しやすい製造業が縮小し，労働時間が多様なサービス業が増加したことが背景にあるだろう。しかし，それだけでもないはずだ。

　労働供給モデルを応用した，unit 21 の労働組合への参加のモデルは，労働組合の組織率の低下を理解するのに役立つ。　労働組合の組織率の低下は，国際競争や不況による賃金低下圧力，サービス産業化や非正社員・女性労働者の増加による組織化の困難などが背景にあると考えられている。実際に，アメリカをはじめ，似たような環境変化を経験した多くの先進国の組織率は，日本と同様に低下傾向にある。賃金の低下や，組織化の困難による組織費用の上昇は，図 21-1 の点 A が下に位置することを意味し，組合参加の魅力を落とす。

⊡ 日本の労働組合の特徴とその機能

(1)　企業別組合

　どの国にも労働組合の発展の歴史的な特徴があるが，日本の「企業別組合」は特徴として際立っている。日本でも前述のように明治期には職種別組合があったが，戦後に，占領政策の中で，労働組合の結成が奨励されたときにできて

いったのは企業別組合であった。

　大河内一男は第1次世界大戦後，また昭和初期の不況と合理化の時代のなかで，大企業のなかで生涯雇用的なルールが作り上げられはじめ，戦時労働統制のもとで強化された生涯雇用のルールのなかで，企業別組合という日本の労働組合が形作られたとする[2]。労働移動が難しい前提があったからこそ，企業別組合は，解雇反対および年功賃金のベース・アップを最大のスローガンとしてきたとする。戦後の混乱期に急速に企業別組合として作られていくなかで，ブルーカラーとホワイトカラーとで組合が分かれずに，1つの組合となっていることも日本の労働組合の特徴である。

　小池和男は日本の賃金構造において，ブルーカラー労働者が，ホワイトカラー労働者と同様に年功的な賃金であることを日本の特徴であるとして特筆するが[3]，このような賃金構造は，ブルーカラーとホワイトカラーが，労使交渉の基盤である同じ労働組合にいることと無縁ではなかろう。また，日本では年功的な賃金構造が，現在でも強いことが指摘される。これも伝統的な大企業における労働組合が主に男性正社員を中心とした組織であり，そうした者のために賃金交渉をしていること，非正社員は交渉の外に置かれてきたことと関係しているだろう。

　労働組合の目的は，組合員の労働条件の改善であり，

　①団体交渉：労働条件の改善などを求め，労働組合が使用者側と交渉を行うこと。

　②労働争議：最近は日本ではほとんど起きていないが，いわゆるストライキなど。

　③労使協議：職場における課題の解決に向けて，労使（労働者と使用者）で協議すること。

　④苦情処理手続き

などを通じて会社（経営者）に組合員の意見を伝えている。

(2)　ユニオン・ショップ制

　日本の大企業の多くはユニオン・ショップ制をとってきた。しかし，企業別組合であるので，たとえばアメリカで行われていたように，産業共通の労働組合に対するユニオン・ショップではなく，企業に採用されると同時に，半ば自動的にその企業にある「企業内労働組合員」となり，労働組合費も給料から天引きされる，といった慣行が多い。

表 22-1　日本の労働組合の特徴

	1998 年	2019 年
労働組合員数	1142 万人	1009 万人
推定組織率	21.5%	16.7%
女性の組織率	14.7%	12.4%
パート労働者の組織率	2.6%	8.1%
1000 人以上企業の組織率	54.2%	40.8%
100～999 人企業の組織率	18.8%	11.4%
99 人以下企業の組織率	1.4%	0.8%

（注）「労働力調査」各年 6 月の雇用者数から組織率を
推計。

このため従業員に労働組合員としての意識が少ない一方で，労働組合側も労働組合員を勧誘せずとも財政基盤を得られるため，労働者ニーズへの関心が構造的に低い。このような課題は，戦後から今日まで続いている。

(3)　正社員中心

表 22-1 は 1998 年と 2019 年の日本の労働組合の状況を見たものである。推定組織率はこの間，21.5％ から 16.7％ に下がっている。また，企業規模別の組織率を見ると，1000 人以上企業の組織率（分母は非正社員や管理職も含めている）では下落傾向にあるが労働者の 4 割が労働組合員である。一方，99 人以下の企業では 1％ しか組織されていない。さらに，パート労働者の組織率は上昇傾向にあるといっても総数の推定 8％ 程度，また女性の組織率は男性よりも大きく下がり 12.4％ と，10 人に 1 人程度にすぎない。

パート労働者等の加入率の低さについては，そもそも労働組合が加入資格を認めていない（正社員のための組合としている）ところも少なくないことも影響している。小売業等では，非正社員が従業員の多数を占めるに至り，非正社員の労働組合加盟を進めないことには労働組合が従業員の過半数代表[4]ではなくなることから，積極的に非正社員の加入を進める組織が増えた。しかし，厚生労働省「労働組合活動等に関する実態調査」(2016 年) によれば，多様な労働者のいる事業所の労働組合について，64.2% がパートタイム労働者を，94.6% が派遣社員を，また 57.7% が有期契約労働者を，加入資格者として認めていない。他方で，加入資格があるとしても，加入を望まない非正社員は少なくない。

⑷　日本の労働組合の組織構造

　労働組合の意思決定機関は，全員参加の組合大会，あるいは代議員からなる代議員大会である。あらかじめ用意された議題が議論され，組合役員が選ばれる。また，これを補う意思決定機関として中央委員会等の機関がある。組合の執行機関としては，中央執行委員会（中執）や執行委員会がある。執行委員長，副執行委員長，書記長がしばしば「組合三役」と呼ばれる。その執行機関を援助する事務局で働くスタッフとして，書記局員や事務局員がいる。彼らは労働組合に雇用される労働組合専従者である場合が多い。日本では「在籍専従」という形で，一定期間，労働組合の書記局に出向し，給料は労働組合費から得て，労働組合の仕事に専従させる場合が多い。この労働組合専従者は日々の労働組合活動に重要な役割を果たしている。執行委員の男女比率を見ると，厚生労働省「労働組合活動等に関する実態調査」（2016 年）によれば，男性が 81.9%，女性が 18.1% と圧倒的に男性が多い。女性の意見反映は少ないことがうかがわれる。しかし，女性の執行委員を増やそうとする取り組みは行われている。

🔲 これからの労働市場変革と労働者の利益

　働き方のルールに対して，雇い主側と働く側の双方の意見交換の場があることは，きわめて重要なことである。

　労働組合の代表組織は，日本における働き方の審議において，重要な役割を与えられている。「労働政策審議会」（2001 年設置）は，労働政策に関する重要事項の審議を行い，厚生労働大臣等に意見を述べる審議会である。ここは厚生労働大臣が任命する 30 名の委員（公益委員・労働者委員・使用者委員の各 10 名）で構成される。労働者委員を 2020 年の名簿で見ると，「日本労働組合総連合会事務局長」，「日本化学エネルギー産業労働組合連合会会長」，「UA ゼンセン常任中央執行委員」，「全日本運輸産業労働組合連合会中央執行委員長」，「情報産業労働組合連合会中央執行委員長」，「日本郵政グループ労働組合中央執行委員長」，「JAM 会長」など，産業別の組合の連合会から推薦された委員が名を連ねている。労働政策審議会の中にはいくつかの分科会があり，労働条件分科会では，長時間労働をどう制限するかといった法律改正への諮問などを行ったり，雇用環境・均等分科会では，育児・介護・休業法の改正などについて諮問を行っている。

　このように，国の政策を決めるうえで，労働者の代表として意見を述べるの

は労働組合の産業別の上部組織から選ばれた委員である。しかし，これらの組織の名称さえ知らない学生は多いのではないだろうか。これまで新しい働き方の拡大に応じて，労働法が改正されてきた。たとえば，労働契約法の制定や改正はその1つである。また，パートタイム労働法の制定と改正，あるいは男女雇用機会均等法の制定や改正である。こうした改正に対して，働く立場からの声が取り上げられることは重要である。審議会において，労働者委員は，労働者の声を代弁することになる。その労働者委員はほとんどが，企業別組合の上部組織である産業別労働組合から選ばれた委員である。つまり，現在の日本ではそうした委員が「労働者代表」として任命されている。つまり労働組合組織の考え方や，その組織のあり方は，私たちの働き方のルール変更に対して大きい影響を与えている。

これまで日本の労働組合が，大企業を中心に組織されており，そのなかでも「正社員」の代表であり，さらに「男性」の代表としての色彩が強いことを見てきた。このことは，非正社員を含めた働き方のルール変更に，あるいは社会保険のルール変更に，労働者代表とはいえ，どちらかといえば正社員の立場からの政策変更が行われがちであったという点で，課題があったと考えられる。

長い間，日本の労働者像の中心がこうした労働者であったことを考えても，一定以上の発信機能は果たしてきたのであろう。しかし，今日の労働市場への新しい参加者は，非正規雇用が増える若者である。また，非正社員の多い女性も，家計補助目的ではなく，生計維持目的で働く者が増えている。さらに子育てのために時間が必要な男性社員や女性社員が増えるなど，正社員のニーズも変化している。変化する労働者ニーズが十分組み上げられるような労働者代表組織になっているかどうか，という点では必ずしもそうとはいえない。これはきわめて重要な課題である。

労働組合は，職場の苦情を聞き取る，職場の労働者の参加のための組織であり，労働者の代表組織として一定の機能を果たしてきたことは間違いないだろうが，他方で，現在の労働者代表組織が，依然としてその基盤を旧来型の労働者においていることは，労働市場の改革を大きく遅らせる力となっているかもしれないのである。学生の皆さんも労働者代表組織のあり方について，またその発信について，より高い関心を持っていく必要がある。

● 注

1) ドッジ・ラインとは，アメリカの公使として来日したジョゼフ・ドッジによって指導・実施された，1949・50 年度予算に見られる緊縮財政・超均衡予算主義をいう。これは，1948 年 12 月に GHQ によって示された経済安定 9 原則を具体化されたものである（『有斐閣 経済辞典（第 5 版）』）。

2) 大河内一男（1963）『労働組合』有斐閣。

3) 小池和男（1991）『仕事の経済学』東洋経済新報社。

4) 会社が従業員と労使協定を結ぶ際には，従業員 1 人 1 人とではなく，従業員の代表者と結ぶことと定められている。パート等を含めた全従業員の過半数の同意を得て，過半数代表者は選出されなければならない。

要　約

　戦後からしばらくは民間大企業で激しい労働争議が発生していた。戦後の労働組合の急速な組織化，ストライキ等の混乱期を経て，現在の姿ができ，その後は組織率が下落を続けているというのが現状である。このような下落傾向は，アメリカ，イギリス，オーストラリアなどでも見られる。組織率下落の背景には，製造業の縮小，サービス業の拡大，非正社員の増大がある。

　日本の労働組合にはいくつかの重要な特徴がある。労働組合は企業別に組織されている。ブルーカラーとホワイトカラーを問わず，1 つの企業別組合を組織している。海外と比べ，労働争議日数が少なく，労使協調的である。組合員数が多いのは，大企業と官公労働者の組合である。大企業の組合の多くはユニオン・ショップ制を採用している。「春闘」は日本の代表的な賃金交渉の仕組みである。

確認問題

□ *Check 1*　以下の空欄に下の枠内から適切な用語を選び入れなさい。

(1) 戦後の労働組合の急速な組織化，ストライキ等の混乱期を経て，現在の姿ができ，その後は組合の組織率が下落を続けている。このような組織率の下落の背景には，同じような働き方をしているため労働組合を組織しやすい（　①　）業が縮小し，労働時間が多様な（　②　）業が増加したことが背景にあるだろう。（　③　）はそもそも労働組合員としていない組合が多かったが，小売業等で非正社員が従業員の多数を占めるようになったことも組織率を低下させた。

(2) 海外と比較しても労働争議日数は少なく，労使協調的である。「（　④　）」は日本で成立した代表的な賃金交渉の仕組みである。各産業の労働組合が，春にいっせいに（　⑤　）要求を提出し，産業別連合組織やナショナルセンターの指導，調整のもとに，「（　⑥　）」と呼ば

れる物価調整分のベース・アップ,「(⑦)」と呼ばれる生産性向上部分に対する賃金交渉について,企業と交渉を行い回答を引き出す形として成立していった。

(3) 日本の(⑧)別組合は特徴として際立っている。(⑨)と(⑩)とで組合が分かれずに,1つの組合を組織しているのも特徴である。また,大企業の多くは(⑪)・ショップ制をとっている。

(4) 労働組合員数が多いのは,(⑫)の組合と(⑬)の組合である。組合が,主に(⑫)である労働者の代表であり,(⑭)の代表であり,(⑮)の代表であることは,働き方や社会保険のルール変更に影響を与えてきたと考えられる。

> ユニオン,非正社員,春闘,ストライキ,賃金引上げ,定期昇給,企業,
> ブルーカラー,ホワイトカラー,製造,大企業,正社員,男性,女性,
> サービス,パート,ベア,官公労働者

結 これからの労働

　これから未来を見通すと，日本において，少子高齢化という人口構造の変化が見込まれる。高齢者の増加と現役世代の縮小は，労働市場に大きい影響を与え，働き方の変革が迫られるだろう。また，人工知能（AI）の発達によって，仕事が大きく変わるとの見通しが出されている。「狩猟社会」，「農耕社会」，「工業社会」，「情報社会」に続く新しい社会，Society 5.0 が訪れるといわれるが，それはどのような社会であり，働き方はどのように影響を受けるだろうか。

　次世代の縮小をもたらす少子化現象は，日本社会が面している大きいチャレンジである。子どもを育てやすい社会への転換は，教育，家族のあり方，社会保障を含む総合的なものであり，働き方の問題に限定されない。しかし，働き方の問題は大きい。現在子育てのケア負担は主に女性にかかっており，経済負担は主に男性にかかっている。しかし，これからの社会においては，男女がともにケアと経済の負担を分かち合い，子どもを育てる豊かな時間を一定の柔軟性をもって労働者が得られるよう，働き方や社会保障のあり方を転換することが望まれる。それは，女性が子どもを持ったとしても，働くうえでの人的資本を失わないで稼得能力を持ち続けられるということが，長寿社会においては大変重要なことでもあるからである。また，母親だけでなく父親も子育ての時間を持つことが，子どもにとって，また，親子関係にとって，より望ましいことであることは，発達心理学の多くの研究が示している。

　さらに，働く人口の縮小が進んでいくなかで，働くスキルを人生の途上で改めて拡充する機会や機能が求められる。また，元気な高齢者が生産活動を持続できるよう，働き方の工夫が求められていくだろう。

人口構造の変化，家族の変化と働き方

⑴　人口の少子高齢化

日本では，今後少子高齢化がいっそう進むと見込まれている（図 23-1）。国

図 23-1　高齢化の推移と将来推計

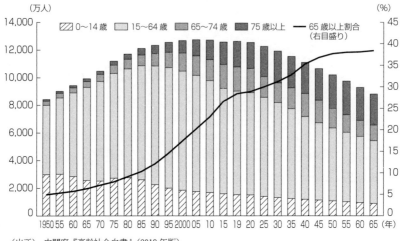

（出所）　内閣府『高齢社会白書』（2019 年版）。

立社会保障・人口問題研究所の人口の将来見通し（中位推計，2017 年）によれば，2017 年に 7596 万人いる 15〜64 歳人口が，2040 年には 5978 万人に減少し，0〜14 歳人口は，1559 万人から 1194 万人に減少すると見込まれている。その一方で，とくに 75 歳以上人口が 1748 万人から 2239 万人に増えるため，65 歳以上人口の割合は，2019 年の 28.4% から 2040 年には 35.3% になると見込まれている。このような急速な高齢化，そして高い高齢者割合は，他国に例がない。私たちは未踏の地を歩むことになる。

　こうしたなかで，高齢者でも元気な者についてはなんらかの形で仕事を続けられるよう，高齢期の働き方が変わっていくだろう。現在，高齢者は年金，医療，介護など社会保障から多くの移転を受けている。しかし，現役世代の縮小によって，高齢者に移転できる社会保障・税収入は減少し，働ける高齢者は，社会保障の担い手にもなっていくものと思われる。

(2)　家族と働き方の変化

　少子化という基盤的な変化を日本社会にもたらしているのは，個人の行動変化である。ただし，興味深いことに，日本の有配偶世帯に限れば，家族の形は実は欧米と比べると変化が少ない。しかし，家族を形成しない若者が増えているのである。

　欧米の家族の変化をたどると，1980 年代に，そして 90 年代以降も家族が目

に見えて大きく変わっていった。結婚しないカップルが増え，同棲が増えるとともに，離婚も増加した。このような家族の変化は，女性が仕事を持ち続ける方向へと，女性の働き方の変化をもたらした。

　一方，日本の家族の 1990 年代以降の最も大きい目に見える変化は，筆者らが見るところ，三世代同居・近居家族の縮小であり，高齢夫婦居住，高齢シングル居住の増加と，高齢親と未婚子の同居の増加である。この変化を可能にしたのは社会保障の拡充であろう。1980 年代に比べると 90 年代には公的年金がより幅広い層により手厚く給付されるようになり，公的年金で暮らしていくことが可能な層が拡大した。また，2000 年代には介護保険が公的保険として創設され，高齢期の家族によるケアも縮小できるようになった。

　一方，日本の子育て期の家族の形は，実は驚くほど変わらなかったのである。男性が主な稼ぎ手で女性がケアを担い，子どもは 2 人くらいであるという家族の形は，1980 年代から 2000 年代以降まで，長く続いた。配偶者が低収入でケアを担うことについて，社会保障制度はそうした家族の形を支えてきた。配偶者の社会保険料を免除し，サラリーマン全体がグループとしてその社会保険料を支払う法改正が 1985 年に成立し，現在も続いている。中年期の有配偶女性を見れば，働くとしてもパート労働が多く，年間 100 万円程度しか稼得しない者は多い。一方，夫の稼ぎが世帯の生活水準に大きい影響を及ぼすから夫の多くは長時間労働をし，自宅に帰宅するのは夜遅くである。

　このように結婚後の家族の形は日本では長く変わらなかったように見える。しかし，1990 年代後半以降，そうした家族を形成することを若者が選ばなくなっていった点で家族は大きく変わっていく。結婚，出産が先送りにされ，その結果として，親同居の未婚子の中年化が進んでいったのが 2000 年代である。この時期は，規制緩和によって，とくに若者の雇用の不安定化，非正規化が進んだ時期でもあった。

　女性が仕事を持って夫婦で子育てをするようなカップルは，日本では諸外国との比較において，あまり増加しなかった。それは日本の「長期雇用」という働き方が，家庭内分業を促進する性格を持っていたからではないかと思われる。

　しかし，ようやく 2010 年以降，夫も妻も正社員であって子どもを持つカップルが大卒夫婦を中心に増えだし，これが出生率の回復に一定の貢献をしている。このような変化のきっかけとなったのは，2009 年の育児・介護休業法の改正である。この法律の施行によって，3 歳未満児を持つ労働者の育児短時間

勤務を希望する者にはそれを企業が原則として認めることが義務化され，育児休業復帰後について，一定の労働時間の柔軟性が確保され，子育てに目途がたったと思われる。また，2003年の次世代育成支援対策推進法によって，育児休業を取りやすいよう，職場風土の改革に301人以上の従業員がいる多くの企業が取り組んだことも底流として大きいであろう。さらに，男性の給料が大きく伸びないのではないかという見通しを男女ともに持つようになったこともあるだろう。

しかし，非正社員の若者は，高卒層では決して減ってはいないのである。非正社員を含めて，仕事を持ちながら子育てを可能にするような雇用保護や社会保障が求められている。このように非正社員を含めた改革の方向に社会は進んでいくものと信じる。

(3) 女性が働く社会への構造変化

労働経済学の教科書の多くは，働くことを「仕事」と「余暇」の選択として扱っている。これは男性の就業選択をモデル化したものといえるだろう。この単純なモデルのもとでは，子育てや家事は「余暇」の選択になる。しかし，子育てや家事は「余暇」とは異なるものである。そして，今日においても，育児や家事は，多くの場合，賃金を伴わない家庭内生産活動として，つまり賃金を伴わない労働として行われている。この教科書は，家庭内生産活動と市場労働との代替性について明示的に扱った点に特徴がある。

筆者らの目線から見ると，女性や家族の変化が，1990年代後半から2000年代以降の労働市場の変化にきわめて大きい影響を与えてきた。筆者らは女性労働や家族の形成，離別に関心をもって研究をしてきたが，欧米諸国の労働の大きい変化の一部は，家族のあり方の変化，そしてこれを受容する法制の変化に端を発していると考えている。

日本の長期雇用の雇用慣行のあり方，性別役割分業を嗜好するような雇用ルールや社会保障制度のあり方は大きい課題を抱えている。第1に，安定雇用と引き換えに，事業主による長時間労働や転勤命令を受け入れることを前提とする日本的雇用慣行における総合職の働き方は，性別役割分業家族でなければ家族形成や子育てが難しく，多くの女性のモチベーションを下げる働き方ルールである。第2に，企業主導で行われる人材育成やキャリア形成は，人生100年時代の長期のキャリア形成にふさわしいとは思われない。また，増加する共働き夫婦については，相互の働き方を考慮したうえでの選択の幅は，（企業主導ゆ

えに）狭められてしまう。第3に，たまたま不況期に大学を卒業し，安定雇用を得られなかった若者の再チャレンジが難しい。第4に，縮小する現役世代の若者男女の人的資本形成およびその家族形成や出産を優遇する雇用ルールや社会保障を考えるとすれば，それは現在の，夫婦のうちの1人の家事専業化を推進する雇用ルールとは異なるものである。

日本の女性の管理職昇進は，諸外国に比べて，きわめて遅滞している。それはこうした日本的雇用慣行のあり方とも深く関わっている。

女性が働く社会への構造変化の意味は，男性もケア活動ができる社会への構造変化を進めることでもある。長寿となり，かつ少数となる現役世代でもって増える高齢者を支え，かつ次世代を育成するには，このような働き方および社会保障の構造変化が不可欠なのである。

つまり，新卒採用され，その後の毎年の評価が昇進見通しのスコアとして蓄積されていき，企業主導で配置転換され，転勤をするといったいわゆる日本的雇用のあり方は，個人が自分が主導して自身のキャリアを構築し，また家族ケアの諸事情によっては働く密度を自身で調整しつつも，自ら人的資本を蓄積し，これを活かして高齢期まで働き続けるべきであろうという現代のニーズには必ずしも合致しないものとなっている。ただし日本の人的資本投資の多くは企業主導で行われてきたものでもあるので，これを変えることで人的資本投資が減らない仕組みづくりの再考が不可欠である。

(4) 再訓練機会の拡充

これまでの日本においては，仕事の訓練はオン・ザ・ジョブ・トレーニング（OJT）として主に職場で行われてきた。先輩・後輩関係が学校時代から形成される日本においては，先輩が後輩を教えるのは受け入れやすいトレーニング方法かもしれない。しかし，非正社員に対して行われる企業内訓練はかなり手薄いものである。

高等教育機関は，現在の「生涯学習」の枠を超えた，労働者の再訓練，再々訓練の役割を期待されるようになるであろう。急速に人材需要が高まった機械学習，モノのインターネット，データサイエンスなどの分野では，人材不足が顕著であり，大学と企業が協力して，新入社員の教育にあたる試みが始まっている。新たな技術が登場する局面では，社内での人材育成が難しいからである。

(5) 移民の受け入れ

まず，*World Development Indicator*（世界銀行）から試算すると，2009〜

13 年（2010 年）時点の世界の移民のストックは 2 億 1331 万 6000 人であり，世界人口の 3.11% を占めている。また，1960 年から 2010 年の 50 年間にこの割合は，0.48% の微増を示している。

しかし，移民の受け入れは政治問題化する傾向がある。ヨーロッパでは紛争や貧困に苦しむ北アフリカや中東からの難民が急増し，2015 年には 100 万人を超えた。当初は難民受け入れに積極的であったドイツでさえ，国民の間に不安が高まり，受け入れ抑制策を承認した。アメリカでは，2016 年に大統領候補であったドナルド・トランプが，大統領に当選した場合にはメキシコからの不法移民対策として国境に壁を築き，またシリア難民を強制送還する考えを表明し，当選した。

また，難民や移民の受け入れに消極的である国は国際的に非難され，国際政治問題ともなる。これは，各国の移民の受け入れ状況には大きなばらつきがあるからである。先進諸国だけを見ても，2010 年時点で，ニュージーランドの全人口に占める移民ストック（外国生まれの人口）の割合は 22.03%，オーストラリアが 21.38%，カナダが 21.18%，アメリカが 13.84%，EU が 9.43% であるのに対して，日本が 1.71%，韓国が 1.08% となっている。急成長をしている BRICs 諸国の間でも，程度は弱いが，ばらつきがある。ブラジルが 0.35%，ロシアが 8.62%，インドが 0.45%，中国が 0.05%，南アフリカが 3.66% である。

日本は，以前から，先進諸国の中で移民の受け入れに最も消極的な国の 1 つである。現在も高齢化による生産人口の減少問題の解決策の 1 つとして移民受け入れの議論がある一方で，政府は慎重な態度を示し続けている。

慎重論の背後にある不安の 1 つは，移民の受け入れが自国民の雇用と賃金に悪影響を及ぼすのではないかというものである。しかし，近年の経済学者らによる分析の大半は，移民の受け入れはネイティブの雇用や賃金に対してわずかな因果効果しか持たないことを明らかにしている。移民受け入れ慎重論にとって都合の悪いこの科学的知見は，一般の人々の間ではあまり知られていない。

移民の受け入れを増やすか否かを検討する際には，雇用と賃金のような短期的な影響だけでなく，長期的な影響を考慮する必要がある。経済学者による実証研究は，移民の受け入れが，雇用や賃金だけでなく，貿易，技術，生産要素移動，人的資本投資，ネットワーク，福祉等にも影響する（良い影響もあれば悪い影響もある）ことを明らかにしつつあるからである。移民の受け入れは，移

民の出身国との人的ネットワークを強化し，貿易を増す。移民の人的資本は技術にも影響する。技術が高度化することもあれば，従来の技術が存続することもある。移民とネイティブの人的交流は，新たな財・サービス，産業を生むこともある。貿易，技術，産業におけるこのような変化は，資本移動や人的資本投資にも影響する。移民の受け入れは，その子女の教育に影響し，同じ教育を受けるネイティブの教育にも影響する。受け入れた移民とその子女を労働市場で受け入れ，定着させるためのさまざまな努力を社会が怠れば，福祉に依存する移民とその子女が増え，限られた財源の制約のもとでは，ネイティブの福祉にも影響する。

　しかし，経済成長（1人当たり GDP の成長）に及ぼす影響については，実証研究が始まったばかりである。私たちは，長期的・総合的な経済への影響に関する科学的知見なしに，移民の受け入れを増やすか否かについて判断せざるをえないのである。

⊞ AI など新しい技術の影響

(1)　データサイエンス・機械学習

　インターネットと各種センサーの普及により「ビッグデータ」が蓄積されるのと同時に，コンピュータの性能が向上し，データを高度な統計分析，機械学習に活用する環境が整った。たとえば，インターネット上のオンライン・ショップでは，客が品物をブラウズし，買い物をするたびにデータが蓄積されていく。コンビニでは，客が買い物をし，レジで商品のバーコードがスキャンされるたびにデータが蓄積されていく。家電や自動車に搭載されているさまざまなセンサーは，周囲の環境や機器の状態に関する情報をデータとして取得し，これらの個々のモノが入手したデータはインターネット経由で集められ，蓄積されていく。

　統計学は，従来からデータ分析の基本的手法であり，情報科学，アルゴリズムと融合し，データサイエンスとなったいまもその事実は変わらない。企業では，従来から，統計学がマーケティング，研究開発，品質やリスクの管理など，さまざまな用途で用いられてきている。それにもかかわらず，従来は，データの欠如，不足，入手の困難さなどのためにできない分析が少なからずあった。たとえば，数多くの個人，個々の企業，個々のモノが観察単位となっている個票データ，同じ観察単位が複数時点で観察されている個票パネルデータ，さら

に同じ観察単位が連続時間で観察されている連続時間個票データは入手できなかった。いまや，この種のデータは，企業に豊富に存在し，適切な統計分析を行うことができれば，企業経営に大きな力となりうる。

　機械学習は，従来，データをもとに人が行ってきた判断や予測の仕方を学習器（コンピュータ・アルゴリズム）に学習させ，判断や予測を行わせるものである。AIとは異なり，特定の問題についてこの判断や予測を行う。たとえば，画像や言語の認識，自動車の自動運転のように，理論的には可能であったものの実現できなかったことが，ビッグデータの登場，学習方法の工夫（深層学習），コンピュータの性能の向上などにより，次々と実現しつつある。

　機械学習を導入する企業は生産性を高めるであろう。人間が行ってきた判断を機械に行わせるのであるから当然である。しかも，人間とは異なり，連続で働き続けることができ，大量のデータを活用し，人間よりも的確な判断ができるようにもなる。

(2)　技術進歩の労働市場への影響

　これらの技術進歩は，労働市場にどのような影響を及ぼすであろうか。残念ながら，新しい技術進歩であるために，実証研究の蓄積はなく，技術の特性に着目し，理論的に予測するしかない。

　これらの技術が発展途上にある間は，統計学，情報科学，アルゴリズムの専門知識とスキルを兼ね備えた人材が求められるであろう。中小企業にまで技術が実装されるには相当数の人材と時間を要するであろう。現在，日本ではそのような人材が少なく，激しい人材獲得競争が行われている。やがて，技術が一般の人にも使いやすくなるまで進歩すると，これらの人材に対する需要も減っていくであろう。

　それでは，どのような仕事がこれらの技術によって失われていくのだろうか。まず，これらの技術が，膨大なデータを利用するという事実に着目すると，データが蓄積される仕事は影響を受けやすいと考えられる。データには，数値データだけでなく，言語データ，画像データ，センサーが集める多様なデータなども含まれる。たとえば，ひと昔前は，経済のグローバル化を背景に英語教育が重視され，多くの若者が英語を活用する職業を志した。しかし，翻訳データの蓄積が進み，機械学習による翻訳が実用レベルに達し，実務翻訳家という職業が消えるのは遠い未来ではなさそうである。

　次に，機械学習は，入力データから判断の出力までの関係が単純であるほど

学習を効率的に進め，判断を正確に行うことができる。たとえば，法律，条例，行政手続きに基づき，市民などからの問い合わせに対応する自治体の窓口の公務員の仕事，法律と判例に基づき，被告を弁護する弁護士をサポートするパラリーガルの仕事，交通規則に従い，目的地まで安全に自動車を運転する運転手などは，機械学習に代替される候補となる。

さらに，現時点では，これらの技術は，実装の費用が高く，技術が経済のすみずみまで浸透するには相当の時間を要するであろう。価値ある情報を含む膨大なデータが必要なだけでなく，現時点では，専門的知識とスキルを持つ人材の手を借りる必要がある。実装の費用が，実装による収入の増加を超過する見通しであれば，実装しないであろう。たとえば，広大な田で米作りを行う企業には，田の上にドローンを飛ばし，作育状況の画像データを取得し，農薬の散布や収穫の最適な時期を機械に判断させるのが効率的であるかもしれない。しかし，小さな米農家にとっては，自分で田の様子を見に行き，自分の長年の経験に基づき，判断をするのがより効率的かもしれない。

またこうした技術，たとえば自動運転技術を現実に実装するには，法律も大きく変えていかなければならないだろう。自動運転において，もし交通事故が起こった場合，誰の責任になるのかなど，法律の枠組みの検討など，多くの課題がある。

(3) 技術進歩の経済全体への影響

しかし，これらの技術の経済全体への影響は広範囲に及ぶであろう。たとえば，自動車産業を考えてみよう。自動運転技術が実装されると，自動車産業は一変するであろう。自動車は機械からネットワークに接続された情報機器へと変貌する。自動車産業が求めるエンジニア像も大きく変わるであろう。

自動運転技術の実装は，周辺産業にも波及するであろう。ドライバーが必要でなくなると，移動中の自動車内で「乗客」となった人に対してさまざまなサービスを提供するビジネス・チャンスが到来するであろう。この競争に勝ち抜くためには，自動車産業は，ディスプレイ産業，映像産業，ゲーム産業，教育産業など，従来，縁の薄かった産業との連携を求めるであろう。また，乗客と化した個人が自動車を所有するインセンティブは弱まり，自動車に対する需要そのものが小さくなるであろう。自動車ディーラーがビジネスとして成り立たなくなるかもしれない。さらに，自動運転によって事故が減ると，安全面に資源を費やす必要性が薄れ，ボディの材料などを提供する素材産業にも大きな影

響を与えるであろう。自動車保険に対する需要も減るであろう。

　一方，素材産業でも，自動車のボディ，電池などの材料開発をめぐって，過去の膨大な実験データと機械学習によって新たな材料を創り出すマテリアル・インフォマティクスの新技術が材料開発のスピードを劇的に速め，開発コストを劇的に下げるビジネス・チャンスが到来するであろう。しかし，各企業が所有するデータを企業間で共有できなければ，国家権力でデータの共有化を進める海外との競争に負け，産業自体の存続すら危ぶまれる事態になるかもしれない。データの共有化が進んだ国では，企業が扱うことのできるデータが大きくなるので，より的確な判断ができる可能性が高い。問題は，いかにして企業にデータを共有させるかである。大きなデータを保有する企業は，それを他企業と共有しなければ，他企業よりも優位に立てるというインセンティブ問題を解決しなければならない。

(4)　技術進歩と統計的差別

　最後に，労働経済学者として1つ心配なのは，機械学習には，労働市場における統計的差別を助長するリスクがあるという点である。まず，復習となるが，統計的差別は因果関係ではなく，相関関係のみに着目した偏見のことであった。たとえば，女性の離職率が男性より高いという事実は，単なる相関関係である。簡単化のために，学歴の高さ，専門職・技術職に就いていることが離職率を低める因果的な効果を持ち，一方，性別にはそのような因果効果がないとしよう。さらに，女性よりも男性に高学歴，専門職・技術職の者が多いとしよう。このとき，離職率と性別の相関関係のみに着目すると，あたかも性別が離職率に因果効果を持つように見えてしまう。この相関関係に基づき，差別を行うのが統計的差別である。

　統計的アプローチでは，入力データ（説明変数のリスト）を人が選び，出力データ（被説明変数）との間の関係を推定し，それに基づき，未知の出力データを予測する。通常，入力データを人が選ぶ際には，理論を参考にする。しかし，女性であること自体が離職率を高くすると予測する理論はない。したがって，注意深い統計分析者は，女性を表す変数を入力データに含めない。また，因果関係を推定するために，操作変数法や回帰不連続デザインなどの工夫をする。

　しかし，機械学習では，入力データは人が選ぶこともできるが学習器に選ばせることもできる。これらの技術は，人と同じような判断や予測をすることを目標としている。たとえば，求職者の中からすぐに離職しそうな者を学習器に

予測させるとしよう。学習器に予測の仕方を学習させるためには，入力（労働，企業，仕事，環境などの属性）と出力（勤続年数，離職者の離職理由など）の組み合わせからなる訓練データを用いるが，入力データに統計的差別を行う人間が用いるようなデータが含まれているかもしれない。学習器は結果的に統計的差別をしてしまうかもしれない。また，ミクロ計量経済学の分析の代表的な手法である操作変数法や回帰不連続デザインは，観察データを用いても相関関係と因果関係を厳格に識別できるようになっているが，機械学習は，現時点では，その識別が十分にできているとはいいにくい。機械学習の仕組みを十分に理解していないエンドユーザーは，学習器が学習した入力と出力の間の関係が相関関係を反映しているにすぎない事実を十分に理解せずに用いてしまうリスクがある。

　統計的差別につながるようなデータの入力を政府が禁じるだけでは，この問題は解決できない。性別を示唆するデータや性別と相関するデータは無数にある。たとえば，名前，顔写真，動画，身長，体重，資格，趣味，特技，学生時代のサークル活動，出身高校，出身大学，専攻，職歴，年齢，勤続年数，経験年数，筆跡，メールの文面などのデータの一部でも入手できれば，性別を予測することは難しくない。これらのデータの多くは，求職者が提出する履歴書，エントリーシート，自己紹介動画に含まれている。機械学習を行う人への教育と訓練が不可欠である。

(5) 学生時代に習得しておくべき新たなリテラシー

　これから就職する文系の学生は，どうしたらよいのか。これらの技術がもたらす経済への変化は予想が難しいので，まずは，複数の専門性を持ち，リスクを分散することを勧めたい。たとえば，すでに英語に力を入れてきた学生は，統計学に力を入れてみるといった具合である。幸い，文系の学部で教えられている統計学は，実験データではなく，観察データを分析対象とするものであり，機械学習やデータサイエンスとの相性がよい。計量経済学，計量社会学，計量政治学などの名称で開講されていることが多い。数学の苦手意識が強ければ，プログラミングでもよい。英語と同じように言語であるので，親和性が高い。また，機械学習に関する優れた無償のオンライン教材の多くが英語で提供されているので，英語力は有利に働く。

　また，現在は，これらの技術に関する専門的知識とスキルを持つ労働者が不足しているので，少しでも学んでおくことによって就職活動で優位に立つこと

ができるようだ。何から始めたらよいかわからない学生は，とりあえず，Python（パイソン）というプログラミング言語を学んでみるとよい。Python は，機械学習，モノのインターネット，データサイエンスの世界で最もよく用いられている言語であり，最も学びやすいプログラミング言語の1つである。Python と機械学習，データサイエンス関連のライブラリは，インターネットから無料で（Python と多くのライブラリを含む）Anaconda をダウンロードすれば，インストールすることができる。あるいは，インターネット上の Google Colaboratory を用いれば，Python をウェブ上で用い，（現時点では英語力が必要になるが）定評のあるオンライン・コースで機械学習について学ぶことができる。都市部など，多くの学習グループがある地域では，その1つに参加すれば，一緒に学ぶ仲間や指導者を見つけることができ，長続きしやすい。また，いずれは，統計学や数学が必要となるので積極的に学んでおくとよい。就職後に会社から学ばされる，あるいは受講料の高い集中講義に自費で参加するよりは，自由時間が多く，授業料以外の金銭的負担を要さない大学生であるいまのうちに大学の講義を通して学んでおいた方が効率がよい。

　新たな技術の影響を最小化しようと，伝統工芸や創造力を要する職業を志す学生がまれに見受けられる。この意思決定が正しいか否かは，未来に行かなければわからない。しかし，その決定が必ずしも正しくないことを示唆する兆候が見え始めている。伝統工芸産業では，後継者不足の問題があるために，現在，製造プロセスの詳細，かつ膨大なデータを集め，誰にでも，さらには機械にでも製造できるようにと，研究が進められている。東京工業大学による益子焼の研究はその一例である。創造力を要する職業にも徐々に機械学習の波が押し寄せている。新聞記事のライター，テレビのニュース番組のキャスターの世界では，すでに機械学習が進出し始めている。コミックの世界では，機械学習が「萌えキャラ」を次々に描き出し，音楽の世界では，機械学習がヒットしそうな曲を次々に作曲し，文学の世界では，機械学習がベストセラーになりそうな小説を執筆し始めている。いずれも膨大なデータ（製造データ，過去の記事，過去の報道，過去にヒットした萌えキャラ，過去にヒットした曲，過去にベストセラーとなった小説）や巨大な市場といった，新たな技術を導入するうえで鍵となる要素が揃っていることに気づく。後継者不足が重なれば，ビジネスチャンスは大きなものとなる。

新しい生活の未来：生活の質・都市部と地方

　企業は，インターネット技術を駆使し，自宅や自宅近くのサテライト・オフィスでの勤務を認め始めている。これは，当初は，都市部の労働者を日々の「通勤地獄」から解放し，生産性を高めると考えられていた。新型コロナウイルスの感染拡大は，この流れを加速した。男女を問わず，育児・看護・介護中の労働者の能力を活用する手段としても広まっていくであろう。

　IT 業界を中心に，都市部の企業が地方へ進出するケースも出てきている。インターネットへのアクセスが可能であれば，企業が都市部に立地する必要性は低く，オフィスの賃料の低い地方での立地が魅力的であるからである。労働者は，生活費が安く，自然に囲まれ，通勤地獄のない，ゆとりのある地方での暮らしをすることができる。機械学習やデータサイエンスの分野でも，セキュリティの問題や人材確保の問題をクリアできれば，企業の都市部から地方への移動も増えるであろう。

　高速インターネットに接続され，壁に掛けられた極薄，極大のコミュニケーション・ウォールは，遠隔地にいる人物を等身大で極精細に映し出し，その人物があたかも自分の目の前にいるかのように感じさせることができる。地方で暮らす人が，自宅を離れることなく，都市部の会社に勤務し，会議に参加することができる。都市部で働く子が，自宅を離れることなく，引退後に地方に移住した高齢の親に「会う」ことができる。地方で暮らす高齢者が，自宅を離れることなく，都市部の専門医による診察を受けることができる。地方で生まれ育った学生が，自宅を離れることなく，都市部の大学に入学し，講義やゼミに積極的に参加し，都市部の美術館，博物館を見学し，課題レポートを書く。このように，都市部と地方との間の距離，その移動に要する時間と費用は重要でなくなり，生活の場を仕事や学業の場から遠く切り離す人々が増えるであろう。距離と時間によって分断されていた地域労働市場は統合されていくであろう。夫と妻が家庭で過ごす時間が増え，育児，看護，介護などのケア活動と仕事の両立がしやすくなり，専業主婦，専業主夫が減るであろう。

　一方で，プライバシー情報の漏洩の問題など，新しいインターネット時代においてきわめて重要な課題も解決される必要があるだろう。また，新しい働き方に見合った新しい社会的保護の形も模索されるであろう。

著者紹介

大森 義明（おおもり・よしあき）
横浜国立大学大学院国際社会科学研究院教授

永瀬 伸子（ながせ・のぶこ）
お茶の水女子大学基幹研究院教授

TEXTBOOKS

と

TSUKAMU

労働経済学をつかむ
The Essentials of Labor Economics

2021 年 4 月 10 日　初版第 1 刷発行

著　者	大　森　義　明
	永　瀬　伸　子
発行者	江　草　貞　治
発行所	株式会社　有　斐　閣

郵便番号 101-0051
東京都千代田区神田神保町 2-17
電話 (03)3264-1315〔編集〕
　　 (03)3265-6811〔営業〕
http://www.yuhikaku.co.jp/

印刷・株式会社理想社／製本・牧製本印刷株式会社
© 2021, Yoshiaki Omori, Nobuko Nagase. Printed in Japan
落丁・乱丁本はお取替えいたします。
★定価はカバーに表示してあります。

ISBN 978-4-641-17730-7